『月刊交通』
臨時増刊号

● 交通局発足55周年記念

交通警察のあゆみ

編集　道路交通研究会

JN192511

東京法令出版

は じ め に

　本年は、昭和37年 4 月 1 日に警察庁交通局が発足して以来、55周年に当た
る年であります。これを記念して、『交通警察のあゆみ』が発刊されること
となりました。

　この55年間に、我が国の社会は著しい変貌を遂げています。特に、道路網
の整備とモータリゼーションの急激な進展は、物流の拡大、効率化を通じて
我が国の経済の飛躍的発展に寄与してきたところです。その結果、国民生活
における利便は大きく向上してきましたが、その反面、交通事故の多発や交
通公害の発生といった、様々な負の側面が次々と立ち現れてきました。

　これに対して、交通警察は、昭和40年代以降、道路交通法令の改正を伴う
交通ルールの改善や運転免許制度の改革を行うとともに、交通安全施設の整
備や国民の交通安全意識の高揚を図ることなどにより、これらの問題に取り
組んできました。また、平成28年に策定した第10次交通安全基本計画におい
て、「平成32年までに24時間死者数を2,500人以下とし、世界一安全な道路交
通を実現する。」という政府目標の達成に向け、交通安全対策、交通指導取
締り、交通事故事件捜査、交通規制、運転者管理等が日々着実に推進されて
います。

　また、近年、国内外において、自動運転に関する技術開発が進展しており、
交通事故のない社会を実現するためには、交通安全の確保に資する先端技術
の普及活用を促進していくことなどの更なる交通事故対策を講じる必要があ
ります。

　本書は、この55年間に、警察が国民の協力の下に交通事故の発生を防ぎ、
安全で快適な交通社会を実現するために展開してきた様々な交通警察行政の
うち、主な施策をとりまとめたものです。交通警察が取り組まなければなら
ない問題はなお山積しておりますが、交通警察が過去の難局に対処し、これ
を切り開いてきた道をたどることは、新たな視点と感覚を養い、これから更
に複雑多様化するであろう交通警察事象に的確に対処していく上で、必要不
可欠なことです。

　今後の交通警察行政を展開する上で、本書が一助となることができれば幸
いです。

　　平成29年12月

　　　　　　　　　　　　　　　　　　　　　　　　道路交通研究会

目　次

交通警察小史

交通安全対策

① 交通安全教育・普及啓発活動

1　段階的かつ体系的な交通安全教育の推進

　交通安全教育は、運転者や歩行者という「人」の危険な行動が、交通事故の主な原因となっていることに着目し、道路利用者に必要な知識及び技能を修得させることにより、道路交通の場で安全な行動をとるよう促すものである。

　国家公安委員会は、地方公共団体、民間団体等が適切かつ効果的に交通安全教育を行うことができるようにするとともに、都道府県公安委員会が行う交通安全教育の基準とするため、交通安全教育指針（平成10年国家公安委員会告示第15号）を作成し、公表している（道路交通法第108条の28）。

　交通安全教育指針には、

○　交通安全教育を行う者の基本的心構え

○　年齢、通行の態様等に応じた交通安全教育の内容及び方法

が明示されている。

　警察では、関係機関・団体等と連携し、同指針を基準として、教育を受ける者の年齢、心身の発達段階や通行の態様に応じた体系的な交通安全教育を実施している。

2　交通安全に関する普及啓発活動の推進

(1)　全国交通安全運動

ア　運動の始まり

　全国交通安全運動は、昭和23年12月10日から同月16日までの 7 日間、「全国交通安全週間」として実施されて以来、平成29年秋の運動で139回を数える。

　戦後、自動車交通量の増大とともに、交通事故も増加し始めたことから、連合国総司令部民間情報教育局（CIE）も、交通事故防止に関心を持つようになった。

　また、この年は、道路交通取締法が施行された年でもあり、その広報の必要性があったことなども背景となっていた。

　なお、当時の実施要綱によると、主催は国家地方警察本部（警察庁の前身）であり、協力を得る機関としては、自治体警察、文部省（現文部科学省）、運輸省（現国土交通省）及び交通安全協会が示されている。

イ　運動の名称と期間

　全国交通安全運動は、第 1 回から第 3 回までは、その期間が 7 日間であったことから、「全国交通安全週間」と呼ばれていたが、昭和26年からその期間が10日間となったため、「全国交通安全旬間」と呼ばれるようになった。また、27年からは春（秋）季の字句を、28年からはその実施年を冠することとされ、36年から現在のような名称となった。

　この全国交通安全運動は、45年までは、おおむね春は 5 月、秋は10月に実施されてきたが、それ以降は、春は 4 月の入学時期に、秋は 9 月下旬に実施することとなった。この時点では毎年の実施時期は固定化されていなかったが、年によって実施時期が異なるのは、その準備、国民への周知等の点から望ましくないことから、51年以降の全国交通安全運動については、やむを得ない事情がある場合を除き、春は 4 月 6 日から、秋は 9 月21日からの10日間実施することとされた（平成12年12月26日中央交通安全対策会

議決定）。

　ウ　運動の変遷

　このようにして全国交通安全運動の原型が形作られたが、現在に至るまでに様々な変遷があった。例えば、昭和31年春は、積雪等の事情を考慮し、北海道等においては、別の期間に実施し、46年春は、統一地方選挙の時期と重なったことから、前後期6日間ずつに分け、計12日間実施した。また、53年には、46年以降減少してきた交通事故が増加の兆しをみせたほか、7月30日から沖縄県の交通方法が変更される年であり、この交通方法の変更の安全かつ円滑な実施を支援する必要があったことから、初めて「夏の全国交通安全運動」を実施した。55年には、過去9年間減少していた交通事故死者数が一転して増加し始め、さらに、暴走族が著しく活発化かつ悪質凶暴化し、その動向が極めて憂慮すべき状況にあったことから、2回目の「夏の全国交通安全運動」を実施した。また、54年春以降、統一地方選挙が実施される年の春の運動に関しては、運動の期間と重なるため、約1か月遅れの5月11日から10日間実施された。

　エ　運動の主催・協賛

　運動の当初においては、国家地方警察本部が主催し、ほかに協賛機関はなかったが、昭和27年秋の運動では、国家地方警察本部のほか、全国自治体警察長連合協議会、日本交通安全協会及び運輸省（現国土交通省）が主催し、協賛機関・団体として建設省（現国土交通省）、文部省（現文部科学省）、労働省（現厚生労働省）、日本国有鉄道及び交通事故防止懇談会を構成する団体等が挙げられている。

　29年の警察法改正以降は、国家地方警察本部及び全国自治体警察長連合協議会に代わり、警察庁が主催機関に入り、運動の推進機関として中枢的な役割を果たしてきた。

　その後、35年には総理府に交通対策本部が設置され、37年春の運動から実施要綱は交通対策本部で決定されることとなり、総理府（現内閣府）、警察庁、文部省（現文部科学省）、運輸省（現国土交通省）、労働省（現厚生労働省）、建設省（現国土交通省）、自治省（現総務省）、厚生省（現厚生労働省）、都道府県及び（財）全日本交通安全協会が主催し、日本国有鉄道、日本放送協会、日本民間放送連盟及び日本新聞協会が協賛すること

となった。

　平成29年秋の運動では、主催25機関・団体、協賛は151団体に及び、全国交通安全運動として充実した体制が築き上げられている。

　オ　今日の運動

　全国交通安全運動は、広く国民に交通安全思想の普及・浸透を図り、交通ルールの遵守と正しい交通マナーの実践を習慣付け、交通事故防止の徹底を図る等を目的として、関係機関・団体と連携し、工夫を凝らした様々な施策が展開されており、平成13年から22年の春の運動では、「全国交通安全運動中央大会」が開催され、内閣総理大臣、国家公安委員会委員長等が、都内小学校における交通安全教室に参加するなど、運動の盛り上げを図った。

　また、20年1月に、中央交通安全対策会議交通対策本部決定において、交通安全に対する国民の意識を高めるため、新たな国民運動として、「交通事故死ゼロを目指す日」が設けられ、同年以降、全国交通安全運動と連動して「交通事故死ゼロを目指す日」の取組が行われている。

⑵　**交通安全年間スローガン・ポスターデザイン**

　交通事故の防止を広く国民の間に普及徹底するためには、統一されたスローガンを、年間を通じ全国各地で国民の目や耳に触れさせることが効果的である。このようなスローガンは各都道府県で独自に選定されていたが、昭和40年に初めて、(財) 全日本交通安全協会が、警察庁、総理府 (現内閣府)、文部省 (現文部科学省)、建設省 (現国土交通省)、自治省 (現総務省)、通産省 (現経済産業省) の各省と毎日新聞社の後援を得て全国統一のスローガンの公募を開始した。また45年からは、各年の内閣総理大臣賞を受賞した交通安全スローガンを入れたポスターデザインの公募を開始した。さらに、55年からは、毎日新聞社が共催となっている。

　現在は「運転者 (同乗者を含む) へ呼びかけるもの」、「歩行者・自転車利用者へ呼びかけるもの」、「中学生以下へ交通安全を呼びかけるもの」の三部門が募集テーマとされており、入賞作品は、全国で展開される各種交通安全啓発活動に広く活用されている。

交通安全年間スローガン入賞作品（最優秀作～内閣総理大臣賞～）

対象 使用年	運転者(同乗者を含む)	歩行者・自転車利用者	中学生以下
平成29年	抱っこより 　深い愛情 　　チャイルドシート	身につけよう 　命のお守り 　　反射材	ペダルこぐ 　免許はないけど 　　ドライバー
28年	こんばんは 　早めのライトで 　　ごあいさつ	シニアこそ 　ジュニアのお手本 　　交通安全	しんごうが 　あおでもよくみる 　　みぎひだり
27年	早めから 　つけるライトで 　　消える事故	外出は 　明るい笑顔と 　　反射材	ルールむし 　しん号むしは 　　わるいむし
26年	発進は 　チャイルドシートの 　　笑顔見て	いい老後 　元気生きがい 　　交通安全	にっぽんを 　じまんしようよ 　　事故ゼロで
25年	スマホ手に 　車や自転車 　　事故のもと	お年寄り 　孫のお手本 　　いい横断	ヘルメット 　ぼくのだいじな 　　おともだち

交通安全スローガンポスター（平成29年使用　最優秀作～内閣総理大臣賞～）

運転者（同乗者を含む）向け　　　　　　　歩行者・自転車利用者向け

中学生以下向け

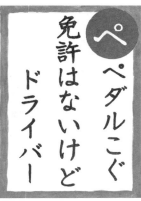

(3)　交通安全ファミリー作文コンクール

　交通安全ファミリー作文コンクールは、昭和54年度から、家庭、学校、職場、地域等において交通安全について話し合ったこと、また、これらを通じて思ったことや感じたことなどについて、作文形式により広く国民から募集し、これを共有することで、国民一人ひとりの交通安全意識の一層の高揚を図り、以て交通ルールの遵守と正しい交通マナーの向上を図ることを目的に実施されていたところ、平成28年度、内閣府から警察庁に業務移管された。

　同コンクールは、警察庁、（一財）全日本交通安全協会、（公財）三井住友海上福祉財団及び（一財）日本交通安全教育普及協会が主催し、内閣府及び文部科学省の後援並びに全国共済農業協同組合連合会の協賛を受けている。作品は、「小学生の部」、「中学生の部」、「一般（高校生以上）の部」で募集し、各部門ごとの最優秀作に内閣総理大臣賞、優秀作に国務大臣・国家公安委員会委員長賞又は文部科学大臣賞、佳作に警察庁交通局長賞の授与が行われている。また、入賞作品は、家庭、学校、職場、地域等において交通安全について考えるきっかけの一つとして、交通ルールの遵守や交通マナーの向上の一助となるよう警察庁ホームページに掲載している。

(4)　交通栄誉章表彰制度

　ア　目的

　　交通安全功労者及び優良運転者等を表彰することにより、社会における

交通安全意識の高揚を図り、交通事故の防止に資することを目的としている。

イ　制度の概要

本制度は、交通安全に顕著な功労のあった者（交通安全功労者）及び永年にわたり無事故運転を続け、他の運転者の模範となっている運転者（優良運転者）を表彰するものであり、交通栄誉章（緑十字金章及び同銀章）は毎年1月の交通安全国民運動中央大会において、警察庁長官及び（一財）全日本交通安全協会会長が連名で表彰することとされ、交通栄誉章（緑十字銅章）は（一財）全日本交通安全協会会長名で表彰することとされている。

ウ　制度創設の背景

昭和30年代半ばには、高度経済成長に伴う自動車交通の急激な増大とともに、交通事故による犠牲者も増大してきたことから、行政機関の進める交通安全対策に加え、民間の機関においても運転者等を始め、広く国民に交通安全意識の高揚を図るための施策が求められるようになってきた。このようなことを背景として、（財）全日本交通安全協会が交通栄誉章制度を創設した。

エ　制度の変遷

昭和36年に創設された当初は、「国民安全の日」の内閣総理大臣表彰等に併せて授与される副賞的なものであったが、その後、（財）全日本交通安全協会の事業規模の拡大及び交通栄誉章自体の定着化等に伴い、47年には警察庁及び（財）全日本交通安全協会の合議により、それまでの副賞的な性格のものから独立し交通栄誉章として表彰することとした。

オ　表彰の推移

昭和37年1月の第2回交通安全国民運動中央大会において交通安全功労者（47人）、優良運転者（63人）に対し、緑十字銀章が初めて贈られた。

被表彰者総数は、平成29年の第57回交通安全国民運動中央大会で、緑十字金章5,834人、緑十字銀章2万3,950人、緑十字銅章43万843人となった。

カ　効果等

各界各層における交通安全意識の高揚は、交通安全の確保のための重要な要素であり、本表彰制度はその実現に向けて大きく貢献してきている。

　受章には、相当の長期間にわたり交通安全の確保等への貢献が必要であり、他の模範となる功労等を有する者の中から精選されることから、受章者の名誉は格別に高いものとなっている。

　本表彰制度は、交通安全活動の現場で活動する人々の大きな励みになるとともにその功労に報いるものとして広く認められ、交通安全意識の高揚を支え、歴史を重ねた表彰として広く国民の間に定着している。

⑸　**シートベルト及びチャイルドシート**

　ア　シートベルト

　　㋐　諸外国における法制化

　　　シートベルトは、昭和30年、56年型フォードにオプションとして売り出されたのが最初であるが、37年からはアメリカ合衆国の各州でシートベルトの自動車への備付けが義務化され、44年にはスウェーデンで3点式ベルトの備付けが義務付けられた。しかし、シートベルトの着用が義務化されたのは、オーストラリアのビクトリア州が初めてであり、46年のことであった。ヨーロッパでは50年ごろから各国でシートベルトの着用が義務付けられることとなった。

　　㋑　我が国における法制化

　　　我が国においてシートベルトの製造販売が始まったのは昭和35年のことであるが、44年には保安基準が改正され、シートベルトの自動車への備付けが義務付けられた。46年には道路交通法に高速道路等におけるシートベルトの着用に係る努力義務が置かれたが、これは、世界で2番目のことであった。49年には、保安基準の改正により、運転席、助手席とも3点式ベルトの備付けが義務付けられた。また、60年の道路交通法改正により、運転者及び助手席同乗者に係るシートベルトの着用を義務付け、60年9月から高速道路等における運転者の義務違反について、61年11月からすべての道路における運転者及び助手席同乗者に係る義務違反についての行政処分の基礎点数を付することとした。

　　　平成19年の道路交通法改正により、後部座席乗車中の乗員に対してもシートベルト着用を義務付け、20年6月から高速道路等における後部座席乗員に係る義務違反についての行政処分の基礎点数を付することとした。

　　(ウ)　シートベルトの着用の徹底に向けた取組

　　　自動車乗車中のシートベルト非着用時の致死率（死傷者数に占める死者数の割合）は、着用時の場合に比べて大幅に高くなっているが、後部座席におけるシートベルトの着用の徹底が未だ十分でないことから、関係機関・団体と連携し、衝突実験映像等を用いたシートベルトの着用効果を実感できる参加・体験・実践型の交通安全教育を行うことなどにより、シートベルトの着用の徹底を図っている。

　イ　チャイルドシート

　　(ア)　諸外国における法制化

　　　世界で初めてチャイルドシートの使用が義務化されたのは、昭和51年オーストラリアのビクトリア州においてであり、その後、50年代後半にアメリカ合衆国、60年代以降ヨーロッパでその使用が義務化された。

　　　その法制化の内容については、各国様々であるが、そのほとんどにおいて自動車の運転者に、一定の年齢未満の者が自動車に乗車する際にチャイルドシートを使用させるよう義務付けており、その違反に対しては罰則を設けている。

　　(イ)　我が国における法制化

　　　我が国では、平成12年4月1日から、6歳未満の幼児についてチャイルドシートの使用義務付けが施行された。これは、自動車乗車中の幼児の交通事故による死傷者が急増していたこと、チャイルドシートを使用していた場合と使用していなかった場合の致死率を比較した場合、チャイルドシートを使用していなかった場合の致死率は使用していた場合の致死率と比較して4倍以上と非常に高くなっており、幼児の交通事故被害軽減の必要性、効果が明らかになったことを背景としていた。

　　(ウ)　チャイルドシートの適正な使用の徹底に向けた取組

　　　チャイルドシートは、事故時における自動車乗車中の幼児の被害軽減を図る上で大きな効果があることから、関係機関・団体等と連携し、幼稚園・保育所等において保護者に対するチャイルドシートの正しい取付方法の指導をすることなどにより、チャイルドシートの適正な使用の徹底を図っている。

② 安全運転管理者制度

1　制度発足までの流れ

　安全運転管理者制度が発足してから50年以上が経過した。その間、本制度の内容は次第に拡充、強化され、今日では事業所を通じた交通安全施策として定着したが、その背景には、世界でもまれにみるモータリゼーションの伸展があった。

　我が国においては、戦後復興とそれに続く高度経済成長と軌を一にして、事業所における自動車の利用とそれがもたらす交通事故も年々増加し、これが大きな社会問題と化していた。

　このような事業所等における交通事故を防止するためには、それぞれの事業所等に責任者を置き、その責任者に専門的に交通事故防止のための措置をとらせることが必要であるが、当時の法制度等は激変する交通情勢に対応しきれず、遅れが目立っていた。

　こうした中、めざましい交通情勢に対応すべく新しい交通社会にふさわしい内容と体裁を整えた道路交通の基本法たる道路交通法が誕生した際、安全運転管理に関連した規定として、雇用者の義務等の規定が初めて設けられた。

2　制度の発足

　安全運転管理者制度の発足は、昭和39年3月に交通問題調査会が内閣総理大臣に対して行った「我が国の陸上交通に関する総合的対策について」と題する答申にまでさかのぼる。同調査会は、その答申の中で、自家用自動車の交通事故防止対策の一つとして、35年に発足した事業用自動車における運行管理者と類似の制度の法制化を促している。

　次いで翌40年1月、政府の交通対策本部が、交通事故防止の徹底を図るための緊急対策の一つとして、「自家用自動車の運行管理者制度の検討」を緊急かつ強力に推進するよう決定した。

　そして同年6月、自家用自動車を一定台数以上使用している事業所において、安全運転管理者を選任することなどを義務付けた道路交通法の改正が行

われ、安全運転管理者制度が発足したのである。

　その後、同制度の適用範囲の拡大や安全運転管理者の行うべき業務内容と権限の明確化などの整備が行われ、現制度に至っている。

③　交通事故統計

1　制度の概要

　交通事故統計は、道路における危険を防止し、交通の安全と円滑を目的とする交通警察活動に対し、運営の重点、方向を示し、正しい判断を与え、また、将来出現するであろう事態を予測し、さらには、様々な対策の評価等を行うための基礎資料となるものである。

　現在、交通事故統計では「道路交通法第2条第1項第1号に規定する道路上において、車両、路面電車及び列車の交通によって起こされた人の死亡又は負傷を伴う事故」を集計対象としている。集計項目は、当事者の属性、発生地点の属性、道路・交通環境、被害状況、法令違反、運転免許等に関するものの166項目であり、これを記載する交通事故統計原票は、本票、補充票、高速道路追加調査項目票、交通事故事件検挙票、30日死者集計票の5種類に分かれている。

　また、関係法令の改正や事故状況の変化に合わせ、おおむね5年に一度の原票改正を行っており、従前との一貫性を確保しつつ、時代にマッチしたものとしている。

2　制度の推移

　交通事故に関するデータは第二次世界大戦以前にも収集されていたが（参考文献：『道路交通史年表』）、警察庁が全国統一の様式で統計をとり始めたのは、昭和23年旧警察法と同時に施行された国家公安委員会規程第3号の「犯罪統計規程」によるものが最初である。このころはソロバンと鉛筆による手集計が基本であり、38年にパンチカードを使うようになった。この交通事故統計により作成された23年版の交通事故統計年表には、牛馬に関する項目も見受けられる。なお、すでに3E（訓練：Education、取締り：

Enforcement、交通技術：Engineering）が紹介されており、交通警察の重要性がこの頃から認識されていたと思われる。

　その後、39年に警察庁に電子計算機システムが導入され、各都道府県からのデータを警察庁で処理するようになり、現在のような交通事故統計システムとしての体制が整った。当初は、まだ手集計による報告も残っており、現在のように「死者日報」を含む交通事故統計システムすべてを電算処理化するようになったのは、平成元年9月からである。

3　沿　　　革

交通事故統計の沿革

年　月　日	内　　　　容
昭和 23年3月7日	○「犯罪統計規程」（国家公安委員会規程第3号）の制定 ○「犯罪統計作成標準」の制定〜戦後警察統計の始まり〜 　　交通事故を認知した場合は交通事故報告書（現在の交通事故統計原票に当たるもの）を作成し、これに基づいて次の交通事故統計表を作成することとなる。 ・交通事故原因調（法令違反、原因区分別） ・交通事故損害調（当事者相関別の死傷者数、物的損害額等） ・交通事故件数調（当事者相関別交通事故件数等） ・車馬、電車の交通事故発生時の状況調（時間帯、昼夜、天候、地域、路面状態別） ・交通取締処分調（交通事故検挙件数、取締り件数と運転免許の行政処分状況等） ＊当事者については、「乗用自動車」、「貨物自動車」、「自転車」等の外、「荷車」、「その他の車馬」等、事故原因については「車馬狂奔」、「はんどる、たづな等の操作不履行」等の用語が見られる。
24年6月 28年1月	○「交通事故統計年表（昭和23年版）」の作成、発行 ○「犯罪統計規程」の改正 　　作成すべき交通事故統計表が、次のように改められた。 ・交通事故件数及び損害調 ・交通事故原因調 ・交通事故発生時の状況調 ・交通事故による死傷者の年齢別性別調 ・交通事故取締処分調 ・交通事故を起こした運転者の年齢及び運転経験調 ○犯罪統計規程、その他の交通事故統計作成要領をまとめて

	「交通事故統計表の作成要領」が作成される。
	＊この要領では交通事故による損害について、「死亡とは即死及び事故が原因で24時間以内に死亡したもの、重傷とは全治1か月以上の負傷、軽傷とは全治1か月未満の負傷をいう」と定義している。これは確認されたもっとも古いものであるが、統計の連続性を考慮すれば、23年の「犯罪統計規程」はもちろん、戦前においても同一の基準であったと認められる。
36年10月5日	○死者日報制度開始
38年4月1日	○パンチカードシステムによる業務開始 　死亡、重傷事故について「死亡・重傷事故統計原票」を作成し、パンチカードシステムによる処理を行う。 ○「交通事故原因の分析について」通達 　事故分析担当責任者（現在の交通事故分析官に相当）の指名配置
39年1月1日	○電子計算機システムによる業務開始 　死亡、重傷事故について電子計算機システムによる処理を開始する。 　なお、警視庁、神奈川、埼玉、千葉、山梨、静岡及び大阪についてはテレタイプ、その他の道府県についてはせん孔専用用紙を送付する方法をとった。
41年1月1日	○改正した「犯罪統計規則」、「犯罪統計細則」の施行 ○「交通事故統計事務取扱要綱」を施行　〜犯罪統計の本格的電算処理の開始〜 ・対象を人身事故に限り、物損事故を除外 ・電子計算機システムによる交通事故統計業務 ・全国統一様式による交通事故統計原票による送信 ・交通事故統計原票を本票と補充票の2種類とする。 ○「交通事故統計分析要綱」を施行
45年1月1日	○「交通事故統計原票」の改正　〜交通事故の増加に対応〜 ・交通事故統計原票を本票、補充票、事故処理区分票の3種類とする。 ・道路環境、子供に関する項目を増強
50年1月1日	○「交通事故統計原票」の改正　〜全面改正〜 ・交通環境に関する項目追加 ・衝突状況、被害程度に関する項目追加 ・幼児、保護者の状態に関する項目追加
55年1月1日	○「交通事故統計原票」の改正　〜国民皆免許時代に対応〜 ・高速道路追加調査項目票の新設により原票が4種類となる。 ・法改正に伴い選任事業所、保険、車検、暴走行為、過積載等に関する項目新設 ・高速自動車国道における物損事故を統計の対象とする。

61年1月1日	・交通規制、運転免許に関する項目を新設 ○「交通事故統計原票」の改正　〜交通事故統計業務の省力化〜 ・ＡＴ車に関する項目追加 ・高速自動車国道に関する調査の強化
62年8月	○月報処理として、出力用紙に対するもののほかに、フロッピーディスクによる出力を加え、ＯＡ化に対応
平成 元年9月	○活動用統合通信システム「ＰＡＸ」による交通事故死者日報の運用開始 ○各管区、警視庁、北海道本部からの死者日報の集計業務を活動用統合通信システム「ＰＡＸ」により開始
2年1月1日	○「交通事故統計原票」の改正 ○「交通事故統計事務取扱要綱」の改正 ・調査項目に他のデータベースを利用できるキーデータの新設 ・当事者の動きに関する調査項目を新設 ・特別調査に使用する「特別票」の新設 ・調査項目の整理
5年1月1日	○「24時間経過後、発生から30日以内」の交通事故死者数の集計開始
7年1月1日	○「交通事故統計原票」の改正 ○「交通事故統計事務取扱要綱」の改正 ・「貨物車の積載状況」及び「優良・非優良運転別」項目の新設 ・「エアバッグの装備」項目の新設、「自体防護」項目のヘルメットに関する細目改正 ・30日死者集計の交通事故統計システムへの取込み ・デジタル交通規制データベースと結合可能となる「交差点コード」の新設 ・高速自動車国道における物損交通事故を報告対象から削除
10年12月1日	○活動用統合通信システム「ＰＡＸ」による交通事故死者日報を廃止 ○警察統合情報通信ネットワークシステムによる交通事故死者日報の運用開始
13年1月1日	○「交通事故統計原票」の改正 ○「交通事故統計事務取扱要綱」の改正 ・「携帯電話等の使用状況」、「カーナビ等の使用状況」、「サイドエアバッグの装備」、「予備項目」及び「高速道路利用頻度」項目の新設 ・「特殊事故」を当事者ごとに区分 ・「国籍コード」、「職業コード」、「当事者種別」、「用途別」、「事故要因区分コード」項目及び「シートベルト」項目に

	おけるチャイルドシートの区分の細目改正
13年4月1日	○警察統合情報通信ネットワークシステムによる交通事故死者日報の改正 ・死者日報を、各府県から管区経由で行っていたものを、直接各都道府県から受けるシステムに変更
14年2月1日	○「交通事故統計原票」の一部改正 ・「罪種別」項目の細目改正 ・「高速道路利用頻度」項目の細目改正
14年3月20日	○「交通事故統計原票」の一部改正 ・「用途別」項目の細目改正 ・「飲酒運転」項目の細目改正
15年3月12日	○「交通事故統計原票」の一部改正 ・「自動二輪車のオートマチック車」項目の新設
16年6月14日	○「システムによる日報集計業務」の改正 ・死亡事故件数、死者数に加え、交通事故発生件数、傷者数、高齢者死者数、飲酒死亡事故件数が送信登録対象となる。
16年11月2日	○「軽自動車ナンバーの分類番号3桁化」の対応
19年1月1日	○「交通事故統計原票」の改正 ○「交通事故統計事務取扱要綱」の改正 ・「交差点形状」、「貨物車の積載状況」、「一時停止規制」等項目の廃止 ・「ライト点灯状況」、「反射材等使用状況」、「速度抑制装置装着状況」等項目の新設 ・「道路形状」、「車道幅員」、「衝突地点」、「国籍コード」等項目の細目改正 ・「特別票」の廃止
19年6月1日	○刑法の一部改正に伴い「交通業過事件等検挙票」を「交通事故事件検挙票」に名称変更し、罪種別に「自動車運転過失致死傷」を追加
24年1月1日	○「交通事故統計原票」の改正 ○「交通事故統計事務取扱要綱」の改正 ・「高齢運転者標識」、「地点緯度」、「地点経度」等の新設 ・「発生日時」、「昼夜」、「中央分離帯施設等」、「運転資格」及び「飲酒運転」項目の一部名称変更及び細目改正
26年5月19日	○「総合的な交通事故分析の推進について」通達 ・交通事故分析の体制強化（交通事故分析官、交通事故分析員の設置）
26年5月23日	○「交通事故統計原票」の一部改正 ○「交通事故統計事務取扱要綱」の一部改正 ・「自動車の運転により人を死傷させる行為等の処罰に関する法律」の施行に伴い、「交通事故事件検挙票」の罪種別に同罪を追加

29年1月1日	○「交通事故統計原票」の改正 ○「交通事故統計事務取扱要綱」の改正 ・「原票作成年月日」、「環状交差点の直径」、「一時停止規制」、「ゾーン規制」、「タイヤ等の状況」、「初心運転者標識」、「プロテクターの装着」、「安全教育受講の有無」等項目を新設 ・「道路形状（環状交差点）」、「信号機（歩車分離式）」、「特殊事故（身障者）」、「当事者種別（準中型車）」、「車両形状（トライク）」、「携帯電話等の使用状況（歩行者）」等項目の細目改正 ・「計上年」及び「本線通行止め時間」項目を削除 ・30日死者集計票の「死亡年月日」項目に「時分」項目を追加 ・「車両番号のローマ字表記導入」の対応

④　交通安全を目的とする諸団体の活動

1　交通安全協会

　自動車交通の広域化に伴い、交通事故の防止対策も都道府県ごとの活動から全国統一的な運動を推進することが求められるようになったため、昭和25年11月6日「日本交通安全協会」が設立された。

　同協会の設立後も交通事故は増加の一途をたどり、33年には交通事故死者数が8,000人を超え、交通事故発生件数が16万8,000件に達したことから、同年4月衆議院地方行政委員会において、道路の設備、交通安全施設の充実等12項目にわたる「交通事故防止に関する決議」が提出され、この決議の中で、交通安全協会の刷新強化が強調された。これを受け、35年、同協会の創立10年を機に組織の発展的解消を決定し、同年12月2日「（財）全日本交通安全協会」が設立（財団法人の設立許可は36年1月10日）された。また、公益法人制度改革を受け、平成25年4月1日に一般財団法人に移行した。

　（一財）全日本交通安全協会は、交通安全啓発活動として、交通安全国民運動中央大会や交通安全子供自転車全国大会の開催、全国交通安全運動の積極的な推進、交通安全年間スローガン及びポスターデザインの募集等の活動

を行っている。

　また、交通事故防止に資することを目的として、交通安全のために顕著な功労のあった者等に対し、功績に応じた交通栄誉章を警察庁長官との連名で贈っている。

　このほか、交通安全教育を推進するため、各種の講習会、研修会、調査研究、資料の作成・配布等を行っている。

2　自動車安全運転センター

(1)　自動車安全運転センター設立の目的

　交通事故は昭和30年代から社会問題化し、その後の自動車交通の拡大に伴い、45年には交通事故による死者数が1万6,765人に達し、交通戦争という言葉さえ生まれた。

　このような状況に対し、45年には交通安全対策基本法が制定され、交通警察官の増員による街頭活動の強化、反則制度の導入、道路交通環境の整備等の対策が図られた。

　しかし、従来の警察の対策は、その性格上、免許試験の実施や違反者等に対する行政処分などの面に重点が置かれ、運転者の利便を増進したり、優良運転者の賞揚等により安全運転に対する関心を高めさせる等の面においては必ずしも十分とはいえない実情にあった。

　このような諸点を補完するために自動車安全運転センターを設立し、運転免許取得後の運転者に対して、累積点数の通報、運転経歴証明、事故証明、運転研修等を実施することにより、交通事故等の防止と運転者等の利便の増進に資することとした。

(2)　自動車安全運転センターの発足

　前述の趣旨に基づき、警察庁において国家公安委員会の監督の下にこれらの業務を行う法人の設立を検討した結果、昭和49年に法人設立の基本方針が決定され、50年4月に、警察庁内に自動車安全運転センター（以下「センター」という。）設立準備室が設けられた。その後、同年7月に自動車安全運転センター法が制定され、順次、関係法令等が制定され、同年10月に国家公安委員会から設立の認可を受け、同年11月1日センターを設立するに至った。また、都道府県警察において設立準備が進められていた全国51か所の都

道府県事務所は、翌年の51年1月1日に一斉に開設され、業務を開始した。

(3) センターの民間法人化

　平成14年の交通事故死者数は、8,396人で過去最悪であった昭和45年の1万6,765人と比較して、その半減を達成するに至った。この交通事故死者数の半減は、多年にわたる官民挙げての様々な取組の成果であり、中でも、運転者教育の充実強化が交通事故抑止に大きく貢献していると考えられた。そこで、今後の更なる交通事故死者数減少のためには、運転者教育の更なる充実に努めていくこととし、センターについてもこうした運転者教育の意義・重要性が増大していることを踏まえ、その中核的業務である安全運転研修業務等を国民のニーズや道路交通情勢の変化に機動的に対応して運営を行うことができるようにすべきと考えられた。

　また、特殊法人等改革の中で、センターについては、「特殊法人等整理合理化計画」（平成13年12月19日閣議決定）において、組織形態について講ずべき措置として、「更なる経営効率化の取り組みを進めるとともに、業務を適正かつ確実に実施していくための経営基盤の確立等に必要な条件を整備した上で、民間法人化する」との決定がなされていた。

　このため、15年10月1日、国の財務・会計・人事面への関与を最小限とした民間法人に改組し、国民の期待により一層こたえる業務運営を行うことができるようにした。

3　交通事故総合分析センター

　交通事故総合分析センターは、交通事故の防止と交通事故による被害の軽減を図ることにより、安全、円滑かつ秩序ある交通社会の実現に寄与し、もって公共の福祉の増進に資することを目的として、平成4年3月に設立され、同年6月11日に道路交通法第108条の13第1項の「交通事故調査分析センター」（以下「分析センター」という。）として指定を受けた。

　また、公益法人制度改革を受け、24年4月1日に公益財団法人に移行した。

　分析センターは、官民それぞれが実施する交通安全対策をより一層効果的なものとし、安全で快適な交通社会の実現に寄与するため、交通事故と人、道、車に関する総合的な分析・調査研究を行っている。

　分析センターでは、交通事故、運転者、道路、車両等に関する各種データ

を統合した交通事故総合データベースを作成し、多角的なマクロ統計分析を
行うとともに、5年に設置した「つくば交通事故調査事務所」を拠点として、
主に茨城県つくば市及び土浦市周辺で、実際の交通事故現場に臨場し、交通
事故を総合的かつ科学的に調査する事故例調査（ミクロ調査）を実施してい
る。ミクロ調査については、28年中約140件の事故について実施しており、
これまでの調査件数は約6,000件となっている。

　28年度は、高齢者の道路横断中の交通事故など、活発な調査研究活動を展
開した。また、分析センターの調査研究の成果は、報告書として公表される
ほか、小冊子「イタルダ・インフォメーション」として関係機関・団体に配
布され、広く一般に紹介されるなど交通安全意識の高揚に貢献している。

5　交通関連事業の指導

1　自動車運転代行業

(1)　自動車運転代行業の発展と適正化の取組

　ア　自動車運転代行業の発展とその問題点

　　自動車運転代行業は、昭和50年前後から、公共交通機関が十分に発達し
　ておらず、自家用自動車が移動手段として不可欠である地方都市を中心に
　発達してきた事業であり、飲酒運転の防止に一定の役割を果たしてきたが、
　他方で不適正業者による白タク行為や料金の不正収受等の問題が見受けら
　れ、その業務の適正な運営が確保されていない状況にあった。

　イ　自動車運転代行業の業務の適正化に関する法律

　　このような状況を受けて、自動車運転代行業の業務の適正な運営を確保
　し、もって交通の安全及び利用者の保護を図るため、自動車運転代行業の
　業務の適正化に関する法律（平成13年法律第57号。以下「運転代行業法」
　という。）が制定され、平成14年6月1日から施行された。

　　運転代行業法は、自動車運転代行業について、他人に代わって自動車を
　運転する役務を提供する営業であって、

　　○　主として、夜間において酔客に代わって運転するものであること。

　　○　酔客等を乗車させるものであること。

○　常態として、当該営業の用に供する自動車が随伴するものであること。
のいずれにも該当するものと定義した上で、自動車運転代行業を営もうと
する者は、成年被後見人等の一定の欠格事由に該当しないことについて、
都道府県公安委員会の認定を受けなければならないことを規定している。

また、運転代行業法は、自動車運転代行業者の遵守事項として、

○　安全運転管理者の選任義務

○　無免許運転等の下命容認の禁止

○　営業所における認定証、料金及び自動車運転代行業約款の掲示義務

○　損害賠償措置を講ずべき義務

○　代行運転自動車標識の表示

○　随伴用自動車の表示

等を規定するとともに、自動車運転代行業者等に対する監督の手段として、
都道府県公安委員会が営業の停止を命ずることができることなどを規定し
ている。

さらに、16年6月1日の改正道路交通法の施行により、代行運転自動車
を運転しようとする者は、第二種免許の取得が義務付けられている。

(2)　**自動車運転代行業界の組織化**

自動車運転代行業界では、自動車運転代行業の適正な運営の確保と利用者
の利便性の向上を図る取組として、昭和60年12月に、「全国運転代行事業協
会」(任意団体) が設立され、平成5年1月には、これが「新・全国運転代
行事業協会」(任意団体) に再編成された。そして、8年3月には、「社団法
人全国運転代行協会」(警察庁、運輸省 (現国土交通省) 共管) が設立され、
その後、公益法人制度改革により、「公益財団法人運転代行振興機構」及び
「公益社団法人全国運転代行協会」の2組織が並立する形となった。

(3)　**自動車運転代行業の業務の適正な運営の確保**

飲酒運転根絶の観点からは、その受け皿としての運転代行サービスの普及
促進を図っていく必要がある。警察庁では、国土交通省と共に、平成20年2
月に「運転代行サービスの利用環境改善プログラム」を、24年3月に「安
全・安心な利用に向けた自動車運転代行業の更なる健全化対策」を、それぞ
れ策定し、自動車運転代行業の健全化及び利用者の利便性・安心感の向上を
図るための施策を推進している。

2　自家用自動車管理業

(1)　自家用自動車管理業の事業形態

　自家用自動車管理業とは、法令上の定義はないものの、長期的な契約に基づき、会社等の事業に伴う車両の運転業務、安全運転管理業務、整備管理業務等の車両の運行管理を業として行う事業である。一般的には、法人や企業等の使用者と契約を行い、大型バスやマイクロバス、乗用車を運行し、社員、役員等の送迎等車両の運行業務を請け負っている。

(2)　一般社団法人日本自家用自動車管理業協会の設立経緯

　自家用自動車管理業界では、事業の急成長を背景とした業界の社会的責任の高まりに対応するため、昭和61年4月「自動車管理連絡会」（任意団体）を設立、平成元年には、これを「日本自動車管理協会」（任意団体）に再編成したが、さらに、公的立場を十分に自覚した団体の設立が急務になっているとの認識の下、「日本自動車管理協会」を発展的に解消し、平成4年3月13日、警察庁、通商産業省（現経済産業省）、運輸省（現国土交通省）の3省庁共管とする「社団法人日本自家用自動車管理業協会」を設立した。その後、公益法人制度改革を受け、「一般社団法人日本自動車運行管理協会」に移行した。

(3)　自家用自動車管理業の指導育成

　警察庁は、同協会と連携を図り、安全運転管理者等との関係、運転者に対する安全運転管理等について必要な指導を行い、適正な事業運営を確保し、事業の健全な育成を図っていくこととしている。

6　自転車利用者対策の推進

1　道路交通法における自転車に係る規定の変遷

　自転車は、昭和35年の道路交通法制定時、「自転車、荷車その他若しくは動物の力により、又は他の車両に牽引され、かつ、レールによらないで運転する車（そり及び牛馬を含む。）であつて、小児用の車以外のもの」という形で、軽車両の一つとして定義され、その通行区分については、道路（歩道

と車道の区分のある道路においては車道）の中央から左の部分を通行することとされた。その後、自転車に係る道路交通法の規定については、その時々の交通情勢を踏まえて見直しがなされて、現在に至っている。

　これまでの規定の変遷は、次のとおりである。

(1)　**昭和39年の道路交通法の一部改正**

　軽車両の並進が、その軽車両自体が危険であるばかりでなく、他の交通の妨害のおそれもあることから、原則として禁止されることとなった。

(2)　**昭和45年の道路交通法の一部改正**

　自転車保有台数の増加や自転車事故の発生状況、関係法令の整備状況を踏まえ、自転車道及び自転車の歩道通行に関する規定が整備された。

(3)　**昭和46年の道路交通法の一部改正**

　歩行者の通行の安全の確保のため、路側帯に関する規定が設けられ、軽車両については、道路標示によってその通行を禁止された路側帯以外の路側帯に関し、著しく歩行者の通行を妨げる場合を除き、通行することができることとされた。

(4)　**昭和53年の道路交通法の一部改正**

　自転車の保有台数の増加及びそれに伴う交通事故の多発を背景に、自転車の定義、制動装置等の自転車の構造、自転車の横断方法及び普通自転車の通行区分等に関する規定が整備された。

(5)　**平成19年の道路交通法の一部改正**

　自転車利用の進展やその一方での自転車関連事故の増加傾向、自転車の交通ルールの不遵守に対する国民の批判を踏まえ、自転車の歩道通行要件を見直すとともに、普通自転車の歩道通行の方法等、地域交通安全活動推進委員の活動及び乗車用ヘルメットに関する規定が整備された。

(6)　**平成25年の道路交通法の一部改正**

　改正当時の自転車関連事故の発生件数は、全交通事故の約２割を占め、自転車乗用中に死傷した者の約３分の２に違反が認められるなど、自転車利用者に対して交通ルールを徹底することが不可欠であったことから、以下の規定が整備された。

○　**自転車運転者講習制度の導入**

　自転車の運転に関し交通に危険を及ぼす危険行為を反復して行うなど、将

来的に交通の危険を生じさせるおそれが強いと認められる者に対し、都道府県公安委員会が、自転車の運転による交通の危険を防止するための講習の受講を命ずる自転車運転者講習制度が設けられた。

○　制動装置不良自転車に対する検査等

　制動装置不良自転車は、それ自体が危険な乗り物であり、誰が運転した場合においても道路交通に危険を生じさせるものであることから、制動装置不良自転車そのものを道路交通から除去するため、制動装置不良自転車と認められる自転車に対し、警察官が検査・応急措置命令等を行うことができることとされた。

○　軽車両の路側帯の通行方法

　軽車両が通行できる路側帯を道路の左側に設けられたものに限ることにより、路側帯における自転車同士の正面衝突・接触事故等の発生を未然に防止するとともに、軽車両の通行ルールの斉一性を向上させ、軽車両の通行ルールの徹底による交通秩序の整序化を図った。

2　良好な自転車交通秩序の実現のための総合対策の推進

　自転車に関する交通秩序の整序化を図り、自転車の安全利用を促進するため、平成19年7月10日に交通対策本部において、「自転車の安全利用の促進について」が決定され、警察においても、「自転車の交通秩序整序化に向けた総合対策」を推進し、一定の成果を上げた。しかし、他の自動車等と同様に交通ルールを遵守しなければならないという意識は自転車利用者に十分に浸透せず、自転車利用者のルール・マナー違反に対する国民の批判の声は後を絶たないほか、自転車の通行環境の整備も十分とは言えない状況にあった。

　そこで、自転車の交通秩序整序化のための総合対策の成果を着実に定着させながらも、その方法や効果を点検しつつ、更に自転車に関する総合対策を推し進めるため、警察においては、23年10月から、良好な自転車交通秩序の実現のための総合対策に、関係機関・団体と連携しつつ、取り組むこととした。

　新たな総合対策においては、特に自転車は「車両」であるということを、自転車利用者のみならず、自動車等の運転者を始め交通社会を構成する全ての者に徹底させることとし、それにより車道を通行する自転車の安全と歩道

を通行する歩行者の安全の双方を確保することとした。

　具体的には、次のような対策に取り組んでいる。

(1)　自転車通行環境の確立

○　規制標識「自転車一方通行」や「普通自転車専用通行帯」を活用した自転車専用の走行空間の整備

○　普通自転車歩道通行可規制の実施場所の見直し

○　普通自転車歩道通行可規制が実施されている歩道をつなぐ自転車横断帯の撤去

(2)　自転車利用者に対するルールの周知と安全教育の推進

○　自転車は「車両」であるということの徹底

○　ルールを遵守しなかった場合の罰則や交通事故のリスク、損害賠償責任保険等の加入の必要性等について周知

(3)　自転車に対する指導取締りの強化

○　指導警告の積極的推進と制動装置不良自転車運転を始めとする悪質・危険な交通違反の検挙

○　交通ボランティア等と連携した街頭活動の強化

(4)　対策推進上の基盤の整備等

○　都道府県警察における総合的な推進計画の策定

○　体制整備、部内教養の徹底、関係部門との連携

○　地方公共団体による自転車の交通ルール遵守等の取組の積極的支援

○　地方公共団体等に対する駐輪場整備や放置自転車撤去の働き掛け

　このうち、自転車利用者に対するルールの周知と安全教育の推進について、警察としては、地方公共団体、学校、自転車関係事業者等と連携し、「自転車安全五則」を活用するなどして、全ての年齢層の自転車利用者に対して、自転車は車道通行が原則であること、車道では左側通行すること、歩道では歩行者を優先することなどの自転車の通行ルール等の周知を図っている。

　また、ルールを守らなかった場合の罰則や交通事故発生の危険性、交通事故の加害者となった場合の責任の重大性、損害賠償責任保険への加入の必要性等の周知を図るとともに、交通事故の被害を軽減するための対策として、ヘルメットの着用や幼児を自転車に乗車させる場合のシートベルトの着用の促進を図っている。

　さらに学校等と連携して、児童・生徒に対する自転車安全教育を推進しており、自転車シミュレーターの活用等による参加・体験・実践型の自転車教室を開催するなど、教育内容の充実を図っている。

　自転車利用者に対する指導取締りについては、自転車指導啓発重点地区・路線を中心に、自転車利用者の無灯火、二人乗り、信号無視、一時不停止等に対し、指導警告を行うとともに、悪質・危険な交通違反に対しては、検挙措置を講ずるなど、厳正に対処している。

3　安全で快適な自転車利用環境創出ガイドライン

　「良好な自転車交通秩序の実現のための総合対策」においては、自転車は「車両」であることが明記された一方で、平成22年3月時点で、全国の約120万kmの道路のうち、自転車道や自転車専用通行帯等の自動車や歩行者から分離された自転車通行空間の延長は約3,000kmとわずかである上、自動車の駐停車等により自転車の通行が阻害されるなど、自転車の車道通行にとって数々の問題が存在した。

　このような中、警察としては、国土交通省とともに安全で快適な自転車利用環境の創出に向けた検討を行い、24年11月に「安全で快適な自転車利用環境創出ガイドライン」を策定した。同ガイドラインは、

○　自転車通行空間として重要な
　　路線を対象とした面的な自転車
　　ネットワーク計画の作成方法
○　交通状況に応じ、歩行者、自
　　転車、自動車が適切に分離され
　　た空間整備のための自転車通行
　　空間設計の考え方
等について提示している。

　ただ、自転車ネットワーク計画を策定した市区町村は24年11月のガイドライン策定以降も一部の市区町村にとどまっている状況にあり、自転車と歩行者の分離により

自転車専用通行帯の設置例（仙台市）

安全性が高く、かつネットワークとして連続した安全な自転車通行空間の整備が緩慢な状況にあった。

　このような状況を鑑み、安全性の向上を第一に、道路や交通状況に応じた自転車通行空間整備を促進するための方策が検討され、28年7月にガイドラインの改定が行われた。改定されたガイドラインには、

○　段階的な計画策定方法の導入
○　自転車道として整備ができない場合、車道通行を基本とした暫定形態の積極的な活用
○　自転車のピクトグラムや矢羽根型路面表示の仕様の標準化
○　自転車道は一方通行を基本とする考え方の導入

といった項目が盛り込まれている。

4　自転車運転者講習制度の導入

　交通安全教育や指導取締りといった自転車の交通ルールの徹底方策の在り方に関しては、平成24年10月から12月にかけて「自転車の交通ルールの徹底方策に関する懇談会」が検討を行い、自転車の交通ルールに関する交通安全教育・広報啓発の在り方、教育への参加促進方策等について多様な観点から議論が行われた。そして、24年12月には「自転車の交通ルールの徹底方策に関する提言」として、悪質・危険な違反行為をする自転車利用者等に対して、違反者の特性に応じた専門の講習を行うことなどにより、その危険性を改善することが適当であると結論付けられた。

　これを受けて道路交通法が改正され、27年6月1日から自転車運転者講習制度が実施されている。この制度は、自転車の運転に関し交通に危険を及ぼす一定の違反行為を反復して行い、将来的に交通の危険を生じさせるおそれが強いと認められる者に対し、都道府県公安委員会が、自転車の運転による交通の危険を防止するための講習の受講を命ずるものである。

　危険行為としては、

○　制動装置不良自転車運転、遮断踏切立入り、酒酔い運転等の違反態様そのものに危険性が認められる交通違反
○　安全運転義務違反、交差点安全進行義務違反、信号無視等の、多くの自転車関連事故の原因となっている交通違反

○　通行区分違反、優先通行妨害等の重大事故につながりやすい交通違反
といった14類型が規定されている。

　講習では、具体的な事故事例を基に、事故原因等についてディスカッショ
ンを行う、交通事故被害者や遺族の手記を朗読するなど、事故の運転行動が
いかに危険であるのかを気付かせ、運転行動を自発的に変容させるよう促す
講習を行うこととされた。

5　自転車活用推進法

　平成29年5月1日に自転車活用推進法（平成28年法律第113号）が施行さ
れた。同法は、極めて身近な交通手段である自転車の活用による環境への負
荷の低減、災害時における交通の機能の維持、国民の健康の増進を図ること
が重要であることに鑑み、自転車の活用の推進に関し、基本理念を定め、国
の責務等を明らかにし、及び自転車の活用の推進に関する施策の基本となる
事項を定めるとともに、自転車活用推進本部を設置することにより、自転車
の活用を総合的かつ計画的に推進することを目的としている。

　同法に従って、政府は、自転車の活用の推進に関する基本方針に即し、自
転車の活用の推進に関する目標及び自転車の活用に関し講ずべき必要な法制
上又は財政上の措置その他の措置を定めた自転車活用推進計画を閣議決定し、
国会に報告することとされたほか、都道府県及び市町村も、自転車活用推進
計画を勘案して、区域の実情に応じた自転車の活用の推進に関する施策を定
めた計画を定めるよう努めることとされた。

7　被害者支援

1　交通事故事件における被害者支援

　交通警察においては、平成8年に制定された「被害者対策要綱」、23年に
制定された「犯罪被害者支援要綱」（犯罪被害者支援要綱の制定により、被
害者対策要綱は廃止）、8年に制定された「被害者連絡実施要領」（29年に改
正）、16年12月に成立した「犯罪被害者等基本法」を受け、28年4月に策定
された「第三次犯罪被害者等基本計画」及びこれを受けて策定された「警察

庁犯罪被害者支援基本計画」（警察庁犯罪被害者支援基本計画の策定により、犯罪被害者支援要綱は廃止）に基づき、適切な被害者支援が行われるよう、捜査員に対し指導教養を行い、交通事故の被害者及びその家族又は遺族（以下「被害者等」という。）の心情に配意した適切な支援に努めている。

(1) 被害者連絡制度

被害者連絡実施要領等に基づき、ひき逃げ事件や交通死亡事故、危険運転致死傷罪等に該当する重大な交通事故事件の被害者等に対して、被疑者の検挙状況や捜査経過等を説明するとともに、加害者に対する行政処分についての問合せに応答するなど、適切に被害者連絡等が実施されるよう努めている。

平成20年には、各都道府県警察本部の交通事故事件捜査担当課に、「被害者連絡調整官」を設置し、被害者連絡の組織的かつ斉一な対応を確保するための体制を整備するとともに、被害者等の心情に配意した適切な支援を実施するための教養の強化を図ることとした。

(2) 交通事故事件に係る「被害者の手引」等の作成、配布

都道府県警察においては、被害者連絡等の場で活用する損害賠償制度の概要、各種相談窓口等を紹介した被害者の手引を作成、配布するほか、一部の警察において外国語版の被害者の手引を作成、配布するなどの取組を推進してきたところである。また、平成18年の被害者連絡実施要領の改正に併せ、警察庁においては、被害者連絡制度、刑事手続、補償制度等の内容を盛り込んだ「被害者の手引」のモデル案を示した。

その後、20年12月から刑事訴訟法等の改正により、犯罪被害者等が刑事裁判に参加する制度及び損害賠償請求に関し刑事手続の成果を利用する制度等が開始されたことから、21年2月にモデル案の改訂を実施したほか、外国人が被害者となる交通事故事件の増加に伴い、24年2月には外国語版のモデル案を示し、被害者支援の充実を図っている。

そのほか、都道府県警察においては、各種相談窓口等が記載された「現場配布用リーフレット」を作成し、交通事故の発生現場等において被害者等に配布する取組を推進している。

2　交通事故被害者サポート事業

交通事故被害者サポート事業は、平成15年度から内閣府の事業として、交

通事故の被害者や交通事故で家族を失った方々が、深い悲しみやつらい体験から立ち直り、回復に向けて再び歩み出すことができるような土壌を醸成することを目的に実施されていたところ、28年度から警察庁に業務移管された。

　同事業は、有識者を委員とした交通事故被害者サポート事業検討会において事業方針等が定められ、一般市民も参加可能な「交通事故で家族を亡くした子供の支援に関するシンポジウム」のほか、支援関係機関の連携を強化し意思の疎通を図るための「交通事故で家族を亡くした子供の支援に関する意見交換会」、交通事故被害者等の自助グループ（同じようなつらさを抱えた者同士が、お互いに支え合い、励まし合う中から、問題の解決や克服を図り、被害に遭う前の平穏な生活を再び取り戻すことを目的に集うグループ）への支援を目的とした「自助グループ運営・連絡会議」、地域における支援機関相互の連携強化を図る「各種相談窓口等意見交換会」が開催されている。

⑧　交通事故抑止に資する取締り・速度規制等の推進

　平成25年に「交通事故抑止に資する取締り・速度規制等の在り方に関する懇談会」において取りまとめられた提言を踏まえた各種施策の実施により、交通事故抑止に資する取締り・速度規制等を推進している。

交通事故抑止に資する取締り・速度規制等の在り方に関する提言（概要）

提言に当たっての共通認識

【速度管理の必要性】
○　交通事故の発生状況や取締りと交通事故の関係から見ると、車両の走行速度の低下が交通事故の被害軽減に結びついており、交通事故死者を減少させるためには、速度規制や取締りによる適切な速度管理が必要

交通事故抑止に資する速度規制等の在り方について

【一般道路における速度規制の見直しの考え方】
○　生活道路について、運転者が分かりやすい面的な低速度（30km/h以下）規制を更に推進していくべき

○　一般道路について、40km/h規制、50km/h規制を中心に、交通事故の発生状況等を勘案しつつ、実勢速度との乖離が大きい路線を優先的に見直しを行っていくべき

【高速道路の速度規制】

○　新東名高速道路を始めとする高規格の高速道路については、設計速度120km/hで、かつ、片側３車線以上の道路などに関して、最高速度100km/hを超える速度への引き上げについて早急に検討を開始すべき（検討に当たって安全面で調査・検証すべき事項や、規制基準の策定の重要性についても指摘）　　　　　　等

※　このほか「速度管理に関する考え方の国民との共有」、「安全な交通行動への誘導方策」についても提言

交通事故抑止に資する取締りの在り方について

【交通事故抑止に資する速度取締りの在り方】

○　我が国においても、取締りスペースの確保が困難な生活道路や深夜など警察官の配置が困難な時間帯における取締りが行えるような機器の導入を前提に今後研究していくことが必要

○　過去の交通事故実態の分析に基づき、取締り場所・時間帯を選定し、これを定期的に見直すという、一連のPDCAサイクルをより一層機能させていくことが必要

○　交通事故を未然に防ぐための先行的な取組として、交通事故分析の結果に基づく取締りや違反者の不意を突くランダムな取締りのほかに、赤色灯を点灯させた白バイやパトカーによるパトロール活動、通学時間帯や薄暮時間帯における街頭活動等をバランスよく組み合わせることも必要　　　　　　　　　　　　等

【取締り管理の考え方についての情報発信】

○　都道府県警察単位での速度管理の考え方を示した上で、警察署等の地域単位で速度取締りを重点的に行う路線、時間帯を明らかにした速度取締り管理の考え方を、交通事故分析結果等を踏まえて示すことが必要　　　　　　　　　　　等

今後の交通事故抑止対策において更に推進すべき事項

○「悪質・危険な交通違反の取締り、暴走族に対する取締りの更なる強化」、「まちづくりとの連携」、「運転者以外への交通安全教育の推進」及び「交通事故抑止に資する業務の適切な評価の実施」についても更に推進すべき

⑨　高齢運転者交通事故防止対策

　近年では、高齢者人口の増加等を背景として、交通事故死者数の減少幅が縮小する傾向にあるなど、交通事故情勢は依然として厳しい状況にある。特に75歳以上の運転者による死亡事故件数は、近年、横ばいで推移しているが、死亡事故件数全体が減少傾向にあるため、その占める割合が増加しており、75歳以上の運転免許保有者数が今後更に増加していくことが見込まれる中、高齢運転者の交通事故防止対策は喫緊の課題となっている。

　こうした中、平成27年6月には、高齢運転者対策の推進を図るための規定の整備等を内容とする道路交通法の一部を改正する法律（以下「改正道路交通法」という。）が成立し、臨時認知機能検査が導入されること等によって、タイムリーに高齢運転者の認知機能の状況に応じた対応をとることが可能となった。

　しかしながら、改正道路交通法の施行前である28年10月、神奈川県横浜市において小学生が犠牲となる痛ましい死亡事故が発生し、その後も高齢運転者による死亡事故が相次いで発生したこと等を踏まえ、高齢運転者の交通事故防止対策に政府一丸となって取り組むため、同年11月、「高齢運転者による交通事故防止対策に関する関係閣僚会議」が開催された。同会議において、内閣総理大臣から、

○　改正道路交通法の円滑な施行

○　社会全体で高齢者の生活を支える体制の整備

○　更なる対策の必要性の検討

について指示があり、同月、高齢運転者の交通事故防止について、関係行政機関における更なる対策の検討を促進し、その成果等に基づき早急に対策を講じるため、交通対策本部の下に「高齢運転者交通事故防止対策ワーキングチーム」が設置された。

　これを受けて、「高齢運転者交通事故防止対策に関する有識者会議」（以下「有識者会議」という。）では、高齢者の特性が関係する交通事故を防止するために必要な方策について、幅広く検討を行うこととして、29年1月から計5回開催され、同年6月、「高齢運転者交通事故防止対策に関する提言」が取りまとめられた。

　本提言は、高齢運転者による悲惨な交通事故が繰り返されないようにするため、警察を始めとする関係機関・団体等が緊密に連携しながら取り組むべき今後の方策について、有識者会議におけるこれまでの議論の結果を取りまとめたものである。

高齢運転者交通事故防止対策に関する提言（概要）

検討の経緯

「高齢運転者による交通事故防止対策に関する関係閣僚会議」における総理指示を踏まえ、平成29年1月から「高齢運転者交通事故防止対策に関する有識者会議」を開催し、高齢者の特性が関係する交通事故を防止するために必要な方策について幅広く検討

75歳以上の高齢運転者による死亡事故件数及び構成比

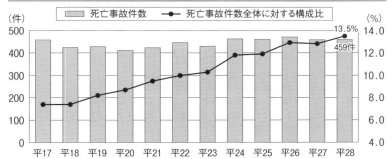

○　75歳以上の運転免許保有者数がほぼ倍増する中、死亡事故件数は横ばい傾向
○　死亡事故件数全体が減少傾向のため、構成比が上昇

死亡事故における人的要因比較（平成28年）

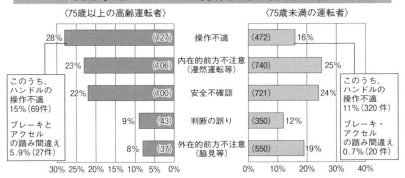

死亡事故件数：459件（調査不能が46件）　　死亡事故件数：2,951件（調査不能が118件）

高齢運転者の交通事故防止に向けて取り組むべき今後の方策

【提言に当たっての共通認識】
　「交通事故分析に基づく効果的な対策」「高齢運転者の特性等に応じたきめ細かな対策」「関係機関・団体等が連携した総合的な対策」の実施

改正道路交通法の確実な施行

- ○　医師の診断対象者の増加を踏まえた、医師会等関係団体との連携強化による診断を行う協力医師の確保に向けた取組の推進
- ○　高齢者講習の受講待ち期間の長期化を踏まえた、都道府県公安委員会の直接実施等による、その期間短縮等に向けた取組の推進

認知症を始めとする運転リスクとそれへの対応

認知症への対応

- ○　認知機能と安全運転の関係に関する調査研究の実施
- ○　認知症のおそれがある者への早期診断・早期対応

視野障害への対応

- ○　視野と安全運転の関係に関する調査研究の実施
- ○　視野障害に伴う運転リスクに関する広報啓発活動の推進

その他の加齢に伴う身体機能の低下への対応

- ○　加齢に応じた望ましい運転の在り方等に係る交通安全教育等の推進
- ○　高齢者の特性等に応じたきめ細かな対策の強化に向けた運転免許制度の在り方等に関する調査研究の実施

運転免許証の自主返納等

- ○　自主返納の促進に向けた広報啓発活動の強化
- ○　運転適性相談の充実・強化
- ○　運転免許がなくても高齢者が安心して暮らせる環境の整備

先進安全技術等

- ○　安全運転サポート車（セーフティ・サポートカーＳ）の普及啓発
- ○　交差点安全支援機能や逆走防止技術等の様々な技術の活用
- ○　自動運転の実現に向けた法制度面の課題検討等の取組の推進

10　交通警察分野における国際協力

1　国際協力の推進

　外国からの要請により、外国の警察幹部を我が国に受け入れて研修を行う

などの国際協力を実施しており、その協力の内容も、最近では、交通管制などの技術面をはじめ、交通安全教育や運転者教育、運転免許制度等交通警察行政全般に及んでいる。

2　交通警察行政研修

⑴　交通警察行政研修の目的及び経緯

　交通警察に係る国際協力の一つとして交通警察行政研修（以下「研修」という。）がある。研修は我が国の交通事情、交通警察の組織・活動全般にわたり広く紹介し、参加者の理解を深めるほか、参加各国の交通警察に関する重要な諸問題について、情報の交換、施策の検討を行う場を提供し、各国の交通警察の分野における知識と技術の向上に貢献することにより、各国の民生の安定向上と経済・社会の発展に寄与することを目的として実施されているものである。

　昭和41年に開催された第1回研修には、アジア地域の12か国（アフガニスタン、中国、インドネシア、韓国、ラオス、マレーシア、ネパール、シンガポール、ソマリア、タイ、ベトナム、インド）から合計17名の研修員が参加した。

　第2回研修は、48年に開催され、このときまでは対象国をアジアの諸国に限定していたが、翌49年に開催された第3回研修からは、対象国をアフリカ、中南米など全世界に拡大するとともに、ほぼ隔年に実施することとなったものである。

　平成28年秋に実施された研修は第24回に当たるが、第24回研修までに、世界の79か国から合計293名の研修員を受け入れている。

⑵　研修の成果

　これまでに研修に参加した研修員の多くが、現在、各国の交通警察行政において中心的役割を担っており、セミナーの成果が各国の交通警察行政の改善、進歩に大きく寄与している。

　24回の研修に参加した各研修員も、交通安全教育及び交通安全活動の重要性、交通安全施設整備の必要性、指導取締りの効果的な運用の方法等について、特に大きな示唆を受けたと評価しており、研修の成果は、今後とも、参加各国の交通警察行政に十分生かされるものと期待できる。

交通秩序の確立

1　交通指導取締り

1　交通指導取締りの現状

　交通指導取締りとは、道路交通秩序の維持及び交通事故抑止を目的として、交通違反に対する指導警告や取締活動を行うものであり、特に、無免許運転、飲酒運転等の交通事故に直結する悪質性・危険性の高い交通違反に重点を置いて推進している。

　平成24年4月には、京都府亀岡市内において、無免許の少年による通学中の児童等10人を死傷させる悲惨な交通事故が発生したことなどにより、無免許運転はもとより、車両の提供者や同乗者に対する厳罰化を望む声が高まり、25年12月1日に、無免許運転の罰則の引上げや、無免許運転者に対する車両提供及び同乗者に係る罰則の新設等を含む改正道路交通法が施行されたことから、取締りにあっては、飲酒運転や無免許運転等の悪質性・危険性の高い違反に対する厳正な取締りを推進するとともに、運転者の検挙だけでなく、車両等の提供者や同乗者などの周辺者に対しても確実な検挙を推進している。

　また、自転車が関連する交通事故件数は減少傾向にあるものの、依然として全交通事故件数の約2割を占めており、自転車利用者のルール、マナー違反に対する国民の批判の声が後を絶たない状況に加え、27年6月から、交通の危険を生じさせるおそれのある一定の違反行為を反復して行った自転車運転者に対する自転車運転者講習制度が施行されたことを踏まえ、自転車利用者に対し、街頭活動における指導警告をより一層積極的に推進するとともに、悪質性・危険性の高い交通違反に対しては、検挙措置を講ずるなど厳正に対処している。

　このように、交通指導取締りの在り方について、端的な件数の多寡だけではなく、正に交通事故抑止に資する取締りであることが求められているとこ

ろ、警察では、25年12月に取り
まとめられた「交通事故抑止に
資する取締り・速度規制等の在
り方に関する提言」を踏まえ、
交通事故の発生状況等を分析し、
取締りを実施する時間、場所等
の交通指導取締りに関する方針
を策定した上で、計画的に取締
りを実施するとともに、その効
果を検証し、検証結果を次の方
針に反映するというPDCAサイ
クルを機能させることによって、
交通事故抑止に資する交通指導
取締りを推進している。

　また、交通指導取締りの必要
性について、国民の理解を深め
るため、最高速度違反に起因す
る交通事故の発生状況や地域住
民からの取締り要望等を踏まえ
た速度取締りに関する指針を策

飲酒検問の状況

自転車検問の状況

定し、速度取締りを重点的に実施する路線や時間帯等をウェブサイト等によ
り公表している。

2　交通切符制度等の導入

(1)　「道路交通法違反事件迅速処理のための共用書式」（いわゆる交通切符）
　　制度の導入

　昭和30年代は、二輪車を中心として車両の保有台数が急増したことなどか
ら、交通違反取締り件数が急増し、大量の交通法令違反事件を基本書式によ
り書類を作成し処理する警察はもちろん、公判を行う検察、裁判所にとって
も非常に過重な負担となっていた。

　このため、警察庁、法務省、最高裁判所の三者が協議を重ね、38年1月か

ら「道路交通法違反事件迅速処理のための共用書式」（いわゆる交通切符）が導入され、それまで警察、検察庁、裁判所で別々に作成していた交通違反の処理手続に必要な書類を統合し、一つの書式をこの三者で共用することによって手続の簡易迅速化が図られた。

(2)　交通反則通告制度の導入

ア　制度導入の背景（表1参照）

昭和40年代に入っても激化する交通情勢下においては、交通切符制度という簡易迅速化された処理方式によっても、逐年増加する道路交通法違反事件の処理に相当の時間と労力を要し、国にとっても、また、違反者にとっても少なからず不利益をもたらす情勢となった。

表1　交通反則通告制度の運用状況

年別／区分	昭43(7～12月)年	44	50	55	60	平2	7	12	17	22	27
車両等の運転者の違反取締り総件数(件)(A)	1,990,700	4,135,109	10,158,709	11,642,059	13,684,112	9,040,369	8,362,972	7,882,785	8,939,678	8,040,944	7,055,982
反則告知件数(件)(B)	1,226,229	2,689,415	8,401,771	9,899,142	11,617,338	7,946,814	7,413,217	6,944,821	8,165,633	7,577,519	6,744,216
反則適用率(%)(B)／(A)	61.6	65.0	82.7	85.0	84.9	87.9	88.6	88.1	91.3	94.2	95.6
反則金　納付額(億円)	71	122	509	556	646	794	882	768	864	703	615
反則金　納付率(%)	95.6	95.7	95.6	96.5	96.5	96.4	98.4	97.6	97.2	97.9	97.9
交通安全対策特別交付金(億円)	102	117	496	492	641	758	850	748	792	706	609

一方、大量の違反者が、その違反の軽重を問わず、全て犯罪者として刑罰を科されることとなれば、刑罰の感銘力を低下させ、道路交通法に違反する悪質犯罪、ひいては一般の犯罪に対しても、刑罰の効果を減殺するような結果を生ずることが危惧され始めた。こうした状況は、単に刑事政策的に問題があるばかりでなく、交通の安全は国民の積極的な努力に期待する点が多い交通政策上の立場からみても、交通安全に対する国民の意欲の減退が懸念された。

こうした事態に対処するため、比較的軽微な違反に対しては、刑罰的評価を加える制度を存置させつつも、刑罰に先行して行政手続において簡易迅速な処理を可能とし、かつ、違反者に裁判を受ける権利を保障するという交通反則通告制度が導入された。

イ　制度の概要

　交通反則通告制度は、昭和42年の道路交通法の一部改正により導入され、翌43年7月1日から施行された。

　本制度は、車両等（重被牽引車以外の軽車両を除く。）の運転者がした運転に関する違反行為のうち、比較的軽微であって、現認、明白、定型のものを「反則行為」とし、違反者のうち、飲酒運転や無免許運転等の一定の悪質な交通違反を犯した者を除いた者を「反則者」として、警察官の告知報告に基づき、警視総監又は警察本部長が反則者に法令に定める定額の反則金を通告し、その者が反則金を納付した場合は、その事件について公訴を提起されず、又は少年の場合、家庭裁判所の審判に付されることがなく、納付しない場合に限り刑事手続が進行するものである。

　また、警視総監又は警察本部長の通告に先立って行われる警察官の告知を受けた者は、一定の期間内に反則金に相当する金額を仮に納付できるものとし、その者が仮納付した場合には、通告による反則金を納付した者と同様の効果をもたらすものである。

ウ　制度の適用拡大

　本制度の発足当初は成人のみに適用していたが、その後少年にも適用することとなった（昭和45年8月）ほか、行政処分前歴者、超過速度25km/h以上30km/h未満の速度違反者への適用（62年4月）及び高速道路における超過速度30km/h以上40km/h未満の速度違反者への適用（平成6年5月）など本制度の適用範囲の拡大が図られた。また、反則金の額についても48年、62年の2回全面的な引上げが行われた。

　本制度は、発足後順調に運用され、告知件数については、44年には約269万件（反則適用率65.0％）であったが、平成27年には約674万件（反則適用率95.6％）になっている。また、反則金の納付率は最近5年間で98パーセント前後の高い割合で推移しており、この制度が国民の間に深く定着したことを示している。

　なお、国に納付された反則金は、交通事故の発生件数、人口集中地区人口等を基準として、都道府県及び市町村に交通安全対策特別交付金として交付され、道路交通安全施設の整備及び管理に当てられており、交通安全対策に大きく寄与している。

3　交通巡視員制度

(1)　制度創設の経緯

　交通巡視員制度は、多発する交通事故、交通渋滞の激化などの厳しい交通情勢の下で、歩行者の保護、駐停車規制の励行等を一層強化し、交通の安全と円滑を図るために、イギリスのトラフィック・ウォードンという制度をモデルとして、昭和45年の道路交通法の一部改正により、同年8月20日に導入された制度である。

(2)　制度の概要

ア　交通巡視員の身分等

　交通巡視員は、警察官以外の警察職員（警察法第55条第1項）として都道府県警察に置くこととされ、当初、地方財政計画上、4,520人（昭和45年度に2,500人、46年度に2,000人、47年度に20人（沖縄））が計上された。交通巡視員の要件は、18歳以上の者で、道路の交通に関する法令その他交通巡視員としての職務に必要な事項に関する教育訓練を受けた者であることである。また、交通巡視員には、その職務の性格上、制服、制帽、交通巡視員章など職務に必要な被服及び装備品が支給されている。

　交通巡視員の採用については、制度が設けられて以来、女性を主体として募集・採用が行われてきたところ、その後の社会情勢の変化により性別を限定することなく募集・採用が行われることとなった。

　なお、職務権限の拡大等を理由とした警察官への身分切替えが行われたことにより、交通巡視員の実員は、50年をピークとして減少の一途をたどっており、平成28年末で8県174人となっている。

イ　交通巡視員の任務

　制度が導入された当初の交通巡視員の任務は、歩行者の安全の確保、駐停車の規制の励行及び道路における交通の安全と円滑の確保に係るその他の指導に関する事務、違法駐車に対する是正の措置及び駐停車違反をした反則者に対する告知であったが、昭和53年の道路交通法の一部改正により、新たに「自転車の通行の安全の確保」に関する事務が加えられた。さらに、平成2年の自動車の保管場所の確保等に関する法律の一部改正に伴い、「自動車の保管場所の確保の励行に関する事務」が加えられている。

　交通巡視員は、前記の権限を行使するほか、小学校、幼稚園等での交通安全指導、高齢者家庭の訪問指導等にも活躍している。

4　機動力を活用した交通街頭活動〜白バイの歴史

　交通指導取締活動に用いられる自動二輪車は、「白バイ」の愛称で国民の間で定着しており、その機動力を生かした交通指導取締活動はもとより、マラソン大会の先導、二輪車安全運転教室等の交通安全教育の場等においても幅広く活躍している。

　白バイの歴史は、大正7年に警視庁で導入された交通取締用の自動二輪車に始まる。

　当時は、その塗色が赤色であったことから「赤バイ」と呼ばれていたが、昭和の初期、ヨーロッパにならって塗装を白色に変更したことから、その呼称も「白バイ」となり、現在に至っている。

　白バイは、各都道府県警察の交通機動隊を中心に運用されており、その登場から現在に至るまで、交通情勢の変化に応じて技術的な進歩・改良がなされてきた。

　白バイの仕様やスタイルは、時代に応じて変遷を重ねるとともに、現在は排気量も800ccや1,300ccに大型化され、車両の側面及び後部に赤色灯を配置するなど、受傷事故防止等の観点から機能的な充実が図られている。

　また、女性警察官の職域拡大にともなって、昭和60年に大阪府警察で全国初の女性白バイ隊「セーフティー・ウインズ」が結成され、平成29年4月1日現在で、46都道府県警察において約150名の女性白バイ乗務員が活動している。

白バイによる街頭活動

② 交通事故事件捜査

1　悪質・危険な運転行為に関する罰則強化

　平成11年に東名高速道路で飲酒運転の大型トラックに追突された乗用車が炎上し、後部座席に乗っていた女児2人が死亡した事件をきっかけに、悪質・危険な交通事故事件に対する罰則の引上げを求める国民の声を受け、13年に刑法が改正され、危険運転致死傷罪が創設された。

　その後、16年の刑法の改正により、危険運転致死罪の法定刑は1年以上20年以下の有期懲役とされ、危険運転致傷罪の法定刑は15年以下の懲役とされた。

　また、18年に福岡県福岡市東区において、飲酒運転の乗用車に追突された乗用車が橋の下の海中に転落し、幼児3名が死亡したひき逃げ事件や埼玉県川口市において、ライトバンが保育園の園児等の列に突っ込み、多数が死傷する重大な結果を生じる交通事故が発生したことを受け、19年に道路交通法が改正され、飲酒運転の罰則引上げと飲酒運転行為を助長する行為の直罰化及び救護義務違反の罰則引上げがなされたほか、刑法が改正され、自動車運転過失致死傷罪の創設、業務上過失致死傷罪の罰則の引上げ、さらには、危険運転致死傷罪の対象が「四輪以上の自動車」から二輪又は三輪の自動車及び原動機付自転車も含む「自動車」へと拡大された。

　そして、23年には、栃木県鹿沼市において、てんかんの持病を有する運転者が発作から大型クレーン車を暴走させて児童の列に突っ込み、児童6人が死亡する交通事故や、24年に京都府京都市（祇園）において、てんかんの持病を有する運転者が発作から軽自動車を暴走させて歩行者を次々にはねて、運転者を含む8人が死亡、12人が重軽傷を負った交通事故が発生した。

　さらに、同年に、京都府亀岡市において、無免許の少年が運転する軽自動車が児童等の列に突っ込み、3人が死亡、7人が重軽傷を負った交通事故が発生した。

　これらの悲惨な交通事故の発生を受け、26年施行の改正道路交通法により、免許を受けようとする者等に対する病気の症状に係る質問制度等の新設と、無免許運転の罰則引上げがなされた。

　また、同年施行の「自動車の運転により人を死傷させる行為等の処罰に関する法律」により、危険運転致死傷罪をはじめとする自動車運転による死傷

事犯の罰則の整備がなされた。

その主な概要は、

① 通行禁止道路を重大な交通の危険を生じさせる速度で進行することを危険運転致死傷罪の類型として追加（第2条第6号）

② 自動車運転死傷処罰法第2条第1号から第6号よりは罪が軽い、新たな危険運転致死傷罪（アルコールや薬物運転、一定の病気の影響）の新設（第3条）

③ 過失運転致死傷アルコール等影響発覚免脱罪の新設（第4条）

④ 刑法の自動車運転過失致死傷罪を移すもの（過失運転致死傷罪）（第5条）

⑤ 無免許運転による刑の加重（第6条）

である。

　警察では、悪質・危険な運転行為による交通事故に対する厳罰化を望む国民の声に応えるため、これら一定の事故の発生に際しては、交通事故事件捜査の豊富な経験を有する交通事故事件捜査統括官等が現場臨場して、危険運転致死傷罪の立件を視野に初動捜査段階から捜査を統括するとともに、科学的な交通事故解析の研修を積んだ交通事故鑑識官が現場で証拠収集に従事するなど、組織的かつ重点的な捜査を推進している。

(1) 危険運転致死傷罪の捜査

　平成14年以降、危険運転致死傷罪の検挙状況は、おおむね300件前後で推移しており、25年中の検挙件数は343件であったが、26年の改正後は、危険運転致死傷罪の適用範囲の拡大とともに検挙件数は増加し、28年中の検挙件数は595件であった。

　今後も引き続き、飲酒運転、無免許運転等の悪質・危険な運転行為による交通事故については、危険運転致死傷罪の適用を視野に入れた適正かつ緻密な捜査を推進し、適切な法律の運用を図っていく必要がある。

ひき逃げ事件の捜査

(2) ひき逃げ事件の捜査

　平成28年からみた過去10年のひき逃げ事件の発生状況をみると、19年以降減少傾向にあり、

一方、検挙状況をみると、死亡ひき逃げ事件の検挙率は90％以上を維持し、ひき逃げ事件全体の検挙率も19年の約33％から28年は約56％と向上しているものの、ひき逃げ犯の検挙を望む国民の期待に応えるため、引き続き、検挙率の向上を図る必要がある。

　警察では、ひき逃げ事件の検挙率向上に当たり、所要の捜査体制の確立、迅速な初動捜査の実施や、各種捜査支援システムの活用等による科学的捜査の推進等に取り組んでいる。

2　各種捜査支援システムの整備

(1)　3Dレーザースキャナシステムの整備

　現行の主要測量資機材であるステレオカメラに代わる次世代の測量資機材として3Dレーザースキャナシステムの整備を推進している。

　3Dレーザースキャナシステムは、レーザー光線を周囲に照射することで、事故現場における路面痕跡や遺留品の散乱状況、車両の損傷状況等を自動で正確に計測した上、データを簡易な操作で三次元画像及び図面化するなど、痕跡等の客観的証拠に基づく緻密で科学的な交通事故事件捜査に有効な測量資機材であり、平成25年に山口県警が初めて導入したのを皮切りに全国で整備が進みつつある。

3Dレーザースキャナ

(2)　常時録画式交差点カメラの整備

　悪質・危険な運転行為による交通事故に対する厳罰化の流れを受け、従前にも増して客観的証拠による立証が求められていることから、常時録画式交差点カメラの整備を推進している。

　常時録画式交差点カメラの設置は、交差点内の交通事故を録画し、適正な事実認定等が可能となるほか、実況見分や目撃者捜査等を省力化できるため、事故当事者の負担軽減が図られる。

3　適正な交通事故事件捜査の推進強化

　平成9年に警視庁管内で発生した「片山隼君事件」（大型ダンプカーに小

学2年生の男児がひかれて死亡した事件において、不起訴処分後に新たな目撃証言が得られたことにより不起訴処分が取り消されて起訴されたもの）を契機として、警察の交通事故事件捜査に対する批判が高まりをみせる中で、適正な交通事故捜査の推進を図るべく、次のような対策を推進している。

(1)　交通事故事件捜査統括官・交通事故鑑識官制度の導入

　平成10年、各都道府県警察本部の交通事故事件捜査担当課に「事故捜査指導官」を配置し、事故原因の究明が困難な交通事故事件等の捜査について警察署を実地に指導することとした。

　さらに、救護義務違反等の厳罰化の背景にある国民の声及び裁判員制度を始めとする司法制度改革に的確に対処するため、20年3月に各都道府県警察本部の交通事故事件捜査担当課に「交通事故事件捜査統括官」及び「交通事故鑑識官」を設置することとし、悪質・危険な運転行為による交通事故事件、事故原因の究明が困難な交通事故事件等に対する組織的かつ重点的な捜査並びに正確かつ綿密な実況見分及び鑑識活動を行う体制を整備することとした。

(2)　科学的な捜査の推進等

　交通事故事件捜査において、物証等に基づいたより科学的な捜査の重要性が増したことを受け、全国の都道府県警察本部が交通鑑識を担当する係を設置するとともに、交通事故鑑識官を中核とした交通事故現場における鑑識活動の強化を図っているほか、「交通事故鑑識官養成専科」及び「交通事故鑑定専科」を実施し、交通工学、自動車工学等の専門的知識の修得など事故鑑定に必要な教養の充実、人材の育成に努めている。

　また、3Dレーザースキャナシステムや常時録画式交差点カメラといった交通事故捜査支援システムの整備を進めるほか、街頭に設置された防犯ビデオやドライブレコーダー等の映像資料の分析・解析に対する捜査を徹底するなど、科学的な捜査を推進し事故原因の究明を図っている。

(3)　交通事故事件捜査指導室の設置

　交通事故の発生件数は減少傾向にあるものの、悪質・危険な運転行為による交通事故事件の発生が後を絶たないことから、緻密かつ適正な捜査の推進及び被害者の心情に配意した適切な被害者支援の推進が強く求められることとなった。

　このような情勢を踏まえ、平成14年4月に警察庁交通指導課に「交通事故事件捜査指導官」を新設し、ひき逃げ、危険運転致死傷事案等の悪質・危険

な交通事故事件に的確に対処するとともに、交通事故事件捜査の充実強化を
図っていくこととした。

　なお、交通事故事件捜査指導官は、18年4月、「交通事故事件捜査指導室」
に改組され、より一層の交通事故事件捜査の充実強化を図っている。

③ 暴走族対策

1 暴走族の変遷と警察の対応

(1) カミナリ族の発生

　昭和30年代初めに、消音器を取り外した二輪車で、騒音をまき散らしなが
ら町中を暴走したり、一般車両の間を縫うようにジグザグ運転を繰り返すほ
か、深夜に公道で、水平乗り、後ろ乗りなどの曲乗りを競い合ったりする
「カミナリ族」と呼ばれる若者たちが出現し、世の批判を浴びることとなっ
た。「カミナリ族」は、当初、都市部のみに限られた存在であったが、30年
代後半までには全国に波及し、「オトキチ族」、「マッハ族」等といった類似
の暴走グループへと発展していった。

(2) サーキット族の出現

　昭和40年暮れから41年初め頃になると、土曜日の深夜の原宿周辺の路上で、
若者が消音器を取り外したスポーツカーなどに乗って、クラクションをけた
たましく鳴らしながら疾走し、急発進、急停止、高速コーナリングなどを繰
り返すサーキット行為が発生した。彼らは「サーキット族」と呼ばれるよう
になり、付近にたむろする若者たちがはやしたてる中、ますますサーキット
行為をエスカレートさせていった。

　この動きは、たちまち都内各所の盛り場に波及し、やがて全国的な広がり
をみせ、多くの見物人を集めて「サーキット族」による大規模な暴走行為が
相次いで行われた。名古屋市テレビ塔周辺や神戸市六甲山では、見物に集
まった群衆の一部が通行車両の妨害をするなど違法行為を敢行する現象もみ
られ始めた。

(3) 見物群衆（期待族）による騒乱事案の頻発

　昭和47年6月17日の深夜から翌未明にかけ、富山駅前の繁華街でサーキッ
ト行為を繰り返していた百数十台の乗用車の若者と、これを見物していた約

2,500人の群衆が暴徒化して、警備の警察官に投石したり、通行車両を転覆させて火をつけたりした挙げ句、付近の商店から商品を略奪するという騒乱事件が初めて発生した。

　このような騒乱事件は、直ちに各都市に波及し、以後51年5月の「神戸まつり」の最中、「サーキット族」を中心とした約6,000人（最盛期）が暴徒化し、死者1人、負傷者68人、損壊車両184台を発生させた事件に至るまで、西日本を中心とした全国19府県に及んだ。

　マスコミでは、富山駅前繁華街における騒乱事件の報道に際して、初めて「暴走族」の用語を使用しており、また、48年の警察白書でも、彼らを「暴走族」と呼称し、「暴走族」という呼称が定着するに至った。

(4)　暴走族の出現

ア　組織化の伸展

　昭和40年代の東日本では、ツーリングタイプの集団暴走行為が盛んに行われていたが、47〜48年頃になると、その組織化が急速に進んだ。彼らは、グループのステッカーや旗等を作って仲間を募って勢力の拡大を図り、大きなグループになると一度に数百台もの車両がい集・走行するほどの勢力となり、遠隔地に支部を設けるグループもあった。

　この動きは、サーキットタイプの暴走族からツーリングタイプの暴走族への移行が認められ始めた西日本にも徐々に波及し、49年には、32都道府県で暴走族81グループ、構成員数2万6,000人にまで達するに至った。その後、暴走族のタイプは、ツーリングタイプが主流となり、サーキットタイプは、活動場所を繁華街から山間地の屈曲の激しい道路や港湾道路等交通量の少ない場所に移して活動を続け、「ローリング族」、「ドリフト族」、「ゼロヨン族」等と称された。

　以降、ツーリングタイプの暴走族は、組織化の状況や構成員の年齢層等を大きく変えていった。

イ　対立抗争事案、集団公務執行妨害事案の多発

　暴走族の組織化の伸展は、新たに大規模化した暴走族グループ同士の対立抗争事案の多発という現象を生んだ。昭和49年1月には、東名高速道路海老名サービスエリアで、50年6月には、鎌倉市の七里ヶ浜海岸で、それぞれ暴走族同士による大乱闘事件等が相次いで発生した。

　このような動きに対して警察庁では、「警察庁暴走族総合対策委員会」を設置し、暴走族による不法事案に対する総合対策を推進したが、その後

も、集団公務執行妨害事件や対立抗争事件等が続発するなど、暴走族の攻撃性、凶悪性の度合いが深まっていった。

(5)　共同危険行為等の禁止規定の新設

こうした暴走族の動向から、昭和53年5月、「共同危険行為等の禁止」規定の新設を含む道路交通法の一部改正が行われ、同年12月から施行され、暴走族による集団暴走行為の取締りの切り札となった。

(6)　暴走族に対する官民一体となった総合対策の推進

「共同危険行為等の禁止」規定の新設を契機として官民一体となった暴走族総合対策の推進が図られ、昭和55年9月24日には、総務庁（現総務省）、文部省（現文部科学省）、運輸省（現国土交通省）、警察庁等暴走族対策関係の8省庁によって「暴走族に対する総合対策の推進に関する関係省庁申し合わせ」がなされ、暴走族を許さない世論の形成と、『暴走を「しない」「させない」「見に行かない」運動』を推進し、家庭、地域社会等における青少年の指導を強化することとした。

(7)　東名高速道路における暴走行為と対策

昭和57年頃から、静岡県の富士スピードウェイで開催されていた富士グランドチャンピオンレース等には、関東地方の各地から、多数の暴走族がレース観戦に現れ、レースカーを模倣した車高短、幅広タイヤ等の不法改造車両で東名高速道路サービスエリア等にい集した上、高速道路上で一般車両を巻き込んでの集団暴走、低速走行、路上駐車等を繰り返し、特に、60年には、東名高速道路の大渋滞を誘発させるなど、暴走族の不法行為はピークに達した。

このため、60年12月25日に、暴走族に対する指導警告等の事前対策の推進、高速道路への暴走族の流入阻止、県境及び高速道路上での取締りを推進した結果、61年以降、この動きを沈静化させた。

(8)　暴走族の変貌

ア　爆音暴走族の登場

昭和60年代に入ると、大規模な集団暴走事案が減少した一方、深夜、少人数のグループでゲリラ的に住宅街等を、異常な排気騒音をたてて暴走する二輪車を中心とした「爆音暴走族」が出現した。このため、夜間の平穏な生活を脅かされる住民からの110番通報が、急激に増加した。

また、このような動きの中で集団暴走の形態も、四輪車主流から二輪車主流への移行が認められるようになった。

こうした中、暴走族取締り関連の法規制の強化（後述(13)参照）が図られ、

62年には、「暴走族追放、取締り強化月間」が設定された。

イ　暴走族の凶悪化

　平成に入ると、神奈川県、福岡県、東京都、大阪府等において、集団暴走中の暴走族が一般通行者を襲って、死亡させる事件が相次いで発生したほか、勢力争いに端を発した対立抗争事件、脱会者等に対する集団リンチ事案による殺人事件や傷害致死事件が続発した。

ウ　暴力団とのつながり

　暴走族の対立抗争事件が多発し始めた頃から暴力団とのつながりは認められたが、平成10年に暴走族構成員に暴力団員が占める割合がピークとなった。

　また、暴走族の中には、暴力団の縄張りを走行する場合の安全確保や対立グループとの紛議があった場合の仲介、勢力誇示などを目的として、暴力団に、走り料、面倒見料と称して上納金を納めたり、暴力団員の販売する物品等を購入し、これが暴力団の資金源の一部となっている実態があるほか、暴走族構成員を暴力団に勧誘し、人的供給源としている暴力団もみられるようになっている。

　さらには、暴力団員やその周辺者となった暴走族OBが、暴走族の後ろ盾になることにより、自ら暴走行為を計画し、又は参加している実態もみられるなど、依然として暴力団と暴走族のつながりが認められている。

エ　暴走族構成員に占める少年比率の変遷

　暴走族構成員に占める少年比率は、平成10年まで7～8割で推移していたが、11年に初めて7割を切り、以降年々減少し、18年には初めて成人数が少年数を超えたものの、28年には少年比率が53.8パーセントとなり、少年と成人の比率は拮抗状態にある。

　また、少年人口に占める暴走族構成員比率についても減少しており、16歳から19歳までの少年人口1万人当たりの暴走族構成員数は、昭和58年の40.1人から、平成28年には7.8人と約5分の1にまで減少している。

オ　グループ数の減少とグループの小規模化

　暴走族グループ数は、平成14年の1,315グループをピークに年々減少し、28年には208グループと約6分の1にまで減少している。また、グループの小規模化も進み、構成員数が10人未満のグループは、14年に5割を超え、28年には約8割となり、30人未満のグループが9割以上を占めている。

⑼ 初日の出暴走対策

　年末年始に、暴走族が「走り初め」、「正月暴走」等と称して、景勝地等に暴走行為を行う実態は、それまでにも一部見られたが、昭和63年に富士急ハイランド周辺における改造車等のい集状況が、カー雑誌に掲載されたのを契機として、関東及び中部の暴走族が、年末年始に一斉に河口湖周辺を目指す「初日の出暴走」が行われるようになり、64年には山梨県下への流入暴走族は4,000台以上にも及び、河口湖周辺には約2,000台の暴走族車両が集った。

　特に、平成8年頃から11年にかけて、暴走族による高速道路料金所の強行突破、ガードレールの損壊、車両の放火や遺棄等の各種の違法行為、サービスエリア等における強盗や傷害等、凶悪事件が目立つようになり、大きな社会問題となった。

　このような関東一円の初日の出暴走に対し、初日の出暴走対策本部を設置し、各都県警察が機動隊等も動員した大規模な検問取締体制を確立して厳しい取締りを行った結果、暴走族の初日の出暴走を大幅に減少させた。

⑽ 暴走族への加入阻止、暴走族からの離脱・立ち直り支援対策の推進

　警察として暴走族への取締りを強化する一方、暴走族の実態を知らずに加入する中学生が多いことに鑑み、学校、関係機関・団体と連携し、中学生に的を絞った加入阻止教室等を開催するなどして暴走族の実態を理解させ、暴走族への加入阻止を推進している。また、検挙された暴走族構成員が再び非行を繰り返さないように、保護観察所、保護司（会）等との連携を強化し、少年の離脱・立ち直り支援をしている。

⑾ 暴走族根絶（追放）条例の制定と取締り

　地域における暴走族根絶に向けた対策の推進のために、都道府県や市町村における基本方針を定めるとともに、地方公共団体、住民、関係事業者、関係機関・団体等の責務や役割を明らかにした暴走族根絶（追放）条例の制定が進んだ。

　平成10年9月、宮城県亘理町で全国で初めて制定された条例では、従来の道路交通法令等では取り締まることのできなかった道路外の公共の場所における暴走行為等を禁止した罰則が設けられた。

⑿ 旧車會と称する暴走族の出現

　平成10年頃から、元暴走族等により結成された「旧車會」と称するグループが、昼間、暴走族風に改造した旧型の自動二輪車等で集団走行している現状が全国各地で見られるようになったが、暴走族の中には、警察の取締りを

逃れるためグループ名を旧車會と称して、集団暴走を行う暴走族もみられるようになった。

　このため、違法行為を敢行する旧車會や旧車會と称する暴走族に対する実態把握と指導取締りの強化を図ることとした。

⒀　暴走族対策のための道路交通法等の改正

　ア　共同危険行為等の禁止違反の改正

　平成16年6月の道路交通法の一部改正により、「著しく道路における危険を生じさせ、又は著しく他人に迷惑を及ぼすこととなる行為」自体が禁止されたことから、暴走行為によって危険に遭ったり、迷惑を被った者の供述がない場合でも、共同危険行為等の禁止違反としての検挙が可能となった。

　イ　その他関係法令改正の変遷

表2　改正年表

改正年	改正法令	内　　容
昭和60年	道路交通法	騒音運転を禁止
	道路運送車両の保安基準	自動二輪車の排気騒音の基準につき、近接排気騒音測定方式による規制を導入
63年	道路運送車両の保安基準	乗用車等の排気騒音の基準につき、近接排気騒音測定方式による規制を導入
平成元年	道路運送車両の保安基準	前面ガラス等への着色フィルムの貼付を規制
4年	道路交通法	消音器不備車両の運転禁止
		自動車番号表示義務違反に対し行政処分の点数を付与
9年	道路交通法	共同危険行為等の禁止違反を唆した者に対する行政処分を強化
12年～	道路交通法施行細則（都道府県公安委員会規則）	原付自転車の標識（ナンバー）表示を義務（18年末現在全ての都道府県公安委員会で規定）
13年	道路交通法	共同危険行為等の禁止違反に対する罰則及び運転免許の行政処分の強化
14年	道路運送車両法	車両の不正改造を禁止
16年	道路交通法	騒音運転等に対する罰則の新設及び消音器不備に対する罰則強化

④　交通指導取締り用車両・装備資機材

(1)　白バイ

現在の白バイ（平成20年〜）
ホンダCB1300

(2)　交通指導取締用警ら用パトカー

現在のパトカー（平成23年〜）
トヨタクラウン

(3)　装備資機材等

　ア　速度違反取締用機器

　　①　固定式速度違反取締装置　　②　可搬式速度違反取締装置
　　　　（平成28年〜）　　　　　　　　　（平成28年〜）

③　可搬式速度違反取締装置　　④　半可搬式速度違反取締装置
　（平成28年〜）　　　　　　　　　（平成28年〜）

※　取締りスペースの確保が困難な生活道路や警察官の配置が困難な深夜の時間帯におい
　て速度取締りが行えるよう、埼玉県及び岐阜県における試行的運用の結果を踏まえて、
　整備を推進しているところ。

イ　飲酒運転取締用機器

呼気中アルコール検知器
（平成27年〜）

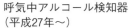

ウ　交通携帯端末（TAP）

交通携帯端末（TAP〜Traffic Advanced Portable system）（平成27年〜）

　エ　駐車違反取締用機器

放置車両確認処理用携帯端末
（平成18年～）
現在使用しているもの

　オ　捜査支援システム

　①　３Ｄレーザースキャナ　　　　　②　常時録画式交差点カメラ
　　　（平成25年～）　　　　　　　　　　　（平成26年～）

交通規制

1　総合的な交通規制

1　交通規制計画の意義

　快適な道路交通環境を実現するためには、各種の交通規制を効果的に組み合わせて実施する必要がある。

　また、交通の安全と円滑の確保を目的とした交通事故防止対策、交通円滑化対策等を計画的に推進するためには、総合的・先見的・長期的な展望に立った交通規制計画を策定し、実効あるものとすることが求められる。

2　交通規制計画の変遷

(1)　都市交通の円滑化及び能率化に関する当面の対策（昭和43年～）

　昭和43年の交通対策本部決定「都市交通の円滑化及び能率化に関する対策について」及び「都市交通の円滑化及び能率化に関する当面の対策について」を受け、その趣旨に即した「都市交通の円滑化及び能率化に関する当面の対策」を策定し、その推進を図った。

　当時の交通環境は、都市への人口及び産業の急激な集中により、都市部では交通の著しい混雑及び渋滞とこれによる都市機能の低下が社会問題となっていた。そこで、この問題を解消するため、交通需要の抑制や交通安全施設の整備を推進するとともに、交通規制を強化し、都市交通の円滑化及び能率化を中心とした総合的な対策を実施した。

　具体的な対策としては、一方通行の強化、中央線変移の推進、右折禁止の強化、駐車禁止の強化、信号機の系統化等を推進するとともに、交差点改良、横断歩道橋の整備、バス運行合理化等を関係機関に働き掛けた。

(2)　都市総合交通規制（昭和49年～）

　昭和49年当時の交通情勢は、全体として交通事故は減少していたが、都市

部においてはなお増勢を示しているところが少なくなく、また、交通渋滞と交通公害は、悪化の一途をたどっていた。

このような都市部における各種の交通障害は、相互に複雑に関連して一体的現象を成している場合が少なくなかった。したがって、交通規制についても、個別的対策では不十分であり、各種の手段を組み合わせて有機的・一体的に行う必要があったことから「都市総合交通規制」を策定し、その推進を図った。

具体的には、

① 交通事故防止対策

交通実態に応じた適切な交通規制の実施

② 交通渋滞対策

路線バスの優先通行路の確保、駐車禁止規制等の強化、一方通行、中央線変移等の実施、信号機等の自動制御化等の推進

③ 交通公害対策

大気汚染、騒音、振動の防止

④ 生活環境の保全対策

スクールゾーン等の拡大

⑤ 自動車交通総量の削減対策

交通規制による大量公共輸送機関優先対策

等を推進し、49年当初はDID（Densely Inhabited District：人口集中地区）人口10万人以上の都市で適用していたが、53年からDID人口3万人以上の都市に適用することとした。

(3) **交通規制基本計画**（昭和54年～平成2年度）

昭和50年代に入っても、依然として歩行者、自転車利用者の事故が多発し、また、幹線道路等における交通の混雑、夜間における自動車の騒音等の改善はみられなかった。

そこで、このような多様な交通問題に対応するため、「交通規制基本計画」を策定し、都市部や都市間を結ぶ幹線道路における交通規制を再点検するとともに、一層有効な対策を講じることにより、交通情勢に対応した交通事故防止、交通円滑化等の推進を図った。

具体的には、人口3万人以上の都市部においては生活ゾーン規制を基盤と

した交差点の総合対策、路線バス優先対策、駐車対策等を推進し、また、都市間幹線道路においては信号機の改良、系統化等を推進した。

(4)　**交通管理基本計画**（平成3年度〜）

　都市部における交通渋滞、駐車問題及び交通公害は一層深刻化し、交通事故も増加傾向が続き、特に、高齢化の伸展に伴い高齢者の事故多発が大きな問題となってきた。

　このような交通情勢を踏まえ、交通の安全と円滑の確保及び道路交通に起因する障害の防止という交通対策の原点に立ち戻って都市総合交通規制の各種施策を再構成し、交通規制という枠だけではなく、道路・都市構造の改善等他の関係行政機関の施策と相まって、あるべき交通の姿の実現という観点からの施策を計画的に推進するため、従前の「交通規制基本計画」を改め、平成3年度を初年度とする五箇年計画である「交通管理基本計画」を策定し、その後、8年度を初年度とする五箇年計画（10年7箇年計画に改正）、15年度を初年度とする計画を策定した。

　また、19年度以降は社会資本整備重点計画等に従う形となり、本計画は発展的に吸収され、交通情勢の変化に対応した適切な交通管理を行っている。

②　交通規制の見直し等の推進

1　交通規制の合理化

　交通規制は、道路における危険を防止し、その他交通の安全と円滑を図り、又は交通公害その他の道路の交通に起因する障害を防止するために実施されるものであるが、実施後の道路交通環境の変化等により現場の交通実態に適合しなくなったものを放置することは、交通の安全の確保等の本来意図した目的が達成できなくなるだけでなく、交通規制全般に対する信頼や国民の遵法意識をも損なうこととともなりかねない。

　そこで、より合理的な交通規制を推進する観点から、交通規制の違反状況を含む交通実態を調査・分析することにより、当該交通規制の合理性を点検し、交通の安全と円滑等という目的を達成するためにより合理的な形に改善できる点があると認められる場合には、当該交通規制自体の見直しを含め、

必要な道路交通環境の改善を図っており、具体的には、例えば、以下の交通
規制に関する取組を実施している。

(1)　一般道路における最高速度規制

　昭和41年4月に最高速度規制の実施基準を制定して以降、54年7月、平成
4年6月にそれぞれ同基準を改定し、さらに、道路整備の発展や自動車性能
の向上等、道路交通を取り巻く環境がめざましく変化していることを踏まえ、
18〜20年度にかけて実施した「規制速度決定の在り方に関する調査研究」に
基づき、21年10月に現行の実施基準へと改定した。

　現行の実施基準に基づく見直しと合わせて、実勢速度と規制速度が乖離し
ている路線において合理的な最高速度規制が実施されるよう、21〜23年度、
24〜25年度において、最高速度規制の点検・見直しを実施した。

　また、26〜28年度においては、25年12月に有識者懇談会において取りまと
められた「交通事故抑止に資する取締り・速度規制等の在り方に関する提
言」を踏まえ、実勢速度、交通事故発生状況等を勘案しつつ、実勢速度と規
制速度の乖離が大きい路線を優先して最高速度規制の点検・見直しを実施し
た。最高速度の引上げ済み路線で、引上げ後の状況をみると、その多くでは、
実勢速度の上昇傾向や交通事故の増加傾向はみられなかった。

　さらに、29年度以降においても、最高速度規制の合理化の更なる推進を目
指して取組を継続していく。

　なお、21年度以降に実施した最高速度規制の点検・見直し結果については、
下表のとおりである。

	平成21年度〜平成23年度	平成24年度〜平成25年度	平成26年度〜平成28年度
点検・見直し対象路線	12,017km（4,999区間）	9,085km（4,209区間）	19,337km（8,006区間）
引上げ決定路線	4,828km（2,060区間）	800km（386区間）	5,000km（2,610区間）
引上げ決定率	40.2%	8.8%	25.9%

(2)　駐車規制

　駐車規制については、これまで時間的視点と場所的視点の両面から、「交
通の安全と円滑」と「駐車の必要性」の調和に配意して、きめ細かな見直し
を推進してきたところであるが、今後とも、地域住民等の合意に基づく要
望・意見への積極的対応、物流の必要性への配意及び時間制限駐車区間規制
の実施の検討により見直しを継続することとしている。

(3)　信号機の設置及び信号制御

　歩行者や自転車による信号無視が常態化している場合の要因として、交通流の変化による各交差道路の交通量の変化、サイクル長等が適切でないこと等が考えられることから、歩行者や自転車による信号無視に関し道路交通環境の改善を実施するに当たり、平成21年度以降、信号機の撤去又は移設、サイクル長等の定数の見直し、経過時間表示付歩行者用信号機の整備、信号機の半感応化・押ボタン化、交通閑散時の点滅運用等に係る検討を実施することとした。

経過時間表示付歩行者用信号機

　また、23年度以降、押ボタン式信号における信号制御、狭幅員従道路を有する交差点における信号制御について、信号設定定数等の見直しを実施することとした。

2　生活道路等における安全対策

(1)　ゾーン30の推進

　平成23年度から、市街地等の生活道路における歩行者等の安全な通行を確保するため、道路管理者と連携して、ゾーン30の整備を推進している。

　ゾーン30とは、区域（ゾーン）を設定して、最高速度30キロメートル毎時の区域規制や路側帯の設置・拡幅を実施するとともに、その区域の道路交通の実態に応じて通行禁止等の交通規制の実施やハンプの設置等の対策により、区域内における速度抑制や通過交通の抑制・排除を図るものであり、当初の整備目標（約3,000箇所）を達成し、28年度末までに全国で3,105箇所を整備した。

　ゾーン30の整備は、区域内における車両の速度及び交通量に対して一定の抑制効果を上げることが確認されており、26年度末までに全国で整備したゾーン30のうち約700箇所において、整備前の1年間と整備後の1年間における交通事故発生件数を比較したところ、1,512件から1,053件（前年比－459件、増減率－30.4％）に減少するなど、交通事故抑止に効果があることが確認されている。

ゾーン30の整備イメージ

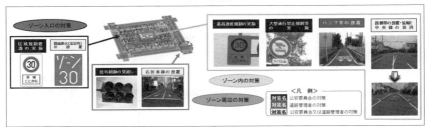

(2)　環状交差点の導入

　平成26年9月に道路交通法を改正し、「環状交差点における車両等の交通方法の特例に関する規定」を定めた。交通事故の減少、被害の軽減、交差点における待ち時間の減少、災害時の対応力の向上等の効果が見込まれる環状交差点の適切な箇所において道路管理者等と連携して、導入を推進しているところであり、28年度末までに21都府県65箇所において導入している。

環状交差点（新潟市）

③　各種行事に伴う大規模な交通対策

1　昭和39年「第18回オリンピック東京大会」（10月10日～10月24日、15日間）

　アジアで初めての開催となった第18回オリンピック東京大会の交通対策では、大会関係行事の円滑な運営と一般交通に及ぼす影響を最小限度にとどめることを基本方針とし、大会日程に応じた交通規制、広域交通管制、選手・観客の誘導整理、交通広報等の諸対策を実施した。

2　昭和45年「日本万国博覧会」（3月15日〜9月13日、183日間）

　アジアで初めて開催された国際博覧会である日本万国博覧会の交通対策では、大阪府下における道路交通環境の立ち後れを踏まえ、交通の安全と円滑を確保するとともに、会場周辺道路の交通混雑緩和を図ることを基本方針とし、「警察庁指定広域交通管制対象道路」（東京から岡山に及ぶ主要幹線道路19路線）による全国的規模の広域交通管制と交通規制の有機的、一体的な運用による交通対策を実施した。

3　昭和53年「沖縄県における交通方法の変更」（7月30日）

　占領下の沖縄県では、米国の交通方法が採用されていたが、昭和47年5月15日の本土復帰に伴い、一国一方法を定めた「道路交通に関する条約」を遵守する必要性や、本土と沖縄の間の人的交流の活発化に伴う交通安全の確保の必要性から、沖縄県警察において、2年有余にわたって信号機、道路標識等の切替え等の交通安全施設の整備や、交通方法の変更に伴う交通安全教育等を推進するとともに、7月30日午前6時をもって、全国都道府県警察の応援部隊を含めた約3,000人の警察官等の指導の下、交通方法の変更を実施した。

4　平成元年・2年「大喪の礼・即位の礼等」

　昭和64年1月7日の昭和天皇崩御に伴う大喪の礼、即位の礼等の諸儀式における交通対策では、御葬列及び祝賀御列の安全な通行の確保、天皇皇后両陛下及び各皇族並びに国内外要人車列の安全かつ円滑な通行の確保、皇室と国民の親和に配慮した奉送者と奉祝者の安全の確保等を図るとともに、交通規制に伴う沿道及び関連道路の交通の安全と円滑の確保を図ることを基本方針とし、政府に交通対策関係省庁会議を設置するとともに、警視庁をはじめとする全国警察が、都内における交通総量抑制、道路工事の抑制、違法駐車車両排除の措置、都県境における流入抑制対策等の総合的な交通対策を推進した。

5　平成5年「第19回主要国首脳会議」（7月7日〜7月9日、3日間）

　第19回主要国首脳会議開催に伴う交通対策では、参加各国首脳等の安全で

円滑な通行を確保するとともに、警備に伴う交通規制による一般交通の混雑を防止するため、来日時から離日時までの間、都内の交通量を大幅に削減することを基本方針とし、政府に交通対策関係省庁会議を設置するとともに、警視庁をはじめとする全国警察が、都内における交通総量抑制、道路工事の抑制、違法駐車排除の措置、都県境における流入抑制対策等の総合的な交通対策を推進した。

6　平成7年「第7回アジア太平洋経済協力閣僚会議及び同非公式首脳会議」（11月15日〜11月19日、5日間）

　東京以外で開催される初めての大規模な国際会議となったAPEC首脳会議等に伴う交通対策では、参加各国首脳等の通行の安全と円滑を図るとともに、警備に伴う交通規制による一般交通の混雑を防止するため、来日時から離日時までの間、大阪府内の交通量を大幅に削減することを基本方針とし、政府に交通対策関係省庁会議を設置するとともに、大阪府警察をはじめとする全国警察が、府内における交通総量抑制、道路工事の抑制、違法駐車排除の措置、府県境における流入抑制対策等の総合的な交通対策を実施した。

7　平成10年「第18回長野オリンピック冬季競技大会等」

　長野オリンピック冬季競技大会（10年2月）及び長野パラリンピック冬季競技大会（同年3月）の交通対策では、大会関係行事の円滑な運営と一般交通に対する影響を最小限にとどめることを基本方針とし、長野県警察をはじめとする全国警察が、長野県内における交通総量抑制、大会日程に応じた交通規制、新交通管理システム（UTMS）の導入による大会関係車両の運行支援・バス優先対策・交通情報の提供、県境における流入抑制対策等の総合的な交通対策を実施した。

8　平成12年「第26回主要国首脳会議」（7月21日〜7月23日、3日間）

　我が国では初の地方分離開催となった第26回主要国首脳会議においては、首脳等の安全かつ円滑な通行を確保し、諸行事の進行に寄与するとともに交通規制に伴う一般交通への影響を最小限度にとどめることを基本方針とする交通対策を実施した。開催県である沖縄県、福岡県及び宮崎県では、交通総

量削減目標を掲げ、関係機関に対する協力体制の確保、道路交通環境の整備、交通規制情報の周知徹底、交通管制システムによる車両の流入抑制等の総合的な交通対策を推進した。

9　平成14年「2002年FIFAワールドカップ大会」（5月31日〜6月30日、31日間）

史上初めての日韓2か国共同開催である2002年FIFAワールドカップ大会においては、大会関係者、観客等の安全かつ円滑な輸送・誘導を実現するとともに一般交通への影響を必要最小限に抑えることを基本方針とし、関係省庁・関係機関と連携をとりつつ、交通総量抑制対策の推進、交通規制計画の策定、広報啓発活動の実施、交通安全施設等の整備、突発事案発生時の対策等、総合的な交通対策を推進した。

10　平成17年「2005年日本国際博覧会」（3月25日〜9月25日、185日間）

環境をテーマとして愛知県で開催された2005年日本国際博覧会においては、環境への負荷の軽減と周辺地域への影響を抑えるため、前例のない大規模なパーク＆ライド方式を採用したほか、会場周辺3キロ圏通行禁止規制、路線バス等優先通行規制を実施するとともに、ITCS（高度交通管制システム）、PTPS（公共車両優先システム）、MOCS（車両運行管理システム）、AMIS（交通情報提供システム）などの新交通管理システム（UTMS）の整備により、安全・快適で環境にやさしい交通対策を推進した。

11　平成20年「第34回主要国首脳会議」（7月7日〜7月9日、3日間）

北海道洞爺湖で開催された第34回主要国首脳会議に伴う交通対策では、最長180キロメートルに及ぶ広範囲な対策エリアや、首脳国以外の参加国の拡大による頻繁な車列移動等の特徴を踏まえ、各国首脳等の安全かつ円滑な通行を確保し、会議の円滑な進行に寄与するとともに交通規制に伴う一般交通への影響を最小限度にとどめることを基本方針として、北海道警察が全国37都府県警察からの特別派遣により、前回主要国首脳会議の1.7倍となる交通部隊を編成し、道内における警護交通対策、道路交通環境の整備、交通総量の抑制等の総合的な交通対策を推進した。

12　平成22年「2010年アジア太平洋経済協力首脳会議及び閣僚会議」
（11月10日〜11月11日、11月13日〜11月14日、4日間）

　横浜みなとみらい21地区で開催されたAPEC首脳会議等に伴う交通対策では、参加各国首脳等の警護車列の安全と円滑な通行を確保し、会議の円滑な進行に寄与するとともに、交通規制による一般交通への影響を必要最小限にとどめることを基本方針として、神奈川県警察をはじめとする全国警察が、神奈川県内及びその周辺地域において、交通総量抑制対策、警護路線対策、迂回対策、道路利用適正化対策、違法駐車対策、交通法令違反対策等の総合的な交通対策を推進した。

13　平成28年「第42回主要国首脳会議」（5月26日〜5月27日、2日間）

　三重県志摩市で開催された第42回主要国首脳会議に伴う交通対策では、各国首脳等の陸路での移動距離が最長で約200キロメートルに及ぶなど、三重・愛知両県において、物流等一般交通への広範囲な影響が懸念される中、各国首脳等の安全かつ円滑な通行を確保し、会議の円滑な進行に寄与すること及び交通規制に伴う一般交通への影響を最小限にとどめることを基本方針として、三重県警察（全国41都道府県警察からの特別派遣を含む。）及び愛知県警察において、交通対策部隊を編成し、交通総量抑制対策、警護路線対策、道路交通環境整備等の総合的な交通対策を推進した。

④　交通安全施設等整備事業

1　概　　要

　交通安全施設等整備事業は、交通安全施設等整備事業の推進に関する法律（以下「推進法」という。）に基づき、「交通事故が多発している道路その他特に交通の安全を確保する必要がある道路について、総合的な計画の下に交通安全施設等整備事業を実施することにより、これらの道路における交通環境の改善を行い、もつて交通事故の防止を図り、あわせて交通の円滑化に資することを目的」（推進法第1条）として行われるものである。

　本事業は、都道府県公安委員会と道路管理者が実施するもので、都道府県公安委員会は交通管制センター、信号機、道路標識、道路標示の整備を行い、また、道路管理者は歩道、防護柵、道路照明、交差点改良等の整備を行っている。

　このうち、特に交通の安全を確保する必要があると認められる道路において実施する事業で、これに要する費用の全部又は一部を国が負担し、又は補助するものを特定交通安全施設等整備事業という。

2　発足当時の背景

(1)　緊急措置法制定以前の状況

　昭和30年代後半から特に顕著な増加傾向を示した交通事故に対処するため、交通事故が多発している道路その他緊急に交通の安全を確保する必要がある道路について、総合的な計画の下に交通安全施設の整備を実施することを定めた交通安全施設等整備事業に関する緊急措置法（以下「緊措法」という。）が41年に制定されたが、それ以前は都道府県公安委員会と道路管理者とがそれぞれ交通安全施設等を整備しており、しかも、その整備は主として地方公共団体の責務と考えられていた。制度的にも予算的にも国の助成措置は十分に講じられているとは言い難く、モータリゼーションの急速な伸展に比べ、これに即応した道路交通環境の整備が著しく立ち後れていた。

(2)　国の取組

　こうしたことから、国は「交通事故防止の徹底を図るための緊急対策について」（昭和40年1月13日交通対策本部決定）において、交通安全施設等の整備、拡充が最重要課題であることを明記するとともに、国と地方公共団体とがそれぞれ施設整備のための計画を定め、国がその費用の一部について補助する制度が構築され、41年度を初年度とする第1次交通安全施設等整備事業三箇年計画が策定された。

3　交通安全施設等整備事業の経過

　交通安全施設等整備事業の経過、推移は、表1のとおりである。

　第2次交通安全施設等整備事業三箇年計画（昭和44年度〜46年度）では、地方単独事業についても当該計画の対象とし、その財源として交通安全対策

表1　交通安全施設等

| 計画 | 年度 | 事業費（単位：億円） | | | 事業内容 |
		計画	実績	進捗率	特定事業
第1次三箇年計画	昭41～43	特定　60.3 単独　— 計　60.3	60.3 (112) (172)	100.0% 100.0%	○信号機 ○道路標識 ○道路標示
第2次三箇年計画	44～46 (44～45)	特定　46.3 単独　230.7 計　277.0	28.5 151.1 179.6	61.6% 65.5% 64.8%	○信号機
第1次五箇年計画	46～50	特定　685.5 単独　1,052.7 計　1,738.2	720.9 1,000.1 1,721.0	105.2% 95.0% 99.0%	○交通管制センター ○信号機 ○道路標識（可変） ○調査器材・調査費 ＊道路標識・道路標示
第2次五箇年計画	51～55	特定　1,500 単独　2,300 計　3,800	1,424.2 1,636.4 3,060.6	94.9% 71.1% 80.5%	○交通管制センター ○信号機 ○道路標識（可変・大型） ○中央線変移装置 ○車線分離鋲併用標示 ○調査器材・調査費 ○信号機電源付加装置（54～55） ＊道路標識・道路標示
第3次五箇年計画	56～60	特定　1,900 単独　3,049.6 計　4,949.6	1,311.5 2,365.4 3,676.9	69.0% 77.6% 74.3%	○交通管制センター ○信号機 ○道路標識（可変・大型） ○中央線変移装置 ○車線分離鋲併用標示 ○調査器材・調査費 ○信号機電源付加装置 ＊路側標識・道路標示
第4次五箇年計画	61～平2	特定　1,350 （内調整費　200） 単独　3,680 計　5,030 （内調整費　200）	1,165 3,509 4,674	86.3% 95.4% 92.9%	○交通管制センター ○中央線変移装置 ○信号機改良・系統化 ○調査費 ＊道路標識・道路標示 ＊信号機新設 ＊信号機電源付加装置
第5次五箇年計画	3～7	特定　1,650 （内調整費　100） 単独　4,970 計　6,620 （内調整費　100）	1,678 5,149 6,827	101.7% 103.6% 104.7%	○交通管制センター ○中央線変移装置 ○信号機改良・系統化 ○高速走行抑止装置 ○違法駐車抑止システム ○調査費 ＊道路標識・道路標示 ＊信号機新設 ＊信号機電源付加装置
七箇年計画	8～14	特定　2,100 （内調整費　200） 単独　6,300 計　8,400 （内調整費　200）	2,797 6,144 8,941	133.2% 97.5% 106.4%	○交通管制センター ○中央線変移装置 ○信号機改良・系統化 ○高速走行抑止装置 ○違法駐車抑止システム ○調査費 ＊道路標識・道路標示 ＊信号機新設 ＊信号機電源付加装置
社会資本整備重点計画	15～19	指標 　交通事故抑止 　　約44,000件 　交通円滑化 　　約3.2億人時間/年 　CO_2の削減 　　約70万t-CO_2等 （総事業費は内容と しない）	特定 1,619 単独 2,691 計 4,309	—	○交通管制センター ○中央線変移装置 ○信号機改良・系統化 ○高速走行抑止装置 ○違法駐車抑止システム ○調査費 ○道路標識 ○信号機新設 ＊道路標示 ＊信号機電源付加装置
社会資本整備重点計画	20～24	指標 　交通事故抑止 　　約40,000件 　交通円滑化 　　約2.2億人時間/年 　CO_2の削減 　　約46万t-CO_2等 （総事業費は内容と しない）	特定 1,782 単独 1,837 計 3,619 （H20～ H23）	—	○交通管制センター ○中央線変移装置 ○信号機改良・系統化 ○灯器改良 ○調査費 ○信号機新設 ○道路標識・標示 ○信号機移設費 ○配線地中化 ＊信号機電源付加装置

整備事業計画の推移

地方単独事業	指定道路　(km)	緊措法（交通安全施設等整備事業に関する緊急措置法）改正等	備　考
	57,177	・緊措法成立 ・通学路法成立 (42.7.31〜44.4.1)	・交通事故防止の徹底を図るための緊急対策について (40.1.13)
○信号機 ○道路標識 ○道路標示	70,389	・緊措法改正 →地方単独事業の計画化 →国の財政上の措置	・交通安全特別交付金制度（43.4.11政令）発足 →地方単独事業の財源
○道路標識（可変以外）○道路標示	88,061 沖縄復帰に伴い、89,170 (48年2月)	・緊措法改正 →交通管制センターの設置 ・沖縄復帰 (四箇年計画47〜50)	・交通安全基本法成立 ・交通安全基本計画 ・交通事故長期予測 (総理府) ・縁故債の活用
○路側標識 ○道路標示	138,769	・緊措法改正 (制度面の変更なし)	・交通安全対策基本法改正 ・交通安全基本計画 ・交通事故長期予測 (総理府) ・大規模地震対策特別措置法成立 (53.6.7)
○路側標識 ○道路標示	158,416	・緊措法改正 (制度面の変更なし)	・交通安全対策基本法改正 ・交通安全基本計画 ・交通事故長期予測 (総理府)
○信号機新設 ○灯器増灯・改良 ○道路標識・標示 ○車線分離鋲併用標示 ○信号機電源付加装置 ○信号機定数設定費 ○信号機移設費	168,875	・緊措法改正 (制度面の変更なし)	・交通安全基本計画 ・交通事故長期予測 (総務庁)
○信号機新設 ○灯器増灯・改良 ○道路標識・標示 ○車線分離鋲併用標示 ○信号機電源付加装置 ○信号機定数設定費 ○信号機移設費 ○調査器材・調査費	182,304	・緊措法改正 (制度面の変更なし)	・交通安全基本計画 ・交通事故長期予測 (総務庁)
○信号機新設 ○灯器増灯・改良 ○道路標識・標示 ○車線分離鋲併用標示 ○信号機電源付加装置 ○信号機定数設定費 ○信号機移設費 ○調査器材・調査費	186,214	・緊措法改正 (制度面の変更なし) ・財政構造改革の推進に関する特別措置法の附則による緊措法の改正 (H9.12.5) →五箇年計画から七箇年計画に	・交通安全基本計画 ・交通事故長期予測 (総務庁)
○信号機新設 ○灯器増灯・改良 ○道路標識・標示 ○車線分離鋲併用標示 ○信号機電源付加装置 ○信号機定数設定費 ○信号機移設費 ○調査器材・調査費	219,073	・緊措法を推進法（交通安全施設等整備事業の推進に関する法律）に改正 (H15.4.1)	社会資本整備重点計画法施行 (H15.4.1)
○信号機新設 ○灯器増灯・改良 ○道路標識・標示 ○車線分離鋲併用標示 ○信号機電源付加装置 ○信号機定数設定費 ○信号機移設費 ○調査器材・調査費	429,217	・推進法改正 (制度面の変更なし)	・「円滑化対策事業」予算の新設 (H20) ・地域自主戦略交付金の新設による「円滑化対策事業」予算の一部拠出 (H23) ・地域自主戦略交付金の拡充による「円滑化対策事業」予算の全部拠出 (H24)

計　画	年　度	事業費（単位：億円）			事　業　内　容
		計　画	実　績	進捗率	特　定　事　業
社会資本整備重点計画	24〜28	指標 交通事故抑止 　約35,000件 交通円滑化 　約9千万人時間/年 CO₂の削減 　約18万t-CO₂等 （総事業費は内容としない）	特定 1,225 単独 1,365 計 2,591 （H24〜 H26）	──	○交通管制センター ○中央線変移装置 ○信号機改良・系統化 ○灯器改良 ○調査費 ○信号機新設 ○道路標識・標示 ○信号機移設費 ○配線地中化 ○信号機電源付加装置
社会資本整備重点計画	27〜32	指標 交通事故抑止 　約27,000件 交通円滑化 　約5千万人時間/年 CO₂の削減 　約10万t-CO₂等 （総事業費は内容としない）	特定 1,087 単独 1,491 計 2,578 （H27〜 H29）	──	○交通管制センター ○中央線変移装置 ○信号機改良・系統化 ○灯器改良 ○調査費 ○信号機新設 ○道路標識・標示 ○信号機移設費 ○配線地中化 ○信号機電源付加装置

注１：特定事業のうち、＊印の事業については沖縄県のみが対象である。
注２：社会資本整備重点計画については総事業費を計画目標としていないことから実績額のみを記載し

特別交付金を充てることとされた。

　さらに、45年には交通安全対策基本法が制定されたことに伴い、従来の三箇年計画を一層拡充し、46年度を初年度とする第１次交通安全施設等整備事業五箇年計画（46年度〜50年度）が策定された。また、この計画から、交通管制センターの整備が始まり、47年には、復帰した沖縄県が計画の対象に加わった。

　その後、数次の改正（第２次交通安全施設等整備事業五箇年計画（51年度〜55年度）、第３次交通安全施設等整備事業五箇年計画（56年度〜60年度）、第４次交通安全施設等整備事業五箇年計画（61年度〜平成２年度）、第５次交通安全施設等整備事業五箇年計画（３年度〜７年度））を経て、８年度を初年度とする第６次交通安全施設等整備事業五箇年計画を策定したが、財政構造改革の推進に関する特別措置法により、事業量を変更することなく計画期間を２年延長することとされ、10年１月30日、交通安全施設等整備事業七箇年計画（以下「七箇年計画」という。）に改められた。

4　社会資本整備重点計画法の成立

　３のとおり、警察では、数次にわたる交通安全施設等整備事業計画に基づき、計画的に交通安全施設等の整備を推進してきたところであるが、交通安全施設等を含む社会資本の整備を一層重点的、効果的かつ効率的に推進する

地方単独事業	指定道路（km）	緊措法（交通安全施設等整備事業に関する緊急措置法）改正等	備　　考
○信号機新設 ○灯器増灯・改良 ○道路標識・標示 ○車線分離鋲併用標示 ○信号機電源付加装置 ○信号機定数設定費 ○信号機移設費 ○調査器材・調査費	479,461	——	・地域自主戦略交付金の廃止（H25）
○信号機新設 ○灯器増灯・改良 ○道路標識・標示 ○車線分離鋲併用標示 ○信号機電源付加装置 ○信号機定数設定費 ○信号機移設費 ○調査器材・調査費	458,439		

た（平成29年度分については当初予算額を積み上げ）。

必要が生じた。

　そこで、これらの整備に係る横断的な取組や事業間連携の更なる強化を図るべく、従来の事業分野別の計画を一本化した社会資本整備重点計画の策定等の措置を講じるため、平成15年4月1日、社会資本整備重点計画法が新たに施行された。

　これに併せて、緊措法についても、最近の厳しい交通情勢に鑑み推進法に改められ、警察と道路管理者の連携による事業実施の枠組みが恒久的なものとして位置付けられた。

　これらの法律に基づき「社会資本整備重点計画」が策定されることとなり、15年度を初年度とする社会資本整備重点計画（15年度～19年度、15年10月10日閣議決定）、20年度を初年度とする社会資本整備重点計画（20年度～24年度、21年3月31日閣議決定）、24年度を初年度とする社会資本整備重点計画（24年度～28年度、24年8月31日閣議決定）が策定された。

　また、円滑化対策地区については、国土交通省の「道路の中期計画」（素案）において道路交通の円滑化のための事業を積極的に推進することとされたことから、道路管理者による道路整備事業に連動して必要となる信号機等の交通安全施設等整備事業を実施するため、20年度予算において、新たに「円滑化対策事業」として予算が認められた。

　しかし、その後、国から地方へのいわゆるひも付き補助金を廃止し、基本

的に地方が自由に使える一括交付金を導入するとの方針の下、23年度から内閣府予算において地域自主戦略交付金が計上され、警察庁所管の補助金に関して、交通安全施設整備費補助金のうち、23年度は円滑化対策事業の一部を、24年度は同事業の全てを拠出したが、25年度には地域自主戦略交付金が廃止され、同事業は再び警察庁の所管となった。こうした変遷を経て、現在は、27年度を初年度とする社会資本整備重点計画（27年度〜32年度、27年9月18日閣議決定）に定める指標の達成に向けて、計画的かつ重点的に交通安全施設等整備事業を推進している。

⑤　交通管制センター

1　交通管制センターの目的

　交通管制センターは、交通情報の収集・分析・提供と信号機・交通情報板等の操作により、交通流・量を適切に配分・誘導するとともに、現場警察官等への交通規制に関する指示・命令・連絡等を行うための施設である。

2　交通管制センターの種類

(1)　本部センター

　本部センターは、都道府県内にある都市センター、サブセンターを統括するセンターであり、県内の管制エリア全域の交通状況（交通量、渋滞長等）を監視する機能を有している。また、管制エリア内の信号制御、交通情報提供の機能も有している。

(2)　都市センター

　都市センターは、県内の主要都市に設置されたセンターであり、その周辺地域内の交通状況（交通量、渋滞長等）の監視、信号制御、交通情報提供等の機能も有している。

(3)　サブセンター

　サブセンターは、県内の中小規模都市に設置されたセンターであり、その周辺地域内の交通状況（交通量、渋滞長等）の監視、信号制御、交通情報提供等の機能を有している。

3　交通管制センターの沿革

(1)　昭和30年代に入ると、交通事故、交通渋滞が急増し、「交通戦争時代」といわれるほど交通状況は悪化した。当時から交通情報の重要性に着目していた警察では、38年に警視庁、大阪府警に本格的な交通情報センターを設置し、交通情報の提供による都市交通の円滑化を目指した。

　　当時、車両感知器は開発途上であったため、情報の収集は現場警察官の目視による判断を、端末装置により手動でセンターへ伝送するもの（SATIC：セミオートマチック・トラフィック・インフォメーション・コントロール）であった。その後、研究が進み、交通情報の自動収集が可能となったこともあり、交通情報センターとして予算要求を行い、44年度には神奈川県、45年度には愛知県、京都府、福岡県にそれぞれ設置された。

　　なお、前記各府県では、交通情報の自動収集を行うのみならず、収集した交通情報を基にして最適な信号制御を行うべきであるとの考えから、そのために必要な設備を府県費で整備することとした。

(2)　これと並行して、昭和30年代の後半から信号制御を含めた交通管制システムの研究が始められ、その初期のものとして、39年、科学技術庁の特別研究促進調整費5,200万円をもとに、東京の都心部である銀座、日本橋地区の35交差点の信号機を小型計算機と接続し、最適なパラメータを選択するシステムを導入した。このシステムは、主要4路線に設置した8基のループ式車両感知器の情報を基に信号制御を行うものであった。

(3)　そして、昭和44年から、このシステムにおける問題点の検討を行い、翌45年には、旧銀座システムを含む123交差点の信号機を計算機（NEAC 3100）で制御する交通管制システムを整備し、運用を開始した。この制御の基になる交通情報は、ループ式車両感知器168基、超音波式車両感知器27基、長大ループ式車両感知器1基により収集するものであった。

(4)　昭和46年度からは、交通安全施設等整備事業として交通管制システムの中枢となる交通管制センターの整備を予算化し、初年度に札幌ほか5箇所に整備されたのを皮切りに、以後、順次整備された。平成29年3月末現在、全国の警察本部所在地等75都市に交通管制センターを、それ以外の88都市にサブセンターを整備し、広域的な交通管制システムを構築している。

(5)　その後、全国警察では、道路交通状況を即座に把握して信号制御に反映させること等を目的に、光ビーコン、交通監視用カメラ、交通情報板等の整備を中心とした交通管制システムの高度化を推進している。また、平成13年5月には、災害発生時等複数の都府県にまたがる各種事案発生時に、迅速かつ的確に交通情報等を把握し、警察庁による広域的な交通対策を実施するため、警察庁に広域交通管制室を設置し、広域交通管制システムの運用を開始した。広域交通管制システムでは、オンライン接続された各都道府県警察の交通管制センターからの詳細な交通情報を一元的に集約している。

(6)　平成20年12月に、交通管制センターの上位装置の標準化を進めるため、同装置を4ブロックに分ける標準仕様を定めた。また、26年12月に、下位装置の機能を、端末制御ブロックと端末対応装置に分割するため、仕様書を制定及び改訂し、27年度から各道府県警察のリース更新に合わせて、分割を進めている。

4　交通管制センターの業務

現在、交通管制センターでは、次のような業務を行っている。

(1)　交通情報の収集、提供

ヘリコプター、パトカー、警察官等からの無線等による交通状況の報告のほか、車両感知器、交通監視用テレビカメラ等により交通基礎情報（交通量、占有率、速度、渋滞長、旅行時間等）、道路情報（道路工事、凍結等）、気象情報、特殊情報（交通事故、火災等）等を収集し、必要な処理を行った上で、交通情報板（フリーパタン、セミフリーパタン、専用パタン等）、路側通信設備、自動応答電話・FAX、光ビーコン等のほか、テレビ、ラジオを通じて、ドライバー等へ提供している。

(2)　信号制御

都市の中心部においては、道路が縦横無尽に交差しているため、地点制御、線制御のみでは適切な交通流の形成をなすことができない。そこで、交通管制センターの中央装置と接続された信号機による地域制御が導入された。これらの信号機は、交通管制センターから遠隔でコントロールされており、収集された交通情報を基に自動的に信号定数（サイクル、スプリット、オフ

セット等）が決定されている。また、事故や災害等の発生時、交通管制セン
ターから直接介入を行い、信号秒数を変更することができる。

(3)　**システム機器の監視**

　交通管制センターでは、各システムを正常に作動させるため、中央装置及
び端末装置の状態を常時監視し、適正な保守・管理に努めている。

6　信　号　機

1　信号機の沿革

(1)　我が国の交通信号は、大正8年から始まり、時代や地方により様々な名
　　称が用いられた。

　　　例えば、東京では、手信号を「挙手の合図」と称して始まり、その後、
　　「手に依る信号」と称し、第一線では「手信号」と略して呼んでいた。ま
　　た、大阪では、「手振り信号」という名称を定めていた。「手信号」という
　　名称は、昭和22年11月に公布された道路交通取締法において定められた。

(2)　現在の交通信号機の前形である信号は、東京では最初「信号標示板」と
　　称され、その後、機構、機能等によりバタン式、行灯式、色灯式交通整理
　　器に変更された。

(3)　現在の信号機の原型となったものは、昭和5年3月、アメリカのレイノ
　　ルズ社から輸入したもので、英語の名称を直訳し「自動交通信号機」と称
　　した。その後、同年12月に国産第1号として自動交通整理機を京都と東京
　　に設置し、8年2月に警視庁信号機規格において「自動交通整理信号機」
　　と称した。「信号機」という名称は、22年11月に公布された道路交通取締
　　法において初めて定められた。この記念すべき設置第1号の自動交通信号
　　機とバタン式交通整理器は、現在、江戸東京博物館に保存されている。

(4)　交通整理の信号方法に関する訓令及び警視庁告示が昭和5年4月に制定
　　されているが、新しく設置したこの自動交通信号機について、市内電車の
　　運転手以外は、表示する信号灯火の意味を理解せず、なかなか信号に従わ
　　なかったようである。そのため、信号の意味を一見して分からせるために、
　　灯火のレンズ表面に「ススメ」、「チウイ」、「トマレ」の文字を黒字で書く

などして周知に努めた。

(5)　自動車交通の進展に伴って、信号機は次第に全国の主要都市に普及し、昭和16年には警視庁管内で370箇所となったが、第二次世界大戦により、壊滅的な打撃を受け、その大半が失われる結果となった。

　　戦後、時代を後戻りして手信号から再び出発し、23年12月には全国コンクールが開催されるほど手信号の復活全盛時代を迎えた。

　　その後、自動信号機は、進駐軍司令部から復旧要請を受けるなどして再び整備が始まったが、その進捗状況は遅々たるものであった。

(6)　昭和30年頃から、我が国は著しい経済成長を遂げ、これに伴って自動車交通量が急激に増加したことなどを背景に、35年6月に道路交通法が成立し、現在行われている交通管理についての考え方の基礎が確立されるとともに、信号機の設置義務が都道府県公安委員会にあることが明確にされた。

　　このころ、交通事故が増加し続けたため、自動車交通時代に即応した道路交通環境の整備が国民の強い要望となり、41年4月には交通安全施設等整備事業に関する緊急措置法が成立し、同法に基づき信号機等の整備が促進された。

(7)　昭和50年7月には、それまで各都道府県ごとにまちまちであった視覚障害者用信号機の方式を、擬音式（ピヨピヨ、カッコー）及びメロディ式（通りゃんせ、故郷の空）の2方式に統一した。その後、平成15年10月に擬音式の異種鳴き交わし方式（ピヨ、ピヨピヨ、カッコー、カカッコー）に統一され、整備を推進している。

(8)　疑似点灯の防止や省エネルギー化、長寿命等の観点から、信号灯器のLED化に向けた検討を行い、車両用灯器については平成12年9月に仕様を制定化し、歩行者用灯器については14年12月に仕様を制定した。

(9)　昭和40年代初頭から導入されているパターン選択制御や平成10年から行われているMODERATO制御等の集中制御方式に加え、19年から23年には予測制御であるプロファイル信号制御を、国費のモデル事業として神奈川県、愛媛県等に導入し、23年には仕様を制定した。

(10)　信号機は、真に必要性の高い場所を選定して設置する必要があることから、平成25年に、信号機の設置に当たっての数値的基準や信号機の設置及び撤去方針を盛り込んだ指針の制定に向け、指針案を試行し、試行期間中における信号機の設置状況、都道府県警察の意見等を踏まえ、27年12月に

「信号機設置の指針」を制定した。

⑾　平成26年度からコスト削減を目的に直径を25センチメートルに小型化を
　図った信号灯器や複数交差点を制御可能な信号制御機等の開発に着手し、
　27年度に埼玉県内において開発機器を設置し実証実験を行った。この結果
　を受け、29年2月には、新たに開発した機能を盛り込んだ仕様書として改
　訂し、29年度からは全国において順次導入している。

表2　交通信号年表

年　月	項　目	適　　　要
1919.9 (大8.9)	手信号発足	東京の銀座4丁目、上野広小路交差点で「挙手の合図」による交通整理を始めた。
1930.3 (昭5.3)	自動交通信号機の設置	日本最初の信号機として、東京の日比谷交差点にアメリカ製の自動式交通整理機を設置した。
1930.4 (昭5.4)	信号方式を訓令、告示で統一	(訓令甲第33号、警視庁告示第105号他) 信号機は「ススメ」「トマレ」の中間に「チウイ」の信号を表示することとした。
1930.12 (昭5.12)	国産の自動交通整理信号機の設置	京都市電気局は、京都駅前、八坂神社前、四条河原町交差点に国産の信号機を設置した。
1933.4 (昭8.4)	クロノプラン式交通信号整理器の設置	クロノプラン式の交通信号整理器を東京の昭和通りと銀座通りの2路線に設置し、系統整理を実施した。
1933.4 (昭8.4)	自動交通整理信号機設備費の予算化	警視庁において、自動交通整理信号機を設置する警察費予算が11基分計上された。
1934.6 (昭9.6)	学童横断用押ボタン式信号機の設置	東京の第一京浜国道梅屋敷、六郷町両交差点に学童が押ボタンにより信号を変えて横断できる信号機を設置した。
1934.10 (昭9.10)	信号の意味追加の告示	(警視庁告示第311号) 黄矢印、緑矢印、黄信号の点滅の意味を明示した (緑、黄、赤の信号の意味は、昭和5年に告示されている。)。
1947.11 (昭22.11)	道路交通取締法の制定	通行者は信号機の信号に従わなければならないことが規定され、施行令で信号機の意味、表示方法、設置管理等が規定された (緑信号の呼び名を「青」に変更)。
1953.2 (昭28.2)	半感応信号機の設置	東京の慶応大学前交差点に踏板式感知器を用いた半感応信号機を設置した。
1955.9 (昭30.9)	視覚障害者用信号機の設置	目の不自由な人にベルを鳴らして交通信号を知らせる信号機を東京杉並区東田町に設けた。その後、種々の方法が開発されたが、昭和50年にメロディ方式と擬音式 (鳥の鳴き声) の2方式に統一された。
1963.2 (昭38.2)	全感応式信号機の設置	東京の愛宕2丁目交差点に交通量に応じて秒数が変化する全感応式信号機を設置した。
1963.6 (昭38.6)	自動感応系統式信号機の設置	路線上の複数の信号機を交通量に応じて制御するアメリカ製の信号機を東京第一京浜国道に設置した (翌年国産化)。
1965.9 (昭40.9)	人形型歩行者信号灯の設置	東京の新宿追分交差点に人形型の歩行者用信号灯を設置し、車両信号と異なった信号表示をするとともに、青信号の終わりを点滅とする試験を行った。
1966.1 (昭41.1)	広域信号制御の実施	東京の銀座地区35交差点において、コンピュータによる広域信号制御を実施した。
1966.2 (昭41.2)	警察庁仕様書制定	信号機等の標準機種の仕様書を初めて制定した。(昭和47.9全面改定)

1968.12 (昭43.12)	スクランブル交通 整理の実施	熊本市小飼橋交差点で、歩行者が車道を斜め横断できる方法を初めて実施した。
1970.7 (昭45.7)	道路交通法施行令改正	黄信号の意味を改め、停止位置近接車両に交差点の通過を許し、黄信号の後に全赤信号を表示することとなった。
1973.6 (昭48.6)	バス優先制御の実施	名古屋市上飯田車庫南交差点に、バス感知器を設置し、バス優先交通信号制御を実施した。
1977.6 (昭52.6)	歩行者用待ち時間表示装置の設置	大阪市戎橋北詰交差点に、歩行者信号の待ち時間をランプで知らせる歩行者用待ち時間表示装置を設置した。
1994 (平6)	LED式信号灯器の設置	愛知と、徳島にLEDを使用した車両用信号灯器をそれぞれ設置した。
2004.8 (平16.8)	信号機設置の指針の制定	「信号機設置の指針」を制定した。
2008.12 (平20.12)	交通管制システムの標準化	交通管制センターの上位装置を4ブロックに分けた標準仕様について定め、標準化を進めた。
2013.12 (平25.12)	信号機設置の指針の試行	数値基準を盛り込んだ「信号機設置の指針」を策定し、試行することとした。
2014.12 (平26.12)	交通管制システムの整理統合	警察交通安全施設下位装置の機能を端末対応装置と端末制御ブロックに分割した仕様書を制定及び改訂し、平成27年度から交通安全施設下位装置の整理統合を順次進めている。
2015.12 (平27.12)	信号機設置の指針の制定	信号機の設置に当たっての交通量等の数値基準や信号機の設置及び撤去方針について明記した新たな「信号機設置の指針」を制定した。
2017.6 (平29.6)	コスト削減を図った新たな信号機の導入	小型化を図った信号灯器等の開発、仕様書の改訂を行い、全国で設置を開始した。

参考文献：(財)日本交通管理技術協会編集『交通管理システムの技術と実際』

2   信号機のストック数の推移

表3   信号機のストック数の推移

昭和45年	50年	55年	60年	平成2年	8年	13年	18年	23年	28年
23,290	63,846	101,100	119,520	135,634	161,891	179,061	193,857	203,489	208,061

(数字は年度末の基数)

7   交通情報の提供

1   財団法人日本道路交通情報センターの設立

　昭和40年代におけるモータリゼーションの飛躍的発展に伴う自動車交通量の激増、輸送車両の大型化、長距離化等により、交通事故の多発、交通渋滞等が深刻な問題となった。

そのため、自動車の安全で快適な運転に対する要望が高まる中、43年8月に発生した「飛驒川バス転落事故」を契機として、異常気象時における危険箇所等の情報提供の必要性が認識され、また45年3月から9月まで開催された日本万国博覧会の教訓として、高速道路を含めた広域的交通情報提供の必要性が指摘された。

こうした状況を踏まえ、45年に警察庁と建設省共管の財団法人日本道路交通情報センターが設立（平成25年4月に公益財団法人へ移行）され、交通管理者及び道路管理者が行政目的のために収集した道路交通情報が、道路利用者に提供されるようになった。

2　昭和46年の道路交通法改正

昭和46年の道路交通法改正により、警察は、車両の運転者に対し、車両の通行に必要な情報を提供するように努めなければならないとされ、警察による交通情報の提供に法律上明確な根拠が与えられた。以後、警察による交通情報提供事務は、交通管制センターを中心として、道路管理者、日本道路交通情報センター等と連携を図りつつ実施されている。

3　他機関との連携

情報提供の整合性を保ち、かつ、効率的に行うためには、警察以外で道路利用者に情報提供を行っている道路管理者等との調整が不可欠であることから、平成2年、大阪府警が「国際花と緑の博覧会」の開催を契機として大阪国道工事事務所等と機器接続を行い、情報提供装置の利用を開始したのをリーディングケースとして、全国で、高速道路等の管理者との機器接続による情報交換、一般道路の管理者の設置する情報提供装置の機器接続による利用等を推進している。

4　交通情報提供事業の促進

関連技術の発展に伴い、カーナビゲーション装置やインターネットのようなITメディアによる交通情報提供が活発化するとともに、平成28年度末現在、VICS対応のカーナビゲーション装置の累積出荷台数が5,400万台に達するなど、民間事業者の参入も拡大の一途をたどっている。

　警察では、自ら道路交通情報通信システム（VICS）を推進するほか、民間の交通情報提供事業者に対し、交通管制システムで収集した渋滞データ等をオンライン・リアルタイムで供与することなどによって、事業の高度化を促進している。

　また、民間事業を交通の安全と円滑に資するものとするため、9年の道路交通法の一部改正により、正しくかつ適切な情報提供をすべき配慮義務を課し、さらに13年の道路交通法の一部改正により、特定交通情報提供事業の国家公安委員会への届出制度、国家公安委員会による交通情報提供指針の作成等の事業監督規定を整備した。

5　交通情報提供の高度化

　平成28年12月14日、官民データ活用推進基本法（平成28年法律第103号）が公布・施行され、国及び地方公共団体は、自らが保有する官民データについて、個人及び法人の権利等が害されることのないようにしつつ、国民がインターネット等を通じて容易に利用できるよう、必要な措置を講ずるものとされた。これらを踏まえ、29年3月から、警察が保有する交通規制情報及び断面交通量情報を、二次加工可能な形で、公益財団法人日本道路交通情報センターのホームページを通じて提供している。

　また、29年度からは、災害時に、都道府県公安委員会が提供する交通情報に民間事業者が保有するプローブ情報（走行車両の位置及び時間情報から算出した通行実績情報）を加えて、同センターのホームページを通じて提供している。

8　道路標識・道路標示

1　はじめに

　道路標識及び道路標示（以下「道路標識等」という。）は、道路の交通に関し規制又は指示を表示する標示板又は路面標示として、道路交通法上、重要な機能を有するものであり、我が国の自動車交通の発達に伴い、整備されてきた。

　我が国で、道路標識が全国統一的な形で設置されるようになったのは大正11年の内務省令「道路警戒標及道路方向標ニ関スル件」の制定によるものであり、この時点ではまだ「道路標識」という名称は用いられず、「標」又は「傍標」と呼ばれていた。

　この省令以前においては、官公署が設ける立札を「制札」と称し、その様式等はまちまちであった。明治32年6月、警視庁はこれら制札の様式、意味を「制札制文例」（図1参照）により統一したが、それは警視庁管内にとどまるものであった。

　なお、これらの制札が「傍標」と呼ばれるようになったのは、制札の保全等のための規定が明治41年9月の内務省令「警察犯処罰令」に規定されてからである。

　一方、路上に道路標示を用いた交通規制の記号を採用したのは、大正9年1月の横断歩道が最初であった。しかし、当時の標示は、都市部のごく一部に、しかも舗装されていない道路に水で溶かした石灰を用いて白線を描くという方法であった。

図1　制札制文例（文字は黒、材料は木版）

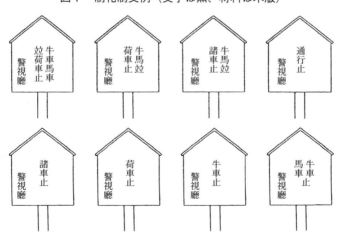

2　道路標識の統一

　大正期に入ると、全国的な交通ルールを設定する必要性が次第に認識され

始め、大正11年に、前述の省令が定められ、現在の案内標識に相当する「道路方向標」と警戒標識に相当する「道路警戒標」が初めて様式を伴った規定として制定された（図2参照）。また、15年に、地方長官命令により「道路取締規則」が制定され、通行者は交通に関する標示又は指示

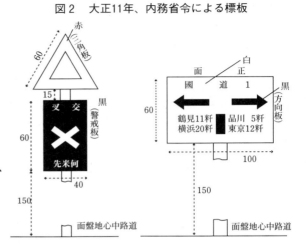

図2　大正11年、内務省令による標板

に従うこととされたが、いまだ規制・指示標識に類するものは制定されず、「制札制文例」による通行止傍標が昭和17年まで存続した。

　警視庁は、9年に「道路標識統一ニ関スル件」を制定し、標識を横断歩道、通行止等8種類に分類するとともに、標識板の色、形、支柱の色を明確にし、道路標識の統一を図った。以降、これに基づく標識が他府県に普及し、17年に「道路標識令」が制定されるまで大きな役割を果たした。

3　道路標識令の制定

　昭和17年5月13日の内務省令「道路標識令」（図3参照）は、それまでの傍標や制札を含む交通標識を「道路標識」の呼称で統一するとともに、標識の種類を増やし、警戒、禁止、制限等5種類に分類した。標識の形状は種類により区別され、禁止及び制限標識は円形、指導標識は正方形とされ、その色彩も定められた。

　第二次世界大戦後、23年1月1日、道路交通取締法が施行され、同法施行令により道路標識の定義がなされた。実施面では、国家地方警察本部警備部交通課長名「道路標識の暫定措置について」により、「道路標識令」が文字等を補うほかは基本的には踏襲され、同時に進駐軍のための英文の補助板が標識板の下に設置された。

図3　昭和17年制定の道路標識（単位：cm）

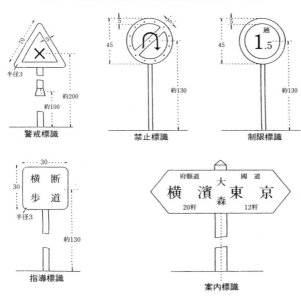

4　道路標識令の改正

　昭和25年3月31日、総理府・建設省令「道路標識令」が施行された。これは、記号表示を原則としたが、禁止、指導、指示の各標識は進駐軍の要望により、記号の上に日本文、記号の下に英文を入れ、記号部分が正方形となった（図4参照）。また、指導標識はアメリカ方式の黄色八角形、踏切標識は白色X型に定められたほか、標識の下に禁止標識は赤色、指導標識は青色、指示標識は緑色にそれぞれ反射する反射板が付けられた。さらに、標識の設置方法が、従来の据付式から埋込式を原則とするようになった。

図4

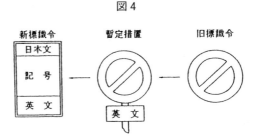

5　道路標識、区画線及び道路標示に関する命令

　昭和35年、道路交通取締法に代わり道路交通法が制定され、これに伴い同年12月、道路標識、区画線及び道路標示に関する命令（以下「標識令」という。）が制定された。これが、現在の道路標識等の基本となっており、この時初めて区画線、道路標示が全国統一様式として定められた。標識令の標識の種類は案内、警戒、規制及び指示の４種類となり、案内、警戒標識については、オーバーハング、オーバーヘッド方式による設置方法も採用された。

　道路標示については、規制、指示標示に分類され、規制標示は禁止制限を強調するために黄色を用い、指示標示は白色を用いることが原則とされた。

6　標識令の改正

(1)　道路標識の国際化改訂

　道路標識には、記号表示中心のヨーロッパ方式と、言語表示中心のアメリカ方式の２つの流れがあるが、国際的な統一の動きの中で、我が国では国際交流の活発化と道路交通に関する条約への加入を前に、規制、指示標識の抜本的な改正を行った。この改正では、和文、英文併記方式を改め、記号のみとし、形状、色彩等についても国連標識をかなり考慮したものとなっており、我が国の現行の道路標識体系は、昭和38年３月の改正によって確立されたものといっても過言ではない。本改正は、道路標識の形状が種類ごとに明確に区別されること、表示記号が簡潔で分かりやすいこと、色彩も種類ごとに区別されていること、視認性を確保すること等の基本原則を十分に踏まえて行われた。具体的には、形状は、規制認識は円形に、指示標識は正方形に、一時停止、徐行はその重要性から、特に視認性の高い逆三角形に、横断歩道も同じ理由で五角形に改められた。色彩は、規制標識は赤色、指示標識は青色が原則とされた（図５参照）。記号については、国連標識にかなり近い記号を採用し、標識板の大きさも２分の１から２倍まで縮小、拡大できるものとされた。設置方式も、規制標識にオーバーハング、オーバーヘッド方式が採用され、また、必要に応じて信号機、電柱等の工作物を利用して設置することができるものとされた。また、標識板の材質についても、従来必要に応じて反射塗料、反射装置を用いることとされていたのを、これを原則とするように改正された。

図 5

形状と色彩＼種類	規制標識			指示標識		「一時停止」「徐行」
	絶対的な禁止を表示するもの		肯定的な命令若しくは指定を表示するもの			
	対車両用	対歩行者用				
形状	（円形）	（正方形）	（円形） 「一方通行」を表示する標識については例外を認めた。	（正方形）	（五角形） 「横断歩道」を表示する標識については、歩行者保護の立場から特別な五角形とした。	（逆正三角形）
色彩	赤枠、白地、青記号	赤枠、白地、青記号	青地、白記号	青地、白記号		（一時停止）赤地、白記号（徐行）赤枠、白地、青記号

⑵　昭和38年以降の改正

　標識令は、昭和38年３月以降も、道路交通情勢や道路交通関係法令の改正に関連して改正されてきたが、大きな変更はなかった。

⑶　平成４年以降の改正

　昭和50年代後半から、社会情勢の変化に伴い交通規制が複雑化するにつれ、設置されている標識の視認性低下に対するドライバー等の苦情も増加してきた。そこで、これらの社会的要請を受け、見やすく分かりやすい道路標識の設置等を目的とした次の内容の標識令改正が平成４年に行われた。

①　シンボル化された補助標識の導入

②　横断歩道の側線の省略

③　車両の種類の略称の簡素合理化

④　補助標識「区間内」の省略規定の整備

⑤　最高速度について、高速車、中速車、低速車の区分の廃止

　また、９年には、混合交通による交通事故の抑止等を図るため、高速自動車国道等における大型貨物自動車等の通行区分を指定するための標識令改正が行われ、16年には高速自動車国道における大型自動二輪車等の二人乗り規制の見直しに伴い、「大型自動二輪車及び普通自動二輪車二人乗り通行禁止」

の規制標識を新設する改正が行われた。

⑷　平成20年以降の改正

　平成20年には駐車方法の指定に関する「平行駐車」、「直角駐車」及び「斜め駐車」の規制標識を新設する改正が行われ、21年には高齢者、障害者、妊婦等の安全かつ快適な運転を支援する高齢運転者等専用駐車区間制度の導入に伴い、「高齢運転者等標章自動車駐車可」及び「高齢運転者等標章自動車停車可」の指示標識並びに「車両の種類」の補助標識を新設する改正が行われた。

　その後、22年には自転車専用通行帯のより円滑な設置に資するため、オーバー・ハング式等ではなく路側式によって設置することができる「普通自転車専用通行帯」の規制標識を新設する改正が行われ、23年には自転車道・歩道における自転車の一方通行規制を可能とする「自転車一方通行」の規制標識を新設する改正が行われた。

　さらに、26年には環状交差点に関する内容を新設する道路交通法の改正に合わせて、「環状の交差点における右回り通行」の規制標識及び「環状交差点における左折等の方法」の規制標示を新設する改正が行われ、29年には国民と訪日外国人の双方にとって分かりやすい道路標識として、英字の併記をした「一時停止」、「徐行」及び「前方優先道路」の規制標識を新設する改正が行われた。

7　道路標識等の高性能化

　昭和38年以降、道路標識の材質も鋼板からアルミニウム板へ移行し、標識の耐久性も向上した。また、反射材として反射シートが標識板全表面に使用されるようになり、反射機能や照明方式も向上し、夜間の視認性は飛躍的に良くなった。そのほかにも、

① 　交通規制対象時間のみ表示を選択できる可変標識

② 　LEDの発光により誘目性を高めた自発光式道路標識

③ 　突起により雨天時の視認性を向上させるとともに、タイヤが上にのると音と振動を発生させ、ドライバーの注意を喚起する高輝度道路標示

の導入等、道路標識等の高性能化を推進した。

⑨　駐車対策

1　制度の概要

　車両の駐車は、車両の交通に付随して生ずるものであり、もとより車両の交通の一部に含まれるものである。しかしながら、道路における車両の駐車を無制限に認めた場合には、その場所及び方法のいかんによっては、交通の円滑を阻害し、又は道路における危険を生じさせることとなるばかりでなく、ときとしてはその他の公益を害するおそれすらあるため、道路交通法においては、一定の場所又は一定の方法による駐車を禁止することとしたのである。駐車及び停車に関する規定は道路交通法の前身である道路交通取締法制定当初（昭和22年）から存在しており、以後たび重なる改正を経て制度の拡充が進んでいる。特に近年、違法駐車対策は道路交通行政の重要課題としてクローズアップされており、平成2年に総合的な駐車対策の一環として、道路交通法及び自動車の保管場所の確保等に関する法律（以下「保管場所法」という。）の一部改正が行われ、5年に違法駐車車両に対する車輪止め装置の取付け措置の新設を内容とする道路交通法の一部改正が行われた。さらに16年に新たな駐車対策法制として放置車両に係る使用者責任の拡充と放置駐車違反取締り関係事務の民間委託を2本柱とする道路交通法の一部改正が行われ、19年には車両移動保管事務等の委託に係る規定の整備等、新たな駐車対策法制の施行状況を踏まえた駐車関係規定の見直しを内容とする道路交通法の一部改正が行われ、21年には高齢運転者等専用駐車区間制度の導入を内容とする道路交通法の一部改正が行われ、25年にはコンビニエンスストアなどの私人に放置違反金の収納事務を委託できる旨の道路交通法の一部改正が行われた。

2　駐車対策関係規定に係る主な法改正の経緯

　駐車対策関係規定に係る法改正の経緯は、次のとおりである。

(1)　道路交通取締法

制定当時	「停車又は駐車を禁止する場所その他停車又は駐車の方法について必要な事項は、命令でこれを定める。 　公安委員会は、駐車の時間又は場所について必要な制限を定めることができる。」（第22条）とされていた。

昭和32年 5月	駐車場法の制定に伴い、路上駐車場の設置と駐車の制限との調整を図るため、路上駐車場の設置されている場所について駐車の制限を行う必要があるときは、緊急を要する場合のほか、あらかじめ、当該路上駐車場を設置した道路管理者である地方公共団体の意見をきかなければならないこととする旨の規定が定められた。

(2) 道路交通法

制定当時	道路交通取締令において規定されていた車両の停車及び駐車を禁止する場所、駐車の方法、駐車時間の制限等について、法律で規定した。 　また、車両が違法に駐車していると認められる場合で、かつ、その車両が道路における交通の危険を生じさせ、又は著しく交通の妨害となるおそれがある場合の車両の移動保管措置を新設した。
昭和38年 4月	高速自動車国道の供用開始に伴い、高速自動車国道等においては原則として自動車の停車及び駐車を禁止した。
39年6月	道路交通事情の変化に鑑み、駐車を禁止する場所に坂の頂上付近、トンネル、横断歩道の手前を加え、規定を実情に即するように改めた。
45年5月	多発する交通事故、交通渋滞の激化等の厳しい交通情勢の下で、歩行者の安全の確保、駐停車の規制の励行及びその他の交通指導を行わせるため、交通巡視員を置くことにした。
46年6月	手前だけであった横断歩道付近の駐車禁止場所を先方に拡大するとともに、消火栓、指定消防水利の標識の設けられている場所付近等を駐車禁止場所にするなど駐車及び停車の規定を整備した。 　また、駐車時間の制限の実効の確保手段としてパーキング・メーターを用いることができることとするとともに、駐停車違反の罰則を強化する等の措置を講じた。
60年7月	違法駐車車両を移動保管した場合において、所有者等の氏名及び住所が不明であるときは、公示後6か月をもって、その所有権を都道府県に帰属させる等所要の措置を講じることとし、また、保管費用等の徴収手続についても督促規定を整備した。
61年5月	都市部等における違法駐車問題に対処するため、新たに、パーキング・チケットに関する制度、違法駐車車両に対する標章の取付措置及び指定車両移動保管機関制度を導入するとともに、道路使用適正化センターの指定に関する制度を新設した。
平成2年 7月	違法駐車の蔓延により、交通事故と交通渋滞が多発し、国民生活に多大な損失が生じている現状に鑑み、違法に駐車する行為のうち特に悪質かつ迷惑性の高い放置行為を防止するため、放置行為に係る罰金及び反則金の限度額の引上げ、放置車両の使用者に対する責任追及のための措置の新設及び民間ボランティアの制度化を行った。

5年5月	違法駐車が常態的に行われている道路の区間について公安委員会が「車輪止め装置取付け区間」として指定し、当該区間の違法駐車車両に対して車輪止め装置を取り付けることができることとした。
16年6月	違法駐車問題は、依然として解決していない深刻な都市問題であり、その要因としては、放置駐車違反については違反した運転者を特定することが困難であるという根源的な問題のほか、違法駐車取締りに向けることのできる警察の人的資源が不足しているという問題が挙げられたことから、新たな駐車対策法制として放置駐車違反に係る車両の使用者に対して放置違反金の納付を命ずる制度の創設と、標章の取付けに関する事務の民間委託を可能とする枠組みを創設した。
19年6月	新たな駐車対策法制の導入により、駐車秩序が改善され、移動保管の対象となる違法駐車車両が大幅に減少したことから、指定車両移動機関制度を廃止する一方、警察において、違法駐車車両の移動保管の措置に係る執行力を十分かつ柔軟に確保するために違法駐車車両の移動及び保管に関する事務を民間に委託することができることとした。 　また、二輪車の駐車について、パーキング・メーターに比して、適切に管理することが可能なパーキング・チケット発給設備を必要に応じ設置できるよう規定を見直した。
21年4月	身体機能の衰えを感じながらも運転を必要とする高齢者や障害者等が安全に運転できる道路交通環境を整備するため、多数の高齢者や障害者等が日常生活において利用する官公庁や福祉施設等の周辺に高齢運転者等が運転する普通自動車のみが駐車できる区間を都道府県公安委員会が指定することとする高齢運転者等専用駐車区間制度を導入した。
25年6月	放置違反金の納付場所は従来、都道府県指定の金融機関に限られていたが、コンビニエンスストアなどの私人に放置違反金の収納事務を委託できるよう規定を整備し、これにより放置違反金納付命令の対象者は、収納事務の委託を受けたコンビニエンスストアなどで放置違反金を納付できるようになった。

駐車監視員の活動状況

3　駐車を取り巻く現状

(1)　瞬間路上（違法）駐車台数

　平成18年の駐車対策法制施行以降、大都市地域を始め各地の違法駐車の実態は大幅に改善され、東京都特別区における瞬間路上駐車台数は、28年に実施した調査によると、5万6,574台（駐車対策法制施行前と比較して約46％減少）である（図6参照）。

図6　東京都特別区における瞬間路上駐車台数の推移（平成18年〜28年）

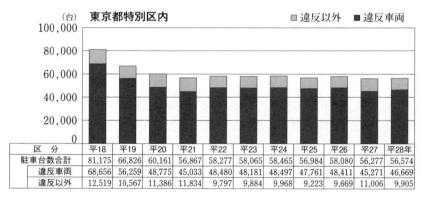

区　分	平18	平19	平20	平21	平22	平23	平24	平25	平26	平27	平28年
駐車台数合計	81,175	66,826	60,161	56,867	58,277	58,065	58,465	56,984	58,080	56,277	56,574
違反車両	68,656	56,259	48,775	45,033	48,480	48,181	48,497	47,761	48,411	45,271	46,669
違反以外	12,519	10,567	11,386	11,834	9,797	9,884	9,968	9,223	9,669	11,006	9,905

(2)　駐車車両への衝突事故

　平成28年中の駐車車両への衝突による交通事故については、人身事故の発生件数が832件、死亡事故の発生件数が31件（死者35人）であった（図7参照）。

図7　駐車車両への衝突による交通事故の推移（平成18年～28年）

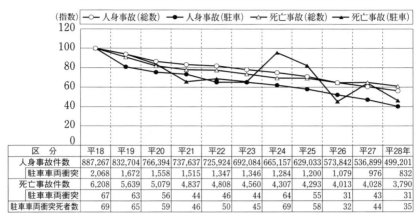

区　分	平18	平19	平20	平21	平22	平23	平24	平25	平26	平27	平28年
人身事故件数	887,267	832,704	766,394	737,637	725,924	692,084	665,157	629,033	573,842	536,899	499,201
駐車車両衝突	2,068	1,672	1,558	1,515	1,347	1,346	1,284	1,200	1,079	976	832
死亡事故件数	6,208	5,639	5,079	4,837	4,808	4,560	4,307	4,293	4,013	4,028	3,790
駐車車両衝突	67	63	56	44	46	44	64	55	31	43	31
駐車車両衝突死者数	69	65	59	46	50	45	69	58	32	44	35

(3)　**駐車問題に関する110番通報**

　平成28年中の110番通報のうち駐車問題に関する要望・苦情・相談の件数は約9万3,000件で、要望・苦情・相談に関する110番通報件数の約13％を占めており、駐車対策法制施行前の17年に比べ、件数、割合とも減少しているものの、依然として、駐車問題に関する国民の関心の高さを示している（図8参照）。

図8　駐車問題に関する110番通報件数の推移（平成18年～28年）

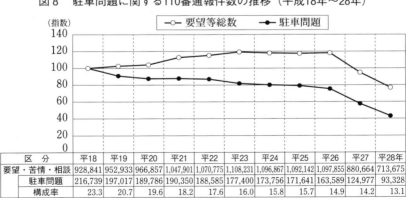

区　分	平18	平19	平20	平21	平22	平23	平24	平25	平26	平27	平28年
要望・苦情・相談	928,841	952,933	966,857	1,047,901	1,070,775	1,108,231	1,096,867	1,092,142	1,097,855	880,664	713,675
駐車問題	216,739	197,017	189,786	190,350	188,585	177,400	173,756	171,641	163,589	124,977	93,328
構成率	23.3	20.7	19.6	18.2	17.6	16.0	15.8	15.7	14.9	14.2	13.1

4　総合的な駐車対策の推進

(1)　適正な駐車規制の推進

　駐車規制については、駐車による交通の危険を防止し、及び交通の円滑化を図るため道路の構造や地域の交通実態に応じて実施している。

○　駐停車禁止又は駐車禁止規制の規制延長距離は約17万km（29年3月末現在）

○　駐車規制の見直し区間は約43,700区間、約32,900km（29年3月現在）

○　時間制限駐車区間規制区間は1,291区間、約336km、パーキング・メーター1万5,730基、パーキング・チケット発給設備1,126基（駐車可能枠数7,057台分）（29年3月末現在）

(2)　駐車規制の見直しの継続

　駐車規制については、これまで時間的視点と場所的視点の両面から、「交通の安全と円滑」と「駐車の必要性」の調和に配意して、きめ細かな見直しを推進してきたところであるが、今後とも以下の点に留意して、見直しを継続することとしている。

　ア　地域住民等の合意に基づく要望意見への積極的対応

　　駐車規制は、交通参加者や地域住民の要望・意見に十分配慮しつつ、交通の安全と円滑の観点から適切に判断して、その実施又は緩和を行うべきものであるが、特に駐車規制の緩和に係る要望・意見であって、地域住民等の合意に基づき具体的な道路の部分を特定して行われるものについては、道路交通に危険を生ずるなどの特段の事情がある場合を除き、積極的な検討を行い、その結果に基づいて必要な対策を講ずること。

　イ　物流の必要性への配意

　　物流業務が国民生活上重要な役割を果たしている一方、中心市街地を始めとする都市内において無秩序な道路上での荷捌き等が交通渋滞等を引き起こしている例もある。そこで、物流業務については、例えば、貨物の積卸し又は集配のために貨物自動車が駐車することが真に必要不可欠と認められる道路の部分について一定の条件下で貨物自動車を駐車規制の対象から除くこととするなど、その必要性について配意した駐車規制の見直しに努めること。

ウ　時間制限駐車区間規制の実施の検討

路上における短時間の駐車の需要が高いと認められる道路の部分について、当該部分における駐車秩序を確保する必要があるときは、時間制限駐車区間規制の実施を検討すること。

また、時間制限駐車区間規制を実施する時間帯以外の時間帯における駐車規制の見直しも推進すること。

(3)　**新たな駐車対策法制による駐車対策の推進**

平成18年6月1日から、良好な駐車秩序の確立と警察力の合理的再配分を目的として、放置車両に係る使用者責任の拡充、駐車違反取締り関係事務の民間委託等を内容とする新たな駐車対策法制が施行された。

確認事務を委託している警察署は施行後から徐々に増加し、29年4月1日現在は、全国406警察署において53法人に委託され、約2,000人の駐車監視員が活動している。28年中における放置車両確認標章の取付件数は、124万7,544件（うち駐車監視員によるものは、92万2,716件）で、1日当たりの取付件数にすると約3,400件となっているが、標章取付件数は19年中の296万7,843件（1日当たり約8,100件）をピークに減少傾向が続いてる。

(4)　**駐車対策のための各種システムの整備・拡充**

違法駐車を抑止するなどのため、駐車誘導システム、違法駐車抑止システム等各種システムの整備を推進している。

○　駐車誘導システムは、8都市において運用中（29年3月末現在）

○　違法駐車抑止システムは、97都市において運用中（29年3月末現在）

(5)　**関係機関・団体との連携による駐車対策の推進**

ア　違法駐車防止条例の制定

違法駐車防止条例は、自治体に違法駐車の防止に関する必要な施策の策定及び実施を義務付ける一方で、市民に違法駐車防止の努力及び自治体が行う駐車対策への協力を義務付けることにより、行政と市民が一体となって違法駐車の防止に取り組むことを趣旨とするものである。警察では、各自治体に対し当該条例の制定を働き掛けるとともに、その運用に必要な協力と支援を行っている。平成29年4月1日現在、違法駐車防止条例を制定している自治体の数は273（202市14区55町2村）となっている（図9参照）。

図9 違法駐車防止条例の制定の推移（平成18年〜28年）

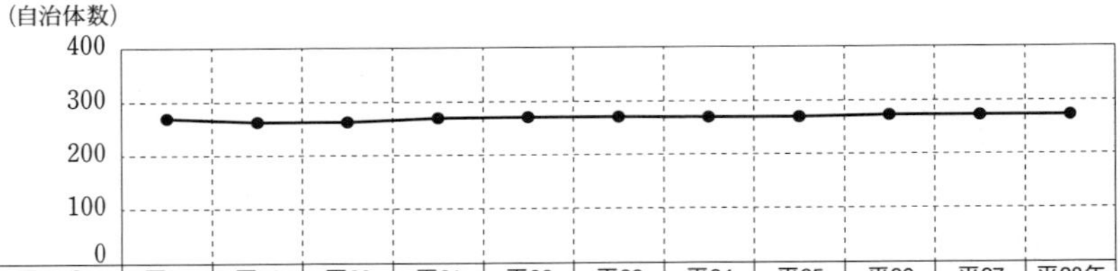

(自治体数)

区 分	平18	平19	平20	平21	平22	平23	平24	平25	平26	平27	平28年
市	196	197	197	202	204	204	203	201	202	202	202
区	12	12	12	13	13	13	13	14	14	14	14
町	60	52	52	53	52	52	52	53	55	55	55
村	2	2	2	2	2	2	2	2	2	2	2
合 計	270	263	263	270	271	271	270	270	273	273	273

イ　関係機関・団体等との連携強化

　地域交通安全活動推進委員等の協力を得て違法駐車抑止のための広報・啓発を行っているほか、地方公共団体、道路管理者等と共に駐車対策協議会を設立して各種の駐車対策を実施するなど関係機関・団体等と連携した駐車対策を推進している。

ウ　駐車場の整備及び有効利用についての働き掛け

　警察では、地方公共団体に対し、駐車場附置義務条例の早期制定、公共駐車場の整備等を働き掛けており、28年3月末現在、駐車場附置義務条例を制定している自治体の数は198（荷捌き駐車場の附置を義務付けている自治体の数は89）となっている。

　また、駐車対策協議会等の場を通じて、官公庁及び銀行等民間の駐車場の休日開放、公共駐車場及び民間駐車場を商店街利用者が共同で利用する共通駐車券の発行等を働き掛けるなど、既存駐車場の有効な利用について積極的な働き掛けを行っている。

5　バリアフリーのための駐車対策の推進

　高齢者、障害者等の移動等の円滑化の促進に関する法律に基づく重点整備地区の生活関連経路を構成する道路等、高齢者、障害者等が生活上利用する施設の周辺等において、バリアフリーを妨げる横断歩道上、バス停留所周辺、視覚障害者誘導用ブロック上等の違法駐車車両に対する取締り、違法駐車防止についての広報啓発活動等を推進している。

10　自動車の保管場所の確保対策

1　自動車の保管場所の確保等に関する法律の変遷

(1)　法律制定の経緯等

ア　法律制定の経緯

　モータリゼーションの著しい伸展に伴い、我が国の交通事情、特に都市における交通事情が急速に悪化の兆しをみせ始めていた昭和37年3月、当時の臨時交通関係閣僚懇談会（36年12月の閣議決定に基づき、主として都市における交通の混雑緩和対策及び交通事故防止対策に関する重要問題を協議することを目的として設置されたものである。）において、自動車保管場所証明制度の必要性が取り上げられた。その後、この制度を柱とする自動車の保管場所確保対策が、総理府（現内閣府）、警察庁、運輸省及び建設省（現国土交通省）の4省庁の共同作業によって立案され、37年6月に自動車の保管場所の確保等に関する法律として制定公布されたものである。

イ　法律の目的

　この法律は、自動車の保有者等に自動車の保管場所を確保し、道路を自動車の保管場所として使用しないよう義務付けるとともに、自動車の駐車に関する規制を強化することにより、道路使用の適正化（道路の私物化の排除）、道路における危険の防止及び道路交通の円滑化を図ることを目的としている。

ウ　保管場所証明制度の概要

　保管場所証明は、道路運送車両法とリンクした制度であり、自動車の登録の処分を受けようとする者に対し、当該自動車の保管場所を確保していることを証する書面（以下「保管場所証明書」という。）の提出を義務付け、保管場所証明書の提出がないときは、登録をしないこととすることにより、保管場所の確保義務の履行を担保しようとするものである。

⑵　**平成2年の保管場所法等の一部改正の概要**

　ア　改正の趣旨

　　平成2年の自動車の保管場所の確保等に関する法律の一部改正は、自動車の保有者の保管場所確保義務の履行をより確実にするための各種制度・措置を設けることにより、道路使用の適正化、道路における危険の防止及び道路交通の円滑化を図るために行われたものである。

　イ　改正の概要

　　㋐　保管場所の要件の明確化

　　　保管場所の位置と自動車の使用の本拠の位置との距離、保管場所の大きさ等及び保管場所の使用権原に関する規定を整備した。

　　㋑　保管場所の継続的確保を図るための制度の新設

　　　保管場所標章制度を新設するとともに、軽自動車を新規に運行の用に供しようとするとき並びに登録自動車及び軽自動車の保管場所の位置を変更したときに係る保管場所の位置等の届出に関する制度を新設した。

　　㋒　保管場所を確保していない自動車の保有者に対する措置

　　　保管場所が確保されていないおそれがあるものと認めたときの警察署長による公安委員会への通知並びに保管場所が確保されていると認められないときの公安委員会による運行供用制限命令及び運行供用制限命令をしようとするときの聴聞等の手続に関する規定の整備を行った。

⑶　**平成7年の保管場所法等の一部改正**

　ア　保管場所法の一部改正

　　軽自動車の保管場所に係る届出等に関する規定の適用地域（以下「軽自動車適用地域」という。）を拡大する場合における当該届出をしなければならない者を定めた。

　イ　自動車の保管場所の確保等に関する法律施行令の一部改正

　　従来、東京都特別区及び大阪市とされていた軽自動車適用地域を、人口30万人以上の市及び人口30万人未満の市のうち、東京圏又は大阪圏として一体に扱うべきものに拡大した。

⑷　**平成10年の自動車の保管場所の確保等に関する法律施行令の一部改正**

　軽自動車適用地域に人口20万人以上の市及び人口20万人未満の市であって県庁所在地であるものを追加した。

(5)　**平成12年の自動車の保管場所の確保等に関する法律施行令の一部改正**
　軽自動車適用地域に人口10万人以上の市を追加した。

(6)　**平成16年の自動車保有関係手続における電子情報処理組織の活用のための道路運送車両法等の一部改正による自動車保管場所の確保等に関する法律等の一部改正**
　自動車保有関係手続には、保管場所証明、登録・検査、租税の納付等様々なものがあり、非常に煩雑であるため、これらの手続・サービスを1か所又は1回で完了することのできるワンストップサービス・システムの稼働開始を目指して、関係法令について所要の改正を行った。

2　ワンストップサービス・システムの運用拡大

　ワンストップサービス・システムを利用して自動車保有関係手続を行う場合には、申請者等は複数の行政機関の窓口に出向くことなく、自宅等からインターネットに接続されたパソコンを介して24時間いつでも申請をすることができるので、手続に要する手間・時間の削減を図ることができる。

　同システムは、平成17年12月から東京都、神奈川県、愛知県及び大阪府、18年4月から埼玉県及び静岡県、19年1月から岩手県、群馬県、茨城県及び兵庫県、25年4月から奈良県、そして29年4月から広島県の計12都府県において運用されている。

　将来的には、全国で同システムが利用可能となるよう、今後も運用の拡大が図られる予定である。

3　自動車の保管場所の確保対策の推進

(1)　**保管場所証明等**
　平成28年中の保管場所証明申請の受理件数は約759万件（図10参照）、保管場所標章の交付件数は約873万件であった。

図10　保管場所証明申請受理件数の推移（平成17年～28年）

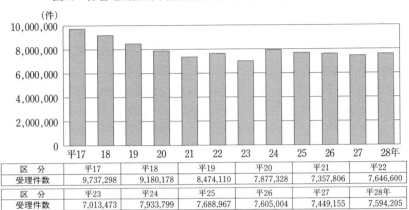

区　　分	平17	平18	平19	平20	平21	平22
受理件数	9,737,298	9,180,178	8,474,110	7,877,328	7,357,806	7,646,600

区　　分	平23	平24	平25	平26	平27	平28年
受理件数	7,013,473	7,933,799	7,688,967	7,605,004	7,449,155	7,594,205

(2)　保管場所法違反等の取締り

　道路上の場所を自動車の保管場所として使用し、又は自動車を道路上に長時間駐車するいわゆる青空駐車（保管場所法違反）について、平成28年中の取締り件数は2,136件であった。

　また、自動車の保管場所を確保していないにもかかわらず、自動車を保有するために、自動車の使用の本拠の位置、保管場所の位置等を偽って保管場所証明を受けるいわゆる車庫とばしの検挙を行っており、28年中の車庫とばし事件の検挙件数は33件であった（図11参照）。

図11　保管場所法違反・車庫とばし事件検挙件数の推移（平成17年～28年）

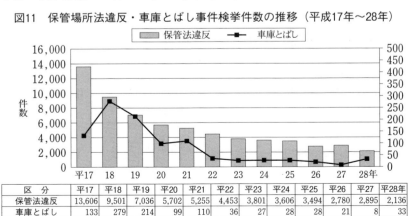

区　　分	平17	平18	平19	平20	平21	平22	平23	平24	平25	平26	平27	平28年
保管法違反	13,606	9,501	7,036	5,702	5,255	4,453	3,801	3,606	3,494	2,780	2,895	2,136
車庫とばし	133	279	214	99	110	36	27	28	28	21	8	33

11　交通需要マネジメントの推進

1　交通需要軽減対策の推進

　マイカーから路線バス等の公共交通機関への交通手段の転換を図るため、バス事業者、鉄道事業者等に対して、パーク・アンド・ライドの導入等を働き掛けているほか、物流その他の自動車利用の効率化を図るため、バス事業者等による車両運行管理システムの導入、運送事業者による共同集配システムの構築等を働き掛けている。

2　交通需要平準化対策の推進

　交通渋滞情報、旅行時間情報等の交通情報を迅速かつ的確に提供することにより、交通流を誘導し、交通量の分散を促すとともに、通勤等に伴う交通需要を平準化するため、関係機関・団体等に対して、時差出勤又はフレックスタイム制の導入を働き掛けている。

　また、都市圏における交通渋滞の緩和等のため、これら交通需要マネジメント施策のほか、バイパス・環状道路の整備や信号制御の改良等の交通容量拡大策、交通結節点の整備等の複数交通機関の連携施策等を組み合わせた都市圏交通円滑化総合対策を関係機関と共に推進している。

12　環境問題への対応

1　道路交通騒音対策

　道路交通騒音を減少させるため、信号制御の高度化、交通情報の提供等による交通流の円滑化、エンジン音等を低く抑えるための最高速度規制、大型車の中央寄り車線規制、消音器等の不法改造車両の取締り等の対策を推進している。

2　大気汚染対策

　窒素酸化物等の排出量は、自動車の発進・停止回数の増加や渋滞時の低速走行に伴って増加することから、警察としては、交通管制システムの整備、各種の交通規制、総合的な駐車対策等により道路交通の円滑化を図るとともに、バス専用・優先レーンの設定等による公共交通機関優先対策を推進し、マイカーから公共交通機関への転換を促進することなどにより、交通総量の抑制を図っている。

3　地球温暖化対策

　地球温暖化対策については、これまでも「京都議定書目標達成計画」（平成20年3月28日閣議決定）や「当面の地球温暖化対策に関する方針」（平成25年3月15日地球温暖化対策推進本部決定）等に基づいて各種施策が推進されてきたところであるが、平成27年パリで開催された国連気候変動枠組条約第21回締結国会議（COP21）において、京都議定書に代わる温室効果ガス削減のための新たな国際枠組みとして、パリ協定が採択された。

　このような中、「地球温暖化対策の推進に関する法律」（平成10年法律第117号）第8条第1項及び「パリ協定を踏まえた地球温暖化対策の取組方針について」（平成27年12月22日地球温暖化対策推進本部決定）に基づいて、地球温暖化対策計画が策定され、平成28年5月13日に閣議決定された。

　同計画には、交通警察関係施策として、高度道路交通システム（ITS）の推進（信号機の集中制御化）、交通安全施設の整備（信号機の改良）、交通安全施設の整備（信号灯器のLED化の推進）が盛り込まれていることから、交通安全施設の整備を始めとする各種事業等においては、温室効果ガス削減に向けた取組に配意している。

　また、自動車からの二酸化炭素の発生を極力少なくするため、客待ちや貨物の積卸し等、自動車を継続的に駐停車させる際には、エンジンを停止し、無用なアイドリングをしない（いわゆるアイドリング・ストップ）など、「環境負荷の軽減に配慮した自動車の使用（エコドライブ）」の普及促進を図っており、エコドライブの更なる普及を目指し、18年10月にエコドライブ普及連絡会（警察庁、環境省、国土交通省、経済産業省）において作成され、

24年10月に改定された「エコドライブ10のすすめ」についても、その普及に向けた広報啓発活動等の取組を行っている。

13 大規模災害に伴う交通対策

1 大規模災害に伴う交通規制実施要領の制定

東日本大震災への対応では、事前の想定がなかったために、被災地の実態や要望に応じて緊急に措置が講じられた。交通規制関係においても、緊急通行車両確認標章の交付に当たり、逐次交付対象の拡大を行うなどしたところであり、この対応等を踏まえ今後の災害に備えるため、平成24年3月に、大規模災害発生時に実施する交通対策の基本的な流れ等を記載した「大規模災害に伴う交通規制実施要領」を制定した。本要領では、大規模災害発生時に実施する交通対策について、

○　大規模災害発生直後は人命救助、災害の拡大防止、政府・自治体・インフラ関係、負傷者搬送等に要する人員・物資輸送を優先すること

○　緊急交通路として交通規制を実施する範囲は、道路の交通容量（復旧状況）、交通量等に応じて順次縮小すること

○　通行を認める車両の範囲は、交通状況、被災地のニーズ等を踏まえ、優先度を考慮しつつ順次拡大すること

を基本的な考え方とし、局面（第一局面（大規模災害発生直後）、第二局面（交通容量は十分ではないが、第一局面で通行可能な車両以外の車両の通行も可能となった局面））に応じた交通規制の内容等を整理している。第一局面においては、緊急交通路において、緊急通行車両、規制除外車両のうち自衛隊車両等や人命救助及び輸送施設等の応急復旧に必要なもの以外の車両については通行を禁止することとし、第二局面においては、緊急交通路の交通量や道路状況、他の道路の交通容量、被災や復旧の状況、被災地のニーズ等を踏まえ、緊急度、重要度を考慮しつつ、交通規制の対象から、更に燃料を輸送する車両（タンクローリー）、路線バス・高速バス、霊柩車、一定の物資（医薬品、食料品、建築用資材、金融機関の現金、家畜の飼料、新聞等）を輸送する大型貨物自動車等を除外することとしている。

2　想定される大規模災害への対応

　大規模災害発生時には、災害応急対策を的確かつ円滑に実施するため、都道府県警察が相互に連携し、広域的な交通規制を実施する必要があり得ることから、警察庁において首都直下・南海トラフ地震発生時の交通規制計画を策定している。

(1)　首都直下地震への対応

　平成25年12月に首都直下地震の被害想定が見直されたことを受け、中央防災会議幹事会が「首都直下地震における具体的な応急対策活動に関する計画」を決定したことを踏まえ、24年3月に策定した「首都直下地震（東京湾北部地震）発生時の交通規制計画原案」を見直し、28年4月に「首都直下地震発生時の交通規制計画」を作成、公表した。

(2)　南海トラフ地震への対応

　平成29年6月23日に中央防災会議幹事会が、「南海トラフ地震における具体的な応急対策活動に関する計画」について、熊本地震を踏まえた応急対策・生活支援策検討ワーキンググループ報告等を踏まえた修正を主な内容とする改定を実施したことに伴い、27年3月に策定した「南海トラフ地震発生時の交通規制計画」を29年6月に改定、公表した。

3　災害対策基本法の改正

　災害対策基本法においては、従前より、同法第76条に基づいて都道府県公安委員会が指定した緊急交通路において、車両その他の物件が緊急通行車両の通行の妨害となることにより災害応急対策の実施に著しい支障が生じるおそれがあると警察官が認めるときは、当該車両その他の物件の占有者、所有者又は管理者に対し、当該車両その他の物件を道路外の場所へ移動すること等の必要な措置を命ずることができるとされていたが、道路管理者による放置車両についての緊急時の災害応急措置については、道路法に基づく対策では非常時の対応としては制約があり、首都直下地震を始めとする大規模地震や大雪等の災害時には、被災地や被災地に向かう道路上に大量の放置車両や立ち往生車両が発生し、消防、救助活動等の災害応急対策に支障が生じるおそれがあった。

　実際、平成25年12月に中央防災会議首都直下地震対策ワーキンググループから報告された「首都直下地震の被害想定策と対策について」の策定過程において、災害発生時に首都高速道路上における放置車両による交通障害が懸念されたほか、26年2月の山梨県及び長野県を中心とした豪雪の際には、立ち往生車両によって除雪に支障が生じるという事態が発生した。

　このため、内閣府及び関係省庁から成る「放置車両対策検討会議」及び「放置車両対策検討会議幹事会」が設置され、雪害及び首都直下地震等の災害時の放置車両対策について検討した結果、道路管理者が自ら放置車両を移動（破損も含む。）させることができるよう、災害対策基本法の改正を行う方針が、26年7月29日防災対策実行会議（中央防災会議の専門調査会）へ報告され、11月には、災害時における緊急通行車両の通行を確保するため、道路管理者が自ら緊急通行車両の通行の妨害となる車両を移動すること等について、災害対策基本法の改正が行われている。

　また、28年5月には、道路管理者に加え、港湾法及び漁港漁場整備法に規定する道路の管理者である港湾管理者及び漁港管理者にも同様の権限を付与する改正も行われている。

4　災害に備えた交通安全施設等の整備

　交通安全施設等整備事業は「社会資本整備重点計画」に即して整備を推進しており、現行の「社会資本整備重点計画」（平成27年9月18日閣議決定）においては、重点目標のひとつとして「災害特性や地域の脆弱性に応じて災害等のリスクを低減する」ことが掲げられ、警察では、災害発生時において安全で円滑な交通を確保するための対策を重点施策とし、信号機電源付加装置の整備等について指標として掲げている。

　また、「国土強靱化基本計画」（平成26年6月3日閣議決定）において、安全・安心な国土・地域・経済社会の構築に向けた「国土強靱化」（ナショナル・レジリエンス）を推進することとされており、「国土強靱化基本計画」における「活動の拠点施設・経路等の耐災害性を強化する」などの個別施策にも則して、災害に備えた交通安全施設の整備を推進している。

高速道路における安全対策等

① 高速道路の整備

1 高速道路の供用状況

　我が国の高速道路は、昭和37年12月に首都高速道路１号線の中央区宝町〜港区海岸4.5km、38年７月に名神高速道路の尼崎〜栗東間71.1kmが供用されて以来、逐次整備が進められてきた。

　その結果、平成28年12月末現在の供用距離は、高速自動車国道が52路線8,798.7km、指定自動車専用道路が147路線3,406.0km、合わせて199路線12,204.7kmに達し、47都道府県に高速道路ネットワークが形成されている。

　※「高速道路」とは、高速自動車国道法第４条第１項に規定する高速自動車国道及び道路交通法第110条第１項の規定により国家公安委員会が指定する自動車専用道路をいう。

2　全体計画

　昭和41年 7 月 1 日「国土開発幹線自動車道建設法」が制定され、これに伴い国土開発幹線自動車道7,599kmが設定された。
62年 6 月30日の閣議決定においては、21世紀に向けた多極分散型の国土を形成するため、高規格幹線道路網14,000kmの形成が必要とされた。この高規格幹線道路網14,000kmのうち、国土開発幹線自動車建設法の趣旨に従い、従前の国土開発幹線自動車道を延伸する路線及び国土開発幹線自動車道に準ずる縦貫若しくは横断する路線3,920kmを新たに追加する国土開発幹線自動車建設法の一部改正が62年 9 月 1 日に公布・施行され、国土開発幹線自動車道は11,520kmとなった。

3　新直轄方式

　道路関係四公団の民営化に伴い、道路関係四公団民営化推進委員会意見書及び政府・与党の申合せにおいて、国と地方の負担による高速自動車国道整備について提案されたことを受け、平成15年の高速自動車国道法の一部改正により、新直轄方式に関する規定が整備された。
　新直轄方式とは、高速道路株式会社による高速道路整備の補完措置として、料金収入により管理費を賄えない路線など、高速道路株式会社による整備・管理が難しいと見込まれる路線・区間について、国と地方（国：地方＝ 3 ：1 ）が直轄事業として高速道路の整備を行うものであり、この方式以降、36区間865kmが新直轄方式に切り替わった。

4　指定自動車専用道路の推移

　指定自動車専用道路は、昭和47年の道路交通法の一部改正により国家公安委員会の都道府県公安委員会に対する指示権の対象とされたものである。改正以前は、国家公安委員会の指示権が及ぶ道路は、高速自動車国道に限られていた。
　しかし、道路整備の進展、交通事情の変化により、
○　高速自動車国道と直接接続し、高速自動車国道と一体となった交通が行われている自動車専用道路

○ 都府県にまたがり、事実上高速自動車国道と同様の性格、機能を有する
　自動車専用道路

が出現したため、こうした道路についても高速自動車国道と同様に国家公安
委員会の指示権の対象とすることとしたものである。

　47年8月の道路交通法施行令の一部改正により、一般国道1、2、14、25
号の一部の区間及び首都高速道路、阪神高速道路が指定自動車専用道路と
なった。

　その後、道路交通法施行令の一部改正により平成11年11月1日から指定自
動車専用道路は、次のいずれにも該当する自動車専用道路を指定することと
された。

○ 高速自動車国道又は指定自動車専用道路に接続しているものであること。
○ 本線車道が往復の方向別に相当の方法で明確に分離されているものであ
　ること。

　28年12月末現在、上記の要件に該当する147路線が指定されている。

② 高速道路交通警察隊の組織

1 高速道路交通警察隊の運営規則等

(1) 制定

　昭和46年4月、警察法施行令、同規則が一部改正されるとともに高速自動
車国道における交通警察の運営に関する規則（国家公安委員会規則第3号）
が、また同年5月、高速自動車国道における交通警察の運営に関する細則
（警察庁訓令第13号）が制定された。

　これにより、高速自動車国道を管轄する都道府県警察にあっては、警察本
部交通部に「高速道路交通警察隊」を設置することとした。さらに、管区警
察局に「高速道路管理室」を設置し、管轄区域内の府県警察の高速道路交通
警察隊に対する連絡、調整及び指示に当たらせることとした。

(2) 名称の変更

　47年9月、指定自動車専用道路を含める意味で高速自動車国道を「高速自
動車国道等」に、57年4月、「高速自動車国道等」を「高速道路」にそれぞ

れ変更し、現在、上記規則は高速道路における交通警察の運営に関する規則となっている。

　また、高速道路における活動経費等が国庫支弁となるほか、高速道路の広域共通通信系が設定されるなど、組織、体制の抜本的な強化が図られた。

2　警察庁交通局交通企画課高速道路管理室の沿革

　警察庁における高速道路交通警察隊に関する事務は、当初、交通局交通指導課において処理し、交通規制等については、交通規制課等それぞれの所管課において処理していた。しかし、昭和50年代に入り高速道路の供用距離が2,000kmを超え、交通事故や交通渋滞、交通公害等が増加し、特に異常気象時の交通規制、暴走族事案等数府県、数管区警察局にまたがる広域的な事案、あるいは中央省庁レベルでの協議、調整を要する事案が急増し、警察庁において全国レベルでこれらを総括、指揮する必要性が高まった。

　こうしたことから、52年4月、従来、交通指導課及び交通規制課が所管していた事務のうち、高速道路に係る事務を一元的につかさどる高速道路管理官が交通局に設置された。

　しかし、その後も高速道路は延伸し、ネットワーク化も進んだことから、高速道路交通が道路交通全体に占める割合は拡大の一途をたどり、また、高速道路の有する独自の機能及び特性から、高速道路交通行政は、一般の交通警察とは異なる独自の行政分野を形成するに至った。こうしたことから、高速道路交通行政組織についても企画面を含めた総合政策を担当する組織として整備する必要性が高まった。

　このため、57年4月、高速道路管理官を廃止し、交通局に高速道路課を設置した。その後、駐車問題、交通公害、高速道路に関する事務を集中させた組織として都市交通対策課が設立され、同課の中に高速道路管理室が設置された。さらに平成13年1月の組織改編により、都市交通対策課が廃止され、交通企画課に高速道路管理室が移り、現在に至っている。

3　管区警察局高速道路管理室の沿革

　名神高速道路の一部供用により、昭和38年7月に近畿管区の大阪、兵庫、京都、滋賀の4府県警察の協定によって設置された「名神高速道路機動警ら

隊連絡室」が、管理室設置のスタートとなっている。

　管区警察局高速道路管理室は、原則として高速道路の路線ごとに置くこととされ、現在全管区警察局に高速道路管理官を長とする11高速道路管理室が設置されている。

　その任務として、広域的観点から斉一のとれた交通管理を行うため、担当区域内の交通事故防止対策、交通指導取締り、交通事故事件の捜査、交通規制等に関する指示、連絡、調整のほか、警察無線の統制、非常電話の受理等を行っている。

管区高速道路管理室の沿革

管理室名	管　理　室　の　沿　革
仙台管理室	昭和49年10月15日管理室設置 　　54年4月1日盛岡分室設置 　平成9年4月1日分室を統廃合
川崎管理室	昭和44年5月21日東名高速道路交通機動隊連絡室設置 　　46年5月1日川崎管理室となる。
八王子管理室	昭和43年3月17日中央高速道路交通機動隊連絡室設置 　　46年5月1日八王子管理室となる。
岩槻管理室	「岩槻第一管理室」 昭和47年11月2日岩槻管理室として設置 平成9年4月1日岩槻第一管理室に改称 　　21年4月1日岩槻第二管理室と統合して岩槻管理室に改称 「岩槻第二管理室」 昭和59年4月11日柏管理室として設置 平成4年3月31日柏管理室廃止（岩槻管理室に統合） 　　4年4月1日千葉管理室設置 　　9年4月1日千葉管理室を移転、岩槻第二管理室に改称 　　21年4月1日岩槻第一管理室と統合して岩槻管理室に改称
新潟管理室	昭和55年7月10日高崎管理室設置 　　59年9月1日新潟分室設置 平成4年3月31日管理室、分室を廃止 　　4年4月1日新潟管理室設置
一宮管理室	昭和39年12月1日名神高速道路交通機動警ら隊連絡室設置 　　46年5月1日一宮管理室となる。
金沢管理室	昭和49年10月15日金沢管理室設置

吹田管理室	昭和38年 7 月15日名神高速道路交通機動警ら隊連絡室設置 46年 5 月 1 日吹田管理室となる。
広島管理室 （早島分室）	昭和54年 4 月 4 日三次管理室として設置 58年 3 月15日広島管理室に改称 63年 4 月 1 日早島分室設置
高松管理室	昭和62年10月 1 日川之江管理室として設置 平成 4 年 1 月16日高松管理室に移転・改称
福岡管理室	昭和48年 8 月 6 日福岡管理室設置 56年10月 1 日えびの分室設置 平成 7 年 7 月 1 日分室廃止

4　高速道路交通警察隊の沿革

　昭和37年に首都高速道路が供用開始されることに伴い、警視庁第一交通機動隊に高速道路分駐所が設置されたのが初めてである。以後、高速道路を管轄する都道府県に高速道路交通警察隊が設けられ、現在、47都道府県に設置（沖縄県は交通機動隊内に設置）されている。その活動は、高速道路における交通事故防止対策、交通安全施設の整備、交通指導取締り、交通事故の捜査、交通規制等の交通警察業務のほか、緊急配備、犯罪捜査の初動活動等多岐にわたっており、これに対応するために多角的、総合的な運営を行っている。

高速道路交通警察隊の沿革

年　月　日	都道府県名	高　速　隊　の　沿　革
昭和37.12.15	警視庁	交通機動警ら隊高速道路分駐所設置 昭和46.9.17高速隊として独立
38.3.26	滋　賀	名神高速道路交通機動警ら隊設置、昭和38.7.16栗東に本隊設置、昭和46.6.1 高速隊として独立
38.7.1	京　都	交通部交通第一課名神警ら隊設置 昭和48.4.1高速隊として独立
38.7.15	兵　庫	名神高速道路交通機動警ら隊設置 昭和49.4.1高速隊として独立
38.7.15	大　阪	交通機動警ら隊名神警ら隊設置 昭和46.6.1高速隊として独立

昭和39.3.23	岐　阜	名神高速道路交通機動警ら隊設置 昭和46.12.1高速隊として独立
39.9.6	愛　知	名神高速道路交通機動巡ら隊設置 昭和46.6.1高速隊として独立
43.4.1	静　岡	警備部特別機動警ら隊東名分遣隊設置 昭和46.5.1高速隊として独立
43.4.25	神奈川	交通機動隊第二中隊三小隊設置 昭和46.6.1高速隊として独立
44.3.3	山　梨	交通機動隊中央道大月小隊設置 昭和46.12.1高速隊として独立
46.6.30	熊　本	交通部交通指導課交通巡ら隊高速隊設置 平成元.10.1高速隊として独立
46.10.20	千　葉	交通機動隊高速道路交通機動班設置 昭和47.4.1高速隊として独立
46.12.1	北海道	交通指導課高速隊設置 平成9.4.1高速隊として独立
46.12.20	埼　玉	交通機動巡ら隊高速道路交通係設置 昭和49.4.1高速隊として独立
47.10.1	石　川	高速隊設置
47.11.1	栃　木	交通機動隊高速隊設置 昭和49.4.1高速隊として独立
47.11.4	群　馬	交通指導課交通機動巡ら隊館林分駐隊設置 昭和60.8.1高速隊として独立
48.4.1	福　岡	交通機動隊高速隊設置 昭和50.4.1高速隊として独立
48.10.1	山　口	高速隊設置
48.10.1	富　山	交通指導課高速隊設置 昭和51.3.17高速隊として独立
48.10.1	福　井	高速隊設置
48.10.1	佐　賀	交通機動隊高速隊設置 平成9.3.25高速隊として独立
48.11.1	宮　城	高速隊設置
48.11.21	福　島	交通機動隊高速隊設置 昭和50.1.10高速隊として独立

昭和48.12.1	鹿児島	交通指導課高速道路分駐隊設置 平成7.4.1高速隊として独立
49.3.20	三　重	高速隊設置
49.3.27	奈　良	交通機動隊高速隊設置 昭和54.3.7高速隊として独立
49.10.17	和歌山	交通機動隊高速隊設置 平成6.4.1高速隊として独立
49.12.19	岡　山	交通機動隊高速隊設置 昭和50.10.1高速隊として独立
50.4.1	長　野	高速隊設置
51.3.1	宮　崎	交通機動隊高速隊設置 昭和56.4.1高速隊として独立
52.4.1	岩　手	高速隊設置
53.4.1	広　島	高速隊設置
53.8.1	新　潟	高速隊設置
54.3.1	青　森	高速隊設置
55.10.1	茨　城	交通機動隊高速隊設置 昭和56.4.1高速隊として独立
57.8.20	長　崎	交通機動隊高速隊設置 平成8.4.1高速隊として独立
57.11.1	島　根	高速隊設置
58.3.11	秋　田	交通機動隊高速隊設置 昭和60.4.1高速隊として独立
59.9.1	愛　媛	高速隊設置
62.4.1	高　知	高速隊設置
62.8.1	香　川	高速隊設置
62.9.1	沖　縄	交通機動隊高速隊設置
平成元.4.1	山　形	交通機動隊高速隊設置 平成3.4.1高速隊として独立
元.4.1	大　分	交通機動隊高速隊設置 平成8.3.26高速隊として独立
元.8.1	鳥　取	高速隊設置
5.12.1	徳　島	高速隊設置

③ 職権行使

1　国家公安委員会の指示権（道路交通法第110条第2項）

　高速道路における交通の広域性、高速性、閉鎖性という特殊性に鑑み、当該道路における危険を防止し、その他交通の安全と円滑を図るため、特に必要があると認めるときは、都道府県公安委員会に対し、当該道路における道路交通法の実施に関する事項について指示することができる（昭和40年の法改正で新設）。

2　高速道路交通警察隊長の権限（道路交通法第114条の3）

　高速道路交通の特殊性から、道路交通法上警察署長の権限に属することとされている事務について、高速自動車国道、指定自動車専用道路に係るものは、公安委員会が定めるところにより、当該高速道路における交通警察に関する事務を処理する警視以上の警察官に行わせることができる（昭和46年の法改正で新設）。

3　移動警察等に関する職権行使
　　　　　　　　（警察法第66条第2項、同施行令第7条の3第2項）

　昭和33年の法改正で新設されたものであり、当初は警察官が職権行使できる区域は、境界から20kmを超えない範囲内とされていたが、46年4月に改正され、現行の50kmを超えない範囲とされた。
　《50kmを超えない範囲内に改正された理由》
①　交通障害が影響する範囲が広範に及ぶこと。
②　緊急時における隣接都道府県の応援による迅速な人員確保の必要性
③　間隙の生じない警ら活動の確保

4　境界から15kmを超えるトンネル出入口の職権行使
　　　　　　　　（警察法第60条の2、同施行令第7条の2）

　都道府県警察の職権行使については、境界から2kmの範囲内とされてい

たが、昭和61年 5 月の警察法施行令の改正により、トンネルの出入口が境界から 2 kmまでの区域以外の場所にあるものについては、当該トンネルの出入口までとすることとされた。これは、60年 6 月の中央自動車道恵那山トンネル第二期工事の開通及び同年10月の関越トンネルの開通に伴い、関係する各県公安委員会が交通の安全を確保するため設置した信号機及び可変式速度規制標識を、関係トンネル管制室において一元的に運用する必要性が認められたためである。

その後、平成 6 年 6 月の施行令改正により境界から15kmの範囲内とされた。

④ 高速道路における安全対策

既に供用されている区間について、事故実態を分析し、交通規制の見直しを行っているほか、交通安全施設の改良整備等によって交通事故抑止が図られるように道路管理者に働き掛けている。また、今後供用が予定されている高速道路には、設計速度が120km/hの高規格幹線道路がある一方で、連続トンネルや暫定型簡易分離二車線道路で、かつ、気象条件の厳しい山間部や雪氷地帯を通過する横断道路であるものも含まれていることから、交通管理上多くの問題を抱えることが予想される。このような道路については、事前に的確な情報収集と各種計画の早期把握に努め、計画の初期の段階から道路管理者を始めとする関係機関と十分に協議し、計画の変更や必要な施設の整備を働き掛けるなど、先行対策を実施している。

1　長大トンネル対策

トンネルについては、路肩が狭く運転者にとっては心理的圧迫を受ける閉鎖的空間であるため、交通事故発生時には第 2 、第 3 の事故へと被害拡大の可能性が大きい場所である。したがって、事故発生を防止することはもとより交通事故等が発生した場合には、初期的段階における対応が極めて重要であり、東名高速道路日本坂トンネル事故を教訓として、昭和56年 9 月、高速自動車国道本線上における最初の信号機が日本坂トンネルに設置運用されることとなった。

トンネル信号機の設置については、当初、設置基準がなかったが、国土交

通省と折衝を重ねた結果、63年3月、「トンネルの交通安全対策に関する了解事項」を交わすに至った。これにより、総延長5km以上の単独トンネル及び連続トンネルの新設に際しては、信号機が設置されることとなった。

トンネル信号機

2　大型貨物自動車事故防止対策

　平成8年8月に静岡県内の東名高速道路において大型トレーラー横転による死者6名の交通事故が発生するなど、大型貨物自動車やトレーラーが当事者となった重大事故が頻発し、大きな社会的反響を引き起こした。これらの事故を踏まえ、9年10月30日から、改正道路交通法に基づく大型トレーラーの第一通行帯規制及び片側三車線以上を有する一部区間における、道路標識等による大型貨物自動車等の通行帯通行規制を実施したのを始め、各種事故防止対策を推進している。

　また、車両総重量8トン以上又は最大積載量5トン以上の大型貨物自動車等については、高速道路における速度超過時の事故防止を図ることを目的として、15年9月1日から速度抑制装置（時速90kmを超えて加速できないようにする装置）の装着が義務付けられ、3年間の経過措置を経て18年9月1日からは対象の大型貨物自動車等の全てに同装置を装着することが義務となり、同装置の不正改造の排除について関係機関と連携して取り組んでいる。

3　危険物運搬車両の事故防止対策

　高速道路における危険物運搬車両の交通事故は、積載していた危険物の流出により、付近住民等に不安を引き起こすほか、積載していた危険物の特性や取扱要領の確認、流出した危険物の除去等のために、事故現場道路の復旧に多くの時間を要することとなる。また、現場臨場員の危険性も極めて高い。

　平成 9 年 8 月、静岡県内の東名高速道路において、危険物運搬中のタンクローリーによる単独横転事故が発生したのを契機として、危険物運搬車両の事故防止等について、同年12月12日、警察庁、厚生省（現厚生労働省）、通商産業省（現経済産業省）、運輸省（現国土交通省）、消防庁及び日本道路公団（現：東日本高速道路（株）、中日本高速道路（株）、西日本高速道路（株）との間で申合せが行われた。これに基づき、危険物運搬車両の運行の適正化を図るため、危険物運搬車両の事故防止等を目的とした関係省庁連絡会議を毎年開催するとともに、関係機関と連携した指導取締りを強化し、さらに、各都道府県での危険物運搬車両事故防止協議会の活動の充実、合同訓練の実施等の諸対策を講じている。

4　簡易分離区間対策

　平成 8 年12月に開催された第30回国土開発幹線自動車道建設審議会において、整備計画路線に指定された道路の約90％が暫定型簡易分離二車線道路で建設されることになった。

　簡易分離構造を有する道路においては、対向車線へのはみ出しによる死亡事故が発生していることから、簡易分離構造道路の総合的事故対策を講じていくこととし、その一環として、 9 年10月、ポストコーンの設置基準について日本道路公団と「暫定二車線道路の中央線部のポストコーン設置基準」について合意した。

　例えば、本合意においては積雪寒冷地域以外（一般地域）の線形の厳しい区間以外（一般部）に設置するラバーポールは、色は緑色、高さは65cmと定められた。

　しかし、その後もラバーポールを突破して反対車線に進出し対向車両と衝突する重大事故が後を絶たなかったことから、国土交通省では、28年12月、非分離暫定二車線区間における緊急対策として、ラバーポールに代えてワイヤロープを設置し、安

簡易分離区間のワイヤロープ設置状況

全対策の検証を行うこととし、29年4月から全国12路線の一部区間約113km
においてワイヤロープが試行設置され、交通事故の発生状況等を検証するこ
ととなった。

5　逆走事故防止対策

　高速道路において車両が定められた進行方向と逆方向に走行する逆走行為
は、高速道路の高速性、閉鎖性という特殊性から重大事故につながる危険性
が極めて高い。

　逆走事案の約4割は、75歳以上の高齢者によるものであり、今後、高齢運
転者の増加に伴い、認知症の疑いのある者による事案を含め逆走事故の一層
の増加が懸念される状況にある。

　警察では、逆走事故を防止するために、道路管理者と連携して、大型矢印
板の設置や平面交差部における進行方向別のカラー舗装など物理的・視覚的
な安全施設の整備推進、高齢者を対象とした安全教育の充実強化や広報啓発
等の対策を進めるとともに、逆走を認知した場合の関係機関との合同訓練の
定期的実施等、諸対策を講じている。

平面交差部における進行方向別のカラー舗装

6　最高速度規制の見直し

　最高速度規制の中には、実施後の道路改良や自動車性能の向上、経済情勢
の変化による交通量の変動等の道路交通環境の変化等により、実勢速度と規

制速度が大きく乖離している区間が生じるなど、その本来の目的が達成され
ていないと考えられるものがある。

　警察がこうした交通規制を漫然と放置することは、交通規制全般に対する
信頼性や国民の遵法意識を損なうことにもなりかねないため、平成22年に高
速道路における最高速度の交通規制基準を改正するとともに、26年には実勢
速度と規制速度の乖離を加味した見直し対象路線を選定の上、規制速度引上
げの可否を検討し、合理的な最高速度規制となるように見直しを行っている。

7　雪氷期における交通事故防止対策

　高速道路における重大多重事故は、その多くが異常気象、特に降雪時に多
く発生していることから、気象状況及び道路状況に応じて適時適切な臨時交
通規制を実施するとともに、利用者に対してタイムリーな交通情報の提供を
行っている。

　また、凍結や積雪等がスリップ事故等の発生の誘因となるおそれのある区
間について、チェーンベース、ロードヒーティング、気象情報の収集・提供
装置等の交通安全施設の充実と雪氷対策の強化を道路管理者に要請している
ほか、タイヤチェーン、冬用タイヤの装着指導等安全走行の確保に向けた措
置を講じている。

8　広報啓発活動及び交通安全教育

　昭和54年7月11日、東名高速道路日本坂トンネルにおいて大規模車両火災
事故等が発生したことから、「高速運転安全5則」
①　安全速度を遵守すること。
②　走行速度に対応する車間距離を保持すること。
③　割込み行為をしないこと。
④　わき見運転をしないこと。
⑤　路肩走行をしないこと。
を定め、これを基本方針として各都道府県高速道路交通警察隊において交通
事故抑止の広報啓発活動に努めている。

　また、車両故障や交通事故により停止中の車両に後続の車両が衝突すると
いった、いわゆる「二次的被害による事故」が後を絶たないことから、高速

道路に入る前の心得及び車両故障や交通事故により運転が困難になった場合の措置等について、広報啓発及び交通安全教育を推進している。

9　高速道路交通安全協議会等の活動

　名神高速道路梶原トンネル内での観光バス3台の追突事故（負傷者145人）や、東名高速道路日本坂トンネル内での車両火災事故（死者7人、焼失車両173台）といった重大事故が続発し、大きな社会問題となったことを背景に、高速道路を利用するトラック事業者、バス事業者等の関係者が結集して全国各地に高速道路交通安全協議会が設置された。同協議会は、平成28年12月末現在、47都道府県において、交通事故抑止に向けた広報啓発活動等を展開している。

　また、高速バスに対するバスジャックの発生やサービスエリア等における強盗事件に対応するため、28年12月末現在、33道府県において、高速道路防犯連絡協議会が設置され、防犯活動を展開している。

⑤　高規格の高速道路における速度規制見直し　　に関する提言

1　速度規制の在り方に関する検討経緯

　平成25年8月に国家公安委員会委員長が主催し、学識経験者等で構成される「交通事故抑止に資する取締り・速度規制等の在り方に関する懇談会」が設置され、同年12月に「交通事故抑止に資する取締り・速度規制等の在り方に関する提言」が取りまとめられ、設計速度120km/h、片側3車線以上の道路など、高規格の高速道路における速度規制の在り方に関して「最高速度100km/hを超える速度への引上げについて早急に検討を開始すべき」とされた。

　この提言を受け、27年に学識経験者等からなる「高規格の高速道路における速度規制の見直しに関する調査研究委員会」が設置され、新東名高速道路等の高規格の高速道路における最高速度100km/hを超える速度への引上げについて検討を行い、28年3月に「高規格の高速道路における速度規制の見直

しに関する提言」（以下「提言」という。）が取りまとめられた。

2　提言の概要

　本提言は、高規格の高速道路における速度規制を更に交通事故抑止に資するものとしつつ、高速道路の効用を高めることを目的として、調査研究委員会での議論の結果を取りまとめたもので、100km/hを超える規制速度への引上げの一般的な可否、更には引上げが認められる場合にはどのような道路構造等の条件が必要か、いかなる安全確保方策を講じるべきかなどについて検討した上で速度規制見直しの今後の方向性が述べられており、概要は次のとおりである。

(1)　**高規格の高速道路における速度規制の見直しの可否**

　　ア　構造適合速度[注1]120km/h、かつ、実勢速度100〜120km/hの区間の自由流[注2]時の死傷事故率は、標準的な高速道路[注3]の同事故率より約4割低いため、構造適合速度120km/h区間については、規制速度を引き上げても、適切な実勢速度が保たれれば、高速道路一般の安全レベルは維持できる。

　　イ　利用者意識調査の結果、道路構造上120km/hまでは安全に走行可能な道路における規制速度の引上げについて、約87％のドライバーが受け入れている（ただし、初心運転者の約5割が実勢速度の変化に、同約6割が車両間の速度差に不安を感じていることに留意が必要である。）。

　　　　以上により、一般に構造適合速度120km/hの路線・区間について、一定程度の規制速度の引上げは可能と考えられる。

(2)　**規制速度引上げの条件**

　　ア　構造適合速度120km/hの区間

　　イ　現状において自由流時の事故の発生が少ない区間

　　ウ　基本的に実勢速度が100km/h以上の区間

　　エ　渋滞の発生が少なく自由流状態が一定割合以上の区間

　　オ　一定の距離（20km程度）において速度規制の連続性が確保される区間

(3)　**規制速度引上げに際して講じるべき安全確保方策**

　　ア　規制速度の効果的な情報提供

　　イ　電光掲示板等による車間距離保持の注意喚起、車間距離不保持違反の取締り強化

　　ウ　追越し等に関するルールの周知、右側後方への注意喚起等

　　エ　速度超過違反者に対する取締りの強化等

　　オ　渋滞最後尾における追突事故の防止対策

⑷　今後の速度規制見直しの方向性

　　ア　試行的な導入とモニタリング

　　　上下線とも一定の安全レベル（第10次交通安全基本計画の目標を踏まえ、平均自由流時死傷事故率が標準的な高速道路より3割程度以上低いレベル）を有する路線・区間において試行的な引上げを実施する。

　　　例えば、東北自動車道（花巻南IC〜盛岡南IC）、新東名高速道路（御殿場JCT〜浜松いなさJCT）等において段階的な引上げを検討する。

　　イ　全国における速度規制見直し

　　　上記ア以外の高規格の高速道路についても、試行結果を検証の上、引上げ条件を満たす路線・区間において、事故発生状況等を踏まえ、速度規制の見直しを検討する。

　　　なお、大型貨物自動車については、貨物の積載状況によっては走行が不安定になる場合があること、積載量に応じて制動距離が長くなること、他の車両より重量が大きいため、同一速度でも運動エネルギーが大きくなり、事故発生時に被害が重大化しやすいこと、また、死亡事故抑止や二酸化炭素排出量の抑制等のために速度抑制装置の義務付けがなされていることから、慎重な検討が必要である。

3　提言を受けた規制速度引上げの試行実施

　提言で例示された区間について、静岡・岩手両県警察において検討が行われた結果、

○　新東名高速道路　新静岡IC〜森掛川IC間　上り線　約49.7km
　　　　　　　　　　　　　　　　　　　　　　下り線　約50.1km

○　東北自動車道　　花巻南IC〜盛岡南IC間　上り線　約27.3km
　　　　　　　　　　　　　　　　　　　　　　下り線　約27.4km

において試行実施を行うこととなった。

　当面は規制速度を110km/hへ引き上げることとしており、本試行結果を検証の上、他の路線・区間における規制速度の引上げや本試行区間における規制速度120km/hの導入の可否について検討する予定である。

(注1)　道路の構造等を基に、数キロメートル単位の区間ごとに算出した道路の設計速度に相当する値。

(注2)　交通量が少なく、ドライバーが自由に走行速度を決定できる交通状態。

(注3)　全国の高速道路から、分析対象路線と比較するために、標準的な高速道路として、設計速度100km/hで片側2車線又は3車線である、山陽自動車道、名神高速道路の2路線を抽出して分析を行った。

高速道路交通関係年表

昭32.8.30	高速自動車国道の路線を指定する政令公布施行
37.12.20	首都高速1号線中央区宝町～港区海岸4.5kmの供用開始
38.6.17	高速自動車国道の最高速度が100km/h、最低速度が50km/hとなる。
38.7.16	名神高速道路栗東～尼崎間71.1km供用開始
39.6.28	大阪1号線（阪神高速）（土佐堀～湊町）2.3kmの供用開始
40.7.1	名神高速道路全線開通
44.5.26	東名高速道路全線開通
45.7.1	本州四国連絡橋公団設立
48.9.6	高速自動車国道の供用延長が1,000kmに達する。
51.12.19	高速自動車国道の供用延長が2,000kmに達する。
52.4.18	警察庁交通局高速道路管理官設置
54.7.11	東名高速道路日本坂トンネル内車両炎上多重事故発生（7名死亡、焼失車両173台）
56.9.1	東名高速道路日本坂トンネル信号機の運用開始
57.3.30	高速自動車国道の供用延長が3,000kmに達する。
57.4.6	警察庁交通局高速道路課発足
57.11.11	中央自動車道全線開通
60.10.2	関越自動車道全線開通（関越トンネル開通）
62.6.30	第四次全国総合開発計画閣議決定（高規格幹線道路網が総延長14,000kmに）
62.10.8	高速自動車国道の供用延長が4,000kmに達する。
63.7.15	中国自動車道境トンネル内で10台の車両炎上事故発生（5名死亡）
63.7.20	北陸自動車道全線開通
平元.1.31	第28回国土開発幹線自動車道建設審議会開催。建設の重点が横断道へ。
元.6	死亡事故多発に伴うシートベルト着用緊急対策実施
3.2.25	雪の東名高速道路愛知県内で事故多発（合計9名死亡）

平3.12.7	高速自動車国道の供用延長5,000kmに達する。
4.3.17	北海道縦貫自動車道で関係車両186台の多重事故発生（2名死亡）
4.4.10	警察庁交通局都市交通対策課高速道路管理室が発足
5.8.26	レインボーブリッジ開通
6.3.17	徳島自動車道藍住〜脇町間の開通により全国全ての都道府県に高速自動車国道が整備される。
7.1.17	阪神・淡路大震災により、名神、中国道等が被害を受ける。
7.7.27	九州自動車道の全線開通により青森〜鹿児島・宮崎間約2,150kmが直結
8.8.26	静岡県内東名高速道路でトレーラー横転事故発生（6名死亡）
8.11.14	高速自動車国道の供用延長が6,000kmに達する。
8.12.27	第30回国土開発幹線自動車道建設審議会開催
9.8.5	静岡県内東名高速道路で危険物積載中のトレーラー横転事故により、危険物流出。約15時間の通行止め
9.10.30	大型トレーラーの第一通行帯通行規制及び片側3車線の一部区間における道路標識等による大型貨物車等の通行帯通行規制の実施
9.12.18	東京湾アクアライン供用開始
10.2.13	首都高速で渋滞停止車両に大型貨物車が追突（5名死亡）
10.4.5	本州四国連絡橋道路（神戸・鳴門ルート）全通
11.4.20	首都高速で普通貨物車が排水桝蓋を跳ね上げ、普通乗用車を直撃（1名死亡）
11.5.1	西瀬戸自動車道（しまなみ海道）全線供用開始
12.3.11	徳島自動車道・井川池田〜川之江東JCTが開通し、徳島自動車道全線が開通。四国四県が結ばれる。
12.7.28	松山自動車道・伊予〜大洲が開通し、松山自動車道全線が開通
12.10.1	高速自動車国道における軽自動車及び自動二輪車の最高速度が100km/hに引き上げられた。
13.1.6	国土開発幹線自動車道建設審議会を改め、国土開発幹線自動車道建設会議となる。
14.9.16	東北中央自動車道・山形上山〜東根、高知自動車道・伊野〜須崎東が開通し、供用延長が7,000kmに達する。
15.3.16	中央自動車道・上野原〜大月の改築が完了
15.10.19	東名高速道路で事故停止車両に普通乗用車が衝突（6名死亡）
15.12.25	第1回国土開発幹線自動車道建設会議開催
16.3.27	長崎自動車道・長崎〜長崎多良見が開通し、長崎自動車道全線が開通
16.7.27	東海北陸自動車道で正面衝突事故後車両炎上（7名死亡）
17.4.1	自動二輪車の二人乗り規制の見直し
17.8.18	警察庁、消防庁、厚生労働省及び国土交通省により、「高速道路におけるヘリコプターの離着陸に関する検討について」がまとめられ、高速道路におけるヘリコプター離着陸の要件・連絡体制等が整理される。

平17.10. 1	道路関係四公団が民営化
17.11.13	名神高速道路で関係車両7台の多重事故発生（7名死亡）
18. 2. 3	北陸自動車道で関係車両60台の多重事故発生
18. 2. 7	第2回国土開発幹線自動車道建設会議開催
18. 9.14	中央自動車道で関係車両17台の多重事故発生（5名死亡）
18.10.31	徳島自動車道吉野川SAにスマートインターチェンジが設置され、社会実験が開始される。
18.11.10	東名高速道路御殿場IC〜大井松田IC間における人身事故の負傷者搬送のため、高速道路初となるドクターヘリの本線着陸が行われる。
19. 9.17	全国初の新直轄方式による高速自動車道（日本海沿岸東北自動車道・本荘〜岩城）が開通
20. 6. 1	後部座席シートベルトの着用が義務化される。
21. 3.20	本四高速・アクアラインETC休日特別割引（上限1,000円）が実施される。
21. 3.28	高速道路（大都市圏跨ぎを除く。）ETC休日特別割引（上限1,000円）が実施される。
21. 4.29	高速道路（大都市圏跨ぎを含む。）ETC休日特別割引（上限1,000円）が実施される。
21.10. 1	高速道路における車間距離保持義務違反の罰則が引き上げられる。
22. 6.28	全国37路線で高速道路の無料化社会実験が実施される。
23. 3.12	東日本大震災の発生により、災害対策基本法に基づき、東北自動車道、常磐自動車道、磐越自動車道の一部区間等が緊急交通路に指定される。
23. 3.22	緊急交通路とされた区間が道路交通法の通行規制に切り替わる。
23. 6.19	高速道路ＥＴＣ休日特別割引（上限1,000円）が終了
23. 6.20	高速道路の無料化社会実験が一時凍結
24. 3.24	日本海沿岸東北自動車道・鶴岡JCT〜あつみ温泉IC間が開通し、供用延長が8,000kmに達する。
24. 4.14	新東名高速道路・御殿場JCT〜三ヶ日JCT161.9km（連絡路含む）が開通
24. 4.29	関越自動車道で高速バスが遮音壁に衝突（7名死亡）
24. 8. 3	関越自動車道で故障停止車両に普通乗用車が衝突炎上（5名死亡）
24.12. 2	中央自動車道笹子トンネルで天井が崩落（9名死亡）
25. 3.23	中国横断自動車道姫路鳥取線（鳥取自動車道）が全線開通
26. 3. 3	北陸自動車道小矢部川SA上りで高速バスが駐車中の車両等に衝突（2名死亡）
26. 7.14	関門自動車道、門司IC〜門司港IC間で車両多数の関係する多重事故（1名死亡）
27. 3. 1	東日本大震災の影響により開通が遅れていた常磐自動車道が全線開通
27. 3. 7	首都高速道路中央環状線が全線開通
27. 3.22	中国横断自動車道尾道松江線が全線開通

平27.7.1	日本初の都市間高速道路、名神高速道路全線開通50周年を迎える。
28.3.17	山陽自動車道八本松トンネル内で中型貨物車が渋滞車列に衝突し車両が炎上（2名死亡）
28.3.24	「高規格の高速道路における速度規制の見直しに関する提言」を公表
28.4.14	熊本地震（4月14日前震、4月16日本震）により九州自動車道で道路損壊、大分自動車道で土砂崩れが発生
28.4.22	建設中の新名神高速道路で橋桁が落下。作業員2名が死亡
28.5.4	福島第一原発事故に伴う帰還困難区域内の常磐自動車道において死傷者多数事故（2名死亡）
28.10.21	日本海沿岸東北自動車道において逆走事故（3名死亡）
29.4.1	暫定二車線区間（全国12路線の一部区間113km）において、ワイヤロープを試行設置
29.6.10	東名高速道路で普通乗用車が中央分離帯を飛び越し大型バスと衝突（1名死亡）
29.11.1	新東名高速道路、新静岡IC〜森掛川ICにおいて規制速度110km/hへの引上げを試行実施
29.12.1	東北自動車道、花巻南IC〜盛岡南ICにおいて規制速度110km/hの引上げを試行実施

運転者管理

① 運転免許

1　道路交通法以前の変遷

道路交通法が制定されるまでの間の運転免許の変遷は、次のとおりである。

時　　期	制定・改正法令等	内　　　　容
大正8年1月	自動車取締令（内務省令）（制定）	・運転免許（当時は運転手免許）制度を全国的に統一した。 ・運転免許を2種類に分け、甲種運転免許は各種自動車を運転でき、乙種運転免許は特定又は特殊自動車を運転できることとした。 ・免許の取得資格年齢は18歳以上。有効期間は5年で、更新制度はない。
昭和8年8月	自動車取締令（全面改正）	・運転免許の取消し後1年間は運転免許の取得不可とした。 ・運転免許の種類を、普通免許、特殊免許、小型免許の3種類とした。 ・仮運転免許制度（国外の行政庁が与えた運転免許を有する短期滞在者に対し、自動車を指定し、3か月以内の期間に限って与えられる免許）を新設した。 ・小型免許の取得年齢を16歳以上とした。 ・一般公衆を乗車させる自動車を運転するのには運転免許のほか、就業免許を要することとした。 ・運転手免許から運転免許に名称を変更した。
13年10月	自動車取締令（一部改正）	・運転免許の有効期間を撤廃し、5年ごとに運転免許証の検査をすることとした。 ・就業免許制度を廃止した。

22年11月	道路交通取締法 （制定） 道路交通取締令 （内務省令）（制定）	・運転免許の種類を、普通免許、特殊免許（第一種〜第三種）、小型免許（第一種〜第四種）及び仮運転免許とした。 ・普通免許及び特殊免許の取得年齢を18歳以上、小型免許の取得年齢を16歳以上とした。 ・運転免許を受けた日から5年ごとに運転免許証を提出して検査を受けさせることとした。
24年10月	道路交通取締令 （一部改正）	・運転免許の種類を次の10種類とした。 〈普通免許〉普通自動車免許 〈特殊免許〉けん引自動車免許、特殊作業用自動車免許、特殊自動車免許 〈小型免許〉小型自動四輪車免許、自動三輪車免許、側車付自動二輪車免許、軽自動二輪車免許、自動二輪車免許 〈仮免許〉仮運転免許（外国の運転免許を有する短期滞在者、普通自動車又は小型自動四輪車の運転を練習しようとする者） ・運転免許証の交付を受けたとき（2以上の運転免許を受けているときは、初めに交付を受けたとき）から2年ごとに更新することとし、併せて視力等の身体検査を導入した。 ・運転免許を取得しようとする者の身体的状態に応じた条件を付することができることとした。
27年7月	道路交通取締令 （一部改正）	・軽自動二輪車免許を軽自動車免許とした。 ・自動三輪車（運転者の横に乗車装置のあるもの）についても練習のための仮運転免許制度を導入した。 ・運転免許に関する条件として、自動車の種類の限定ができることとされた。 ・原動機付自転車（2サイクルのものは60cc以下、4サイクルのものは90cc以下）の運転許可制度を新設した（取得年齢は14歳以上、有効期間は3年）。
	道路交通取締法施	・けん引免許で自動三輪車を運転することができることとした。

時　　期	制定・改正法令等	内　　　　　容
28年8月	行令（政令）（制定）	・運転免許、運転許可とも有効期間を3年とした。 ・運転免許の拒否、保留制度を新設した。
29年9月	道路交通取締法施行令（一部改正）	・原動機付自転車の運転許可の種類を第一種（排気量50cc以下）及び第二種（排気量125cc以下）の2種類とした。
31年7月	道路交通取締法施行令（一部改正）	・運転免許を第一種免許、第二種免許に区分し、旅客営業用自動車の運転には第二種免許を必要とすることとした。 ・第二種免許は原則として21歳未満の者は取得できないこととしたほか、運転免許の種類として大型免許を新設した。

2　道路交通法時代の変遷

　道路交通法が制定されてからの運転免許の変遷は、次のとおりである。

時　　期	制定・改正法令等	内　　　　　容
昭和35年6月	道路交通法（制定）	・運転免許の種類及び運転することができる自動車の種類を整理統合し、運転免許の区分を第一種免許、第二種免許及び仮免許の3区分とした上で、第一種免許を8種類に、第二種免許を4種類に分類した。 ・特殊作業用自動車免許、特殊自動車免許及び牽引免許を一本化し、特殊免許とした。 ・小型四輪免許を廃止した。 ・外国免許を有する短期滞在者に対する仮免許制度を廃止し、仮免許は練習のための仮免許のみに限定した。 ・原動機付自転車の運転許可制度を廃止し、原動機付自転車の運転にも運転免許を必要とすることとした。
37年6月	道路交通法（一部改正）	・大型免許を受けている者であっても、年齢が21歳以上で、自動車（自動二輪車を除く。）の運転経験が通算して2年以上の者でなければ、特定の大型自動車は運転できないこととした。

39年6月	道路交通法（一部改正）	・道路交通に関する条約（39年条約第17号）への加入に伴い、関係規定を整備した（国際運転免許証を所持する者の自動車等の運転、国外運転免許証の交付）。 ・運転免許の種類として小型特殊自動車免許を新設した。
40年6月	道路交通法（一部改正）	・三輪免許、軽免許、第二種原付免許を廃止し、運転免許の種類として軽の仮免許を新設した。 ・大型特殊免許から牽引免許及び牽引第二種免許を分離し、牽引免許制度を新設した。 ・43年9月1日以後、運転免許の種類のうち、軽自動車免許を廃止し、自動車の種類としての四輪及び三輪の軽自動車を普通自動車とするなど運転免許の種類及び当該運転免許によって運転することができる自動車等の種類に関する規定を整備した。
42年8月	道路交通法（一部改正）	・政令大型自動車の運転資格を年齢21歳以上、運転経験年数3年以上とした。
47年6月	道路交通法（一部改正）	・運転免許証の有効期間の末日は、その者が適性検査を受けた日（運転免許証の更新を受けた者については、旧運転免許証の有効期間が経過した日）の後のその者の3回目の誕生日とした。 ・運転免許証の様式を改正し、作成方法を全面的に改めた（カラー写真により撮影し、完成した運転免許証カードをラミネートケースに挿入して、これをラミネータにかけて溶着する方法とした。）。
53年5月	道路交通法（一部改正）	・仮免許証の有効期間を3か月から6か月に延長した。
57年1月	警察庁次長通達	・運転免許証の即日交付制度の推進、日曜窓口の開設等更新手続の簡素合理化を推進した。
平成元年4月	——	・運転免許証作成時間の短縮、経費削減等の必要性等から、ラミネータを要しない新型運転免許証作成機を導入した。

12月	道路交通法（一部改正)	・初心運転者期間制度を設け、普通免許、二輪免許又は原付免許取得後、当該運転免許を受けていた期間が通算して1年になる日までの期間を初心運転者期間とし、当該期間内に道路交通法等に違反する行為をし、一定の基準に該当する者に対しては、初心運転者講習の受講の機会を与えることとした。また、初心運転者講習を受講しなかった者等に対しては、再試験を行い、不合格となった者の運転免許を取り消すこととした。 ・取消処分者講習制度を設け、取消処分等を受けた者が運転免許試験を受けようとする場合、当該講習を終了していることを受験資格とした。 ・指定講習機関制度を設けた。 ・運転免許証の有効期間の末日が日曜日その他政令で定める日に当たるときは、その翌日を当該有効期間の末日とみなすこととした。
4年5月	道路交通法（一部改正)	・いわゆる「うっかり失効」と「やむをえず失効」を統合し、運転免許試験の一部免除を受けられる者の範囲を拡大した。 ・仮免許に係る運転免許の住所地主義を一部緩和した。
5年5月	道路交通法（一部改正)	・一定の要件に該当する優良運転者については運転免許証の有効期間を5年に延長するいわゆるメリット制を導入した。同時に、11年5月までに、運転免許証をいわゆるクレジットカードサイズに小型化することとした。 ・外国の運転免許を有する者に係る運転免許試験の一部免除の際の確認制度を導入した。 ・運転免許関係事務の委託について、可能な範囲、手続等を明確化した。
7年4月	道路交通法（一部改正)	・二輪免許を廃止し、運転免許の種類として大型二輪免許及び普通二輪免許を新設し、大型二輪免許の取得年齢を18歳以上、普通二輪免許の取得年齢を16歳以上とした。

13年6月	道路交通法（一部改正）	・一般運転者の運転免許証の有効期間を5年に延長した。 ・運転免許証の更新期間を延長し、有効期間が満了する日の直前の誕生日の1か月前から誕生日の1か月後までとした。 ・一定の要件を満たす優良運転者は、運転免許証の有効期間が満了する日の直前の誕生日までの間に運転免許証の更新を申請する場合には、住所地を管轄する都道府県公安委員会以外の都道府県公安委員会を経由して更新の申請ができることとした。 ・一定の障害者等に対して運転免許が取得できないとしていた欠格事由を廃止し、障害者等については、自動車等の安全な運転への支障の有無を個別に判断することとした。
16年6月	道路交通法（一部改正）	・自動車の種類として、中型自動車を新設するとともに、運転免許の種類として、中型免許、中型第二種免許及び中型仮免許を新設した。 ・運転免許試験の受験資格について、大型免許は21歳以上で普通免許等を受けていた期間が3年以上、中型免許は20歳以上で普通免許等を受けていた期間が2年以上、中型第二種免許は21歳以上で普通免許等を受けていた期間が3年以上とした。
19年6月	道路交通法（一部改正）	・普通自動車対応免許を受けた者で政令で定める程度の聴覚障害のあることを理由に普通自動車対応免許に条件を付されているものは、普通自動車を運転する場合においては、内閣府令で定める標識を表示しなければならないこととした。
25年6月	道路交通法（一部改正）	・運転免許を受けようとする者が一定の病気等に該当するかどうかについて判断するための質問制度等を導入した。
27年6月	道路交通法（一部改正）	・自動車の種類として、準中型自動車を新設するとともに、運転免許の種類として、準中型免許及び準中型仮免許を新設した。 ・準中型免許に係る運転免許試験の受験資格について、18歳以上とした。

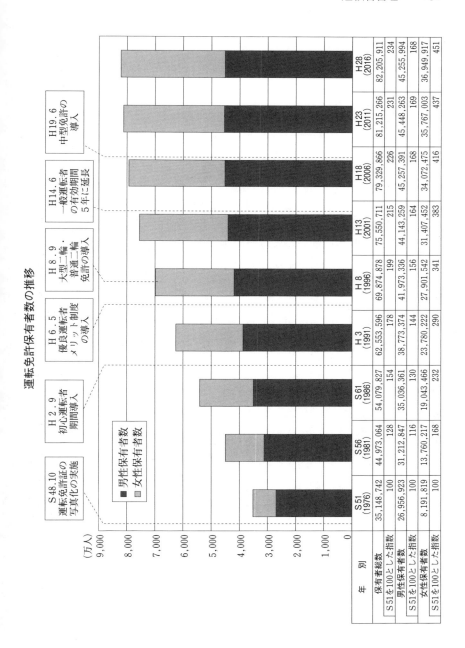

運転免許保有者数の推移

年　別	S51 (1976)	S56 (1981)	S61 (1986)	H3 (1991)	H8 (1996)	H13 (2001)	H18 (2006)	H23 (2011)	H28 (2016)
保有者総数	35,148,742	44,973,064	54,079,827	62,553,596	69,874,878	75,550,711	79,329,866	81,215,266	82,205,911
S51を100とした指数	100	128	154	178	199	215	226	231	234
男性保有者数	26,956,923	31,212,847	35,036,361	38,773,374	41,973,336	44,143,259	45,257,391	45,448,263	45,255,994
S51を100とした指数	100	116	130	144	156	164	168	169	234
女性保有者数	8,191,819	13,760,217	19,043,466	23,780,222	27,901,542	31,407,452	34,072,475	35,767,003	36,949,917
S51を100とした指数	100	168	232	290	341	383	416	437	451

男女別運転免許証保有者数と年齢層別保有者率（平成28年末）

運転免許適齢人口（109,977千人）あたりの運転免許保有率 74.7%

－男－／－女－

年齢層別人口（千人）（男）	運転免許保有率（男）	運転免許保有者数（男）	年齢別	年齢層別免許保有人口（保有者数）	運転免許保有者数（女）	運転免許保有率（女）	年齢層別人口（千人）（女）
3,671	45.9%	1,685,346人	80歳以上	10,382（千人）／2,090,046人（20.1%）	404,700人	6.0%	6,712
2,905	73.0%	2,120,430人	75歳～79歳	6,525（千人）／3,038,970人（46.6%）	918,540人	25.4%	3,620
3,451	83.9%	2,895,326人	70歳～74歳	7,407（千人）／4,642,828人（62.7%）	1,747,502人	44.2%	3,957
4,972	90.2%	4,485,855人	65歳～69歳	10,276（千人）／7,908,543人（77.0%）	3,422,688人	64.5%	5,304
4,019	92.2%	3,704,777人	60歳～64歳	8,161（千人）／6,831,945人（83.7%）	3,127,168人	75.5%	4,141
3,759	95.1%	3,575,317人	55歳～59歳	7,546（千人）／6,759,873人（89.6%）	3,184,556人	84.1%	3,786
3,968	96.2%	3,815,806人	50歳～54歳	7,903（千人）／7,289,860人（92.2%）	3,474,054人	88.3%	3,935
4,686	98.1%	4,598,010人	45歳～49歳	9,282（千人）／8,838,557人（95.2%）	4,240,547人	92.2%	4,597
4,922	96.4%	4,744,743人	40歳～44歳	9,712（千人）／9,121,094人（93.9%）	4,376,351人	91.3%	4,792
4,117	96.4%	3,969,554人	35歳～39歳	8,118（千人）／7,613,638人（93.8%）	3,644,084人	91.1%	4,002
3,686	95.6%	3,525,461人	30歳～34歳	7,257（千人）／6,722,145人（92.6%）	3,196,684人	89.5%	3,572
3,268	91.9%	3,002,897人	25歳～29歳	6,393（千人）／5,653,295人（88.4%）	2,650,398人	84.8%	3,124
3,161	81.3%	2,570,240人	20歳～24歳	6,149（千人）／4,750,004人（77.2%）	2,179,764人	72.9%	2,989
2,501	22.5%	562,232人	16歳～19歳	4,866（千人）／945,113人（19.4%）	382,881人	16.2%	2,365
53,086	85.3%	45,255,994人	男女合計	109,977（千人）／82,205,911人（74.7%）	36,949,917人	64.9%	56,896

（注1）人口については、平成29年総務省統計資料「年齢（各歳）、男女別人口及び人口性比―総人口、日本人口（平成28年10月1日現在）による。
（注2）人口の千単位は四捨五入しているので、合計の数字と内訳が一致しない場合がある。

② 運転免許試験

1 道路交通法以前の変遷

道路交通法が制定されるまでの間の運転免許試験の変遷は、次のとおりである。

時　　期	制定・改正法令等	内　　　　容
大正8年1月	自動車取締令（制定）	・運転免許制度の全国的統一に伴い、運転免許試験制度も統一を図った。 ・運転免許試験は、自動車の構造及び運転技能について行うこととした。
昭和8年8月	自動車取締令（全面改正）	・運転免許試験は、 　(1)　自動車の構造及び取扱方法の要旨 　(2)　自動車の交通に関する取締法令 　(3)　運転技能 について行うこととし、新設の就業免許については、就業地の地理その他必要な事項に関して行うこととした。
13年10月	自動車取締令（一部改正）	・運転免許試験を簡素化するため、自動車の構造に関する試験を廃止した。
22年3月	自動車取締令（一部改正）	・小型免許に運転免許試験が導入され、通達により、普通自動車に準じ、運転技能及び法規についての試験を行うこととした。
11月	道路交通取締法（制定）	・道路交通取締法の省令である道路交通取締令に規定される運転免許試験について、第二種特殊免許及び小型免許の法令、構造の試験については、口述によることができることとした。
24年10月	道路交通取締令（一部改正）	・試験科目の中から構造試験を削除した。 ・各種運転免許を受ける場合には、その都度、運転免許試験の全部を受けることとした。 ・試験官が同乗することができる種類の自動車の技能試験として、試験場における試験のほか、路上試験を行うこととした。

27年7月	道路交通取締令 （一部改正）	・試験科目に構造試験を復活させた。 ・従来、各種運転免許を受ける場合にはその都度、運転免許試験の全部を受けていたが、都道府県公安委員会が自動車の運転に関し支障がないと認めた者については、運転免許試験の全部又は一部の免除ができるようにした。

2　道路交通法時代の変遷

　道路交通法が制定されてからの運転免許試験の変遷は、次のとおりである。

時　期	制定・改正法令等	内　　容
昭和35年6月	道路交通法（制定）	・運転免許試験は運転免許の種類ごとに次の各号（軽免許、第二種原付免許及び仮免許の運転免許試験にあっては第1号から第3号まで、第一種原付免許の運転免許試験にあっては第1号及び第3号）に掲げる事項について行うこととした。 　(1)　自動車等の運転について必要な適性 　(2)　自動車等の運転について必要な技能 　(3)　自動車等及び道路の交通に関する法令についての知識 　(4)　自動車の構造及び取扱方法
39年6月	道路交通法（一部改正）	・小型特殊自動車免許を新設し、適性及び法令に関する試験を行うこととした。
40年6月	道路交通法（一部改正）	・けん引免許制度を新設し、適性、技能、法令に関する試験を行うこととした。
46年6月	道路交通法（一部改正）	・従来、適性、法令、構造及び技能に分けて行われていた運転免許試験のうち、法令及び構造の試験を一本化して「自動車等の運転について必要な知識」に改め、国家公安委員会作成の「交通の方法に関する教則」の範囲内で行うこととした。
		・二輪免許の試験車を、大排気量（300cc以上400cc以下）と小排気量（100cc以上125cc以下）の2車種とした。

47年3月	道路交通法施行規則（一部改正）	・法令及び構造の試験を一本化し、学科試験とした。 ・試験の順序を適性試験及び学科試験、技能試験の順とした。
6月	道路交通法（一部改正）	・普通免許の技能試験は道路上で行うこととし、これに伴い仮免許等の関連規定を整備した。
50年9月	道路交通法施行規則（一部改正）	・二輪免許の試験車を、大排気量（0.700リットル以上）、中排気量（0.300リットル以上0.400リットル以下）、小排気量（0.100リットル以上0.125リットル以下）の3車種とした。
59年9月	道路交通法施行規則（一部改正）	・原動機付自転車とされていたもののうち、二輪以外のもので0.020リットル以下の大きさの総排気量又は0.25キロワット以下の大きさの定格出力の原動機を用いるもの以外（内閣総理大臣が指定するものを除く。）（いわゆるミニカー）を普通自動車と位置付け、ミニカーによる普通免許試験を施行後6か月間に限り実施した。
平成元年12月	道路交通法（一部改正）	・初心運転者期間制度が導入され、1年間の初心運転者期間中に基準に達した者のうち、初心運転者講習を受講しなかった者及び同講習の受講後に基準に達した者に対し、自動車等を安全に運転するために必要な能力（技能及び知識）を有しているかどうかを確認するため、再試験を行うこととした。
3年6月	道路交通法施行規則（一部改正）	・普通免許、普通第二種免許及び普通仮免許の試験車両に、オートマチック車を使用できることとした。
6年1月	道路交通法施行規則（一部改正）	・普通免許試験について、技能試験の走行距離を4,000mから4,500mとし、課題に自主経路設定を追加した。
8年9月	道路交通法施行規則（一部改正）	・二輪免許試験を大型二輪免許試験と普通二輪免許に区分し、小型限定普通二輪免許試験の課題に、坂道における一時停止及び発進を追加した。

10年5月	道路交通法施行規則（一部改正）	・普通仮免許の技能試験の課題のうち方向変換又は縦列駐車を普通免許の技能試験の課題へ移行した。
13年6月	道路交通法（一部改正）	・大型第二種免許及び普通第二種免許の技能試験は道路上で行うこととした。
14年4月	道路交通法施行規則（一部改正）	・大型第二種免許及び普通第二種免許について、技能試験の走行距離を6,000mとし、課題に人の乗降のための停車及び発進を追加した。また、普通第二種免許の課題に転回を追加した。 ・牽引免許の試験車両にキャンピングトレーラ等を使用できることとした。
16年6月	道路交通法（一部改正）	・大型免許、中型免許及び中型第二種免許の技能試験は道路上で行うこととした。
18年2月	道路交通法施行規則（一部改正）	・大型免許及び中型免許について、技能試験の走行距離を5,000mとし、試験課題を道路における走行、交差点の通行等とした。
20年5月	道路交通法施行規則（一部改正）	・10mの距離で90デシベルの警音器の音が聞こえない程度の聴覚障害者であっても、普通車の乗用車に限定し、かつ、特定後写鏡を車室内において使用すべきこととする条件を付すことにより普通自動車の安全な運転に支障を及ぼすおそれがないことが認められれば、適性試験の聴力に合格できることとした。
21年5月	道路交通法施行規則（一部改正）	・小型限定普通二輪免許の試験車を、総排気量0.090リットル以上0.125リットル以下のものとした。
21年6月	道路交通法施行規則（一部改正）	・普通自動車とされていたもののうち、3個の車輪を備え、車輪が車両中心線に対して左右対称の位置に配置され、同一線上の車軸における車輪の接地部中心点を通る直線の距離が460mm未満であり、車輪及び車体の一部又は全部を傾斜して旋回する構造を有するものは、大型自動二輪車又は普通自動二輪車と位置付け、施行後1年間に限り、車両持込みによる大

		型二輪免許試験又は普通二輪免許試験を実施した。
23年9月	道路交通法施行規則（一部改正）	・大型二輪免許、普通二輪免許、小型特殊免許及び原付免許について、適性試験における聴力を廃止した。 ・普通免許の技能試験の課題である自主経路設定を廃止した。
28年7月	道路交通法施行規則（一部改正）	・学科試験について、電子計算機その他の機器を使用して行うことができることとした。

〈運転免許試験の受験者数、合格者数の年別推移〉

区分 年別	受験者数（人）	合格者数（人）	合格率（％）
平成23年	2,900,631 (1,603,305)	2,083,889 (1,224,533)	71.8 (76.4)
24	2,913,803 (1,681,131)	2,100,427 (1,285,107)	72.1 (76.4)
25	2,902,867 (1,691,056)	2,115,280 (1,297,299)	72.9 (76.7)
26	2,780,483 (1,663,216)	2,064,699 (1,278,463)	74.3 (76.9)
27	2,733,489 (1,662,915)	2,053,513 (1,290,512)	75.1 (77.6)
28	2,680,631 (1,640,193)	2,025,385 (1,291,125)	75.6 (78.7)

(注) 1　都道府県からの報告数を集計したもの。
　　 2　（　）内は、仮免許を外数で計上した。

③　運転者教育

1　運転者教育の変遷

　運転者教育については、昭和35年の道路交通法の制定時においては、講習に関して、都道府県公安委員会は運転免許の効力の停止を受けた者から申出があったときは、政令で定めるところにより、その者に当該都道府県公安委員会又は当該都道府県公安委員会が委託した者が行う自動車等の運転に関し必要な事項の講習を受けさせることができると規定しているだけであった（運転免許の停止処分を受けた者に対する講習の制度は22年の自動車取締令（内務省令）の一部改正により設けられていた。）。

　その後の運転者教育の変遷は、次のとおりである。

時　期	制定・改正法令等	内　　容
昭和40年6月	道路交通法（一部改正）	・運転免許の停止処分を受けた者に対する講習について、手数料を徴収することとした。
7月	道路交通法施行令（一部改正）	・処分者講習の内容に、自動車等の安全な運転に関する必要事項を追加するとともに、運転免許の停止等の期間に応じて講習時間、講習手数料を定めた。
42年11月	警察庁交通局長通達	・更新時講習は、通達の行政指導に基づく任意講習として、おおむね2時間、全国で実施することとした。
46年6月	道路交通法（一部改正）	・道路交通法の改正等により、処分者講習の方法及び処分期間の短縮の範囲等を改めるとともに、同講習の実施を公益法人等に委託することができることとした。 ・更新時講習の受講を努力義務とするとともに、都道府県公安委員会が処分者講習、安全運転管理者講習、指定自動車教習所職員の講習及び更新時講習を行うことを定め、さらに、これらの講習についての委託規定を設けた。

47年3月	道路交通法施行規則（一部改正）	・更新時講習の内容、方法等についての基準を定めるとともに、講習を委託する者（交通安全に寄与する公益法人等）について定めた。
55年1月	警察庁交通局長通達	・更新時講習の合理的運用を図るため、特別講習制度を導入した。
57年1月	警察庁次長通達	・更新時講習の合理化を図るため、無事故無違反者に対し、簡素な講習を実施することとした。
60年7月	道路交通法（一部改正）	・一定の条件に該当する初心運転者に対し、運転に必要な技能及び知識のうち足りないもの等を補うため、初心運転者講習を実施することとした。
平成元年12月	道路交通法（一部改正）	・初心運転者期間制度を導入し、運転免許取得後1年間に違反をした一定の基準に該当する者に対して、初心運転者講習を実施することとした。 ・運転免許の拒否、取消し、6か月以上の運転禁止処分を受けた者を対象とする取消処分者講習制度を設けた。 ・指定講習機関制度を設け、都道府県公安委員会は、国家公安委員会規則で定める基準に適合している者に初心運転者講習、取消処分者講習を行わせることができることとした。
7月	警察庁次長通達	・簡素化講習対象者を、従来の過去3年間無事故・無違反である者から、運転免許取得後無事故・無違反の初回更新者と前回の更新時に簡素化講習対象者であって、過去3年間に軽微な違反行為が1回の者まで拡大した。
4年5月	道路交通法（一部改正）	・原付免許を受けようとする者に、原付講習の受講を義務付けた。
5年5月	道路交通法（一部改正）	・普通免許又は二輪免許を受けようとする者に、普通車講習又は二輪車講習及び応急救護処置講習の受講を義務付けた。 ・運転免許証の更新を受けようとする者に更新時講習の受講を義務付けた。併せて、

		更新時に係る優良運転者等講習を整備し、また、特定講習制度を特定任意講習の制度として整備した。
7年4月	道路交通法（一部改正）	・大型二輪免許又は普通二輪免許を受けようとする者に、大型二輪車講習又は普通二輪車講習及び応急救護処置講習の受講を義務付けた。
9年5月	道路交通法（一部改正）	・75歳以上の者で運転免許証の更新を受けようとする者に高齢者講習の受講を義務付けた。 ・軽微な違反をし、一定の基準に該当した者に、違反者講習の受講を義務付けた。
10年3月	道路交通法施行規則（一部改正）	・取消処分者講習について、運転シミュレーターの導入等、講習内容の充実を図った。 ・停止処分者講習について、自動車の運転や運転シミュレーターの操作等をさせることにより運転適性に関する調査を行い、それに基づく指導を行うこととするなど、講習内容の充実を図った。
11年5月	道路交通法（一部改正）	・運転免許取得者教育の認定制度を設け、自動車教習所等が独自に行っている運転免許取得者に対する交通安全教育のうち、一定の基準に適合するものについて、都道府県公安委員会による認定を受けることができることとした。
13年6月	道路交通法（一部改正）	・更新時講習について、優良運転者、一般運転者及び違反運転者等の区分に応じた講習を行うこととした。 ・高齢者講習の受講対象年齢を75歳以上から70歳以上に拡大した。 ・大型第二種免許又は普通第二種免許を受けようとする者に、大型旅客車講習又は普通旅客車講習及び応急救護処置講習の受講を義務付けた。
14年2月	道路交通法施行令（一部改正）	・更新時講習又は高齢者講習と同等の効果があるとの認定を受けた運転免許取得者教育を受講した場合、更新時講習又は高齢者講習を免除することとした。

16年6月	道路交通法（一部改正）	・大型免許、中型免許又は中型第二種免許を受けようとする者に、大型車講習、中型車講習又は中型旅客車講習及び応急救護処置講習の受講を義務付けた。
19年6月	道路交通法（一部改正）	・75歳以上の者で運転免許証の更新を受けようとする者に、認知機能検査の受検を義務付けた。
27年6月	道路交通法（一部改正）	・認知機能が低下した場合に行われやすい一定の違反行為をした75歳以上の運転者に、臨時認知機能検査の受検を義務付けた。また、当該検査の結果が一定の基準に該当した者に、臨時高齢者講習の受講を義務付けた。
28年7月	道路交通法施行規則（一部改正）	・70歳以上75歳未満の運転者及び75歳以上の運転者のうち認知機能検査で認知機能が低下しているおそれがないと判断された者に対する高齢者講習を2時間とし、認知機能検査で認知機能が低下しているおそれがあると判断された者等に対する高齢者講習を3時間とした。

2　運転者教育の現状

(1)　更新時講習

　運転免許証の更新を受けようとする者は、更新時講習を受講しなければならないこととされている。更新時講習は、対象者を優良運転者、一般運転者、違反運転者及び初回更新者に区分し、その態様に応じて高齢者学級等の特別学級を編成して実施している。また、一定の基準に適合する講習等（特定任意講習及び認定教育）を受講した者は、更新時講習の受講が免除されることとされた。

　　ア　優良運転者講習

　　道路交通法令の改正等に関する知識の提供を中心とした講習を30分間実施している。

　　平成28年には、899万6,976人がこの講習を受講した。

　　イ　一般運転者講習

　　道路交通法令の改正等に関する知識を提供するほか、運転適性についての検査と指導を含めた講習を1時間実施している。

　　28年には、293万4,749人がこの講習を受講した。

　ウ　違反運転者講習

　　運転に必要な知識に関する講義を行うほか、運転適性及び技能についての検査と指導を含めた講習を2時間実施している。

　　28年には、292万6,360人がこの講習を受講した。

　エ　初回更新者講習

　　運転に関する基礎的な知識を習熟させるため演習を行うほか、運転適性及び技能についての検査と指導を含めた講習を2時間実施している。

　　28年には、108万5,004人がこの講習を受講した。

(2)　停止処分者講習

　　停止処分者講習は、運転免許の効力の停止又は保留等の処分を受けた者を対象に、その者の申出に基づいて行っている。運転免許の効力の停止等の期間に応じて、講習を短期（6時間）、中期（10時間）、長期（12時間）に分けて実施するとともに、受講者の態様に応じた特別学級を設けるなど、その効果的な実施に努めている。この講習を受講した者は、運転免許の効力の停止等の期間の短縮を受けることができるとされている。

　　28年には、24万5,561人がこの講習を受講した。

(3)　初心運転者講習

　　運転に必要な技能及び知識が定着していない初心運転者に対し、その足りない部分や誤って身に付いている部分を矯正するため初心運転者講習を行っている。この講習は昭和61年から実施していたが、平成2年9月の改正に伴い、車種別に少人数のグループで、ディスカッション、路上運転練習、危険認知回避訓練等を取り入れた。準中型免許、普通免許、大型二輪免許又は普通二輪免許に係るものについては7時間、原付免許に係るものについては4時間実施している。

　　28年には、3万2,528人がこの講習を受講した。

(4)　取消処分者講習

　　取消処分者講習は、運転免許の取消し等の処分を受けた者を対象に、その者に自らの運転適性を自覚させ、それに応じた運転の方法を指導することに

より、その運転態度の改善を図ろうとするものである。運転免許の取消し等の処分を受けた者が新たに運転免許試験を受けようとする場合には、この講習を終了していることが受験資格となっている。この講習においては、運転適性に関する調査を実施し、これに基づく個別的かつ具体的な指導を行っている。また、平成25年4月からは、取消処分者講習の対象者のうち飲酒運転により取消処分を受けた者等を対象として、「飲酒取消講習」を実施しており、自らのアルコール依存の程度を自覚させた上で、飲酒行動の改善を促すよう指導している。

28年には、2万8,174人が取消処分者講習を受講し、そのうち1万3,224人が飲酒取消講習を受講した。

(5) 取得時講習

原付免許を受けようとする者は、原付講習を受講しなければならないこととされている。また、大型免許、中型免許、準中型免許、普通免許、大型二輪免許、普通二輪免許、大型第二種免許、中型第二種免許又は普通第二種免許を受けようとする者は、それぞれ大型車講習、中型車講習、準中型車講習、普通車講習、大型二輪車講習、普通二輪車講習、大型旅客車講習、中型旅客車講習又は普通旅客車講習のほか、応急救護処置講習を受講しなければならないこととされている。

原付講習は、原動機付自転車の操作方法、走行方法、安全運転に必要な知識等について、大型車講習、中型車講習、準中型車講習、普通車講習、大型二輪車講習、普通二輪車講習、大型旅客車講習、中型旅客車講習又は普通旅客車講習は、それぞれの自動車の運転に係る危険の予測等安全な運転に必要な技能及び知識等について、応急救護処置講習は、心臓マッサージ（胸骨圧迫）、気道確保、人工呼吸等の応急救護処置に必要な知識について行われる。

28年には、11万321人が原付講習を、633人が大型車講習を、958人が中型車講習を、9,172人が普通車講習を、303人が大型二輪車講習を、1,379人が普通二輪車講習を、493人が大型旅客車講習を、20人が中型旅客車講習を、840人が普通旅客車講習を、9,239人が第一種免許に係る応急救護処置講習を、1,331人が第二種免許に係る応急救護処置講習を受講した。

(6) 高齢者講習

運転免許証の更新期間が満了する日における年齢が70歳以上の者は、運転

免許証を更新する際、高齢者講習を受講しなければならないとされている。この講習は、実車指導や運転適性検査器材による指導等を通じ、受講者に自らの身体機能の変化を自覚させるとともに、その結果に基づき、安全な運転の方法について助言、指導を行うことを内容としている。

　平成10年の制度開始当時は、更新期間が満了する日における年齢が75歳以上の者を対象としていたが、70歳から74歳までの年齢層の者による死亡事故の増加が著しいことから、13年の道路交通法の一部改正により、対象者が70歳以上に拡大された（14年6月施行）。また、19年の道路交通法の一部改正により、75歳以上の者が運転免許証の更新を受けようとする場合には、認知機能検査を受けなければならないこととされ、高齢者講習は、同検査の結果に基づいて行うこととされた（21年6月施行）。

　さらに、27年の道路交通法の一部改正に合わせて、運転免許証の更新時の高齢者講習について、認知機能検査で「記憶力・判断力が低くなっている」又は「記憶力・判断力が少し低くなっている」と判定された者に対しては、ドライブレコーダー等で録画された受講者の運転状況の映像を用いた個人指導を講習内容に含むこととし、講習時間を3時間として高度化を図る一方、このほかの者に対する講習は、講習時間を2時間として合理化を図った（更新期間が満了する日における年齢が70歳以上の者であって、当該日が29年9月12日以降のものから実施）。

　28年には、95万4,186人が75歳未満の講習を、157万9,231人が75歳以上の講習を受講した。

高齢者講習の様子（広島）

(7)　違反者講習

　平成9年の道路交通法の一部改正により、自動車等の運転に関し一定の軽微な違反行為をした者は、違反者講習を受講しなければならないこととされた（10年10月施行）。この講習においては、受講者が、実際に交通安全活動に参加することなどにより運転者の資質の向上を図る講習（以下「社会参加活動を含む講習」という。）と、自動車等の運転や運転シミュレーターの運

転操作等をさせることにより行う運転適性に関する調査を行い、それに基づく個別的指導を行う講習（以下「社会参加活動を含まない講習」という。）のいずれかを選択することができることとされた。

　なお、この講習を終了した者については、運転免許の効力の停止等の行政処分を行わないこととされている。

　28年には、7万1,061人が社会参加活動を含む講習を、4万2,313人が社会参加活動を含まない講習を受講した。

(8)　その他

ア　特定任意高齢者講習

　平成13年の道路交通法の一部改正により、公安委員会が任意に実施する講習のうち一定のもの（特定任意高齢者講習）を受講した者は、更新時講習及び高齢者講習の受講が免除されることとされた。

　特定任意高齢者講習は、コースにおける自動車等の運転をすることにより、加齢に伴って生ずる身体の機能の低下が自動車等の運転に著しい影響を及ぼしているかどうかについての確認を行う講習（チャレンジ講習）を受講し、チャレンジ講習受講結果確認書の交付を受けた者に対して実施される簡易講習と、それ以外の者に対して実施されるシニア運転者講習に区分されている。

　28年には、810人がチャレンジ講習を、590人が簡易講習を、1,092人がシニア運転者講習を受講した。

イ　二輪車安全運転講習・原付安全運転講習

　二輪車安全運転推進委員会は、（社）全国二輪車安全普及協会（現・（一社）日本二輪車安全普及協会）の協力を得て、7年から原動機付自転車及び総排気量125cc以下の普通自動二輪車（以下「原付等」という。）を運転することができる運転免許を受けている者に対して、原付等の安全運転に関する知識及び技能を指導する原付安全運転講習を実施している。また、総排気量125ccを超える普通自動二輪車及び大型自動二輪車を運転することができる者を対象に、学科講習と技能講習から成る二輪車安全運転講習を実施している。警察では、講師として警察官等を派遣するなど、積極的な指導及び協力を行っている。

ウ　認知機能検査

　19年の道路交通法の一部改正により、運転免許証の更新期間が満了する日における年齢が75歳以上の者は、運転免許証を更新する際、認知機能検査を受検しなければならないこととされた（21年6月施行）。

　この検査は、時間の見当識、手がかり再生、時計描画の3つの検査項目（イラスト参照）について行っており、75歳以上の高齢運転者に対して、自らの認知機能の変化を自覚させることや、引き続き安全運転を継続することができるよう支援することなどを目的としている。

　28年には、166万2,512人が受検し、そのうち、5万1,087人が「記憶力・判断力が低くなっている」、48万6,890人が「記憶力・判断力が少し低くなっている」、112万4,535人が「記憶力・判断力に心配がない」と判定された。

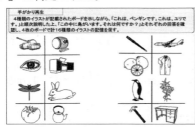

エ　臨時認知機能検査・臨時高齢者講習等

　27年の道路交通法の一部改正により、信号無視、通行区分違反、一時不停止等の認知機能が低下した場合に行われやすい一定の違反行為をした75歳以上の運転者は、臨時認知機能検査を受検しなければならないこととされ、その結果が直近の認知機能検査の結果と比較して悪化した者については、臨時高齢者講習を受講しなければならないこととされた（29年3月施行）。

　臨時高齢者講習は、ドライブレコーダー等で録画された受講者の運転状況の映像を用いた個人指導を行うこと等を内容としており、講習時間は2時間となっている。

④　運転適性相談

　警察では、障害者及び一定の病気等にかかっている者が安全に自動車等を運転できるか個別に判断するため、運転適性相談窓口を運転免許センター等に設置し、運転者本人だけでなく、その家族等からも相談を受け付けている。

　運転適性相談窓口では、専門知識の豊富な職員を配置するとともに、適切な相談場所を確保するなどして、相談者のプライバシーの保護のために特段の配慮をしている。また、患者団体や医師会等と密接な連携を取りながら、必要に応じて相談者に専門医を紹介している。

　さらに、最近では、高齢運転者による交通死亡事故の発生状況等を踏まえ、高齢運転者の交通事故防止という観点から、高齢運転者及びその家族等からも積極的に相談を受け付け、加齢に伴う身体機能の低下を踏まえた安全運転の継続に必要な助言・指導等を行っている。

運転適性相談受理件数の推移

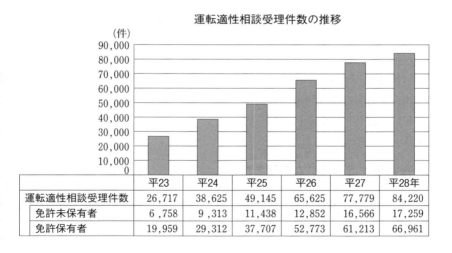

	平23	平24	平25	平26	平27	平28年
運転適性相談受理件数	26,717	38,625	49,145	65,625	77,779	84,220
免許未保有者	6,758	9,313	11,438	12,852	16,566	17,259
免許保有者	19,959	29,312	37,707	52,773	61,213	66,961

⑤　運転者管理システム

1　運転者管理システムの創設

　運転者の交通違反、事故歴からその運転者の危険性を判定して、危険性に応じた行政処分を行うシステムを制定するため、昭和39年4月から3年間にわたって準備、調査が進められた。

　41年10月1日に交付した運転免許証から、その免許台帳を電子計算機に登録する業務が開始され、違反関係については、同年10月2日に発生した交通違反及び交通事故から、その事件記録を電子計算機に登録する業務が開始された。

2　運転者管理システムの運用開始

　昭和44年10月、全国の運転者に関する過去3年間のデータを警察庁に集中管理し、一元的に処理する運転者管理システムの運用が開始された。

　業務の内容は、

　　・運転免許に関する登録及び通報
　　・運転免許の不適格事由に関する登録及び通報
　　・運転免許及び不適格事由に関するデータの照会及び回答
　　・運転免許データの統計及び分析

である。

3　運転者管理システムのリアルタイム化

　昭和57年1月、それまで一括処理（バッチ処理）方式で行われていた業務が、即時処理（オンラインリアルタイム処理）方式に転換された。

　これによって、

　　・運転免許証の即日交付
　　・危険運転者の迅速な行政処分
　　・更新時講習等における無事故・無違反者の選別

等、運転免許事務の合理化が可能となり、運転者対策の画期的推進が図られ

ることとなった。

4　運転免許証のICカード化

運転免許証の偽造防止、国際標準化への対応、プライバシー保護等を目的として、平成13年に道路交通法の一部が改正され、運転免許証の記載事項を電磁的方法により記録することができることとされた。また、同年以降、順次、ICカードの規格等の調査研究ICカード運転免許証及び作成システムの仕様の策定が行われ、19年1月から、運転免許証のICカード化が開始された。

27年3月末をもって、全ての有効な運転免許証のICカード化が完了した。

6　行政処分

1　道路交通法以前の変遷

道路交通法が制定されるまでの間の行政処分の変遷は、次のとおりである。

時　期	制定・改正法令等	内　　容
大正8年1月	自動車取締令（制定）	・運転免許制度の全国的統一に伴い、行政処分制度を運転免許制度に付随する制度として採用した。行政処分対象事案は以下のものが定められ、地方長官は運転手の免許を取り消し、又はその就業を停止することができることとした。 ・自動車により人を傷害し、又は物件を損壊したとき ・精神病者、聾者、唖者又はその他地方長官が不適当と認める者に該当するに至ったとき ・令又はこの令に基づく命令に違反したとき
昭和8年8月	自動車取締令（面改正）	・精神病者、聾者、唖者又は盲者に該当するときは、運転免許又は仮運転免許を取り消し、又は停止することとした。また、 ・故意又は過失により、自動車により人を傷害し、又は物件を損壊したとき ・地方長官が不適当と認める者又は令若

時　期	制定・改正法令等	内　　容
		しくはこの令に基づく命令に違反した者 については、地方長官が免許を取り消し、又は停止することができることとした。
22年11月	道路交通取締法 （制定）	・行政処分の処分庁は、都道府県、市町村又は特別区の各公安委員会となった。各公安委員会の定める処分の細目基準は、警察庁が示した基準に準拠して定めることとされたが、実際には各府県の実情が相当加味されて定められたことから、各処分庁間にかなりの差異が認められ、自動車交通の広域化に伴い、全国統一基準の制定を要望する意見が少なくなかった。
28年8月	道路交通取締法施行令（制定）	・公開による聴聞制度を採用した。 ・運転免許試験に合格した者が法又はこれに基づく命令の規定に違反した事実があり、これに運転免許を与えることが適当でないと各公安委員会が認める場合は、免許を拒否又は1年を超えない範囲で免許を保留することができることとした。
33年8月	道路交通取締法施行令（一部改正）	・臨時適性検査の規定を新設し、一定の理由がある場合は臨時適性検査を行い、その結果、必要と認めたときは、運転免許の取消し又は、停止を行うことができることとした（運転免許を受けた者に対する臨時の身体検査の制度は、22年の道路交通取締令の一部改正により設けられた。）。

2　道路交通法時代の変遷

　道路交通法が制定されてからの行政処分の変遷は、次のとおりである。

時　期	制定・改正法令等	内　　容
		・行政処分関係の規定については、おおむね道路交通取締法の内容を踏襲したが、主な改正点は次のとおりである。 ・処分庁を旧法の「運転地を管轄する都道府県公安委員会」から、「住所地を

昭和35年6月	道路交通法(制定)	管轄する都道府県公安委員会」に改めた。 ・旧法では受験資格として捉えていた欠格事由を、運転免許の欠格事由として規定した。 ・運転免許の取消し、又は停止について、運転免許欠格者以外は政令で定める基準によって行うこととし、停止については期間を6か月以内と明示した。 ・処分としての受講命令を廃止し、停止処分を受けた者の希望によって講習を受けることができることとした。
39年6月	道路交通法（一部改正）	・国際運転免許証を所持する者が、道路交通法令に違反した場合は、一定期間、その者の自動車等の運転を禁止することができることとした。 ・運転免許を拒否又は保留すべき者について、運転免許を与えられた後にその事実が判明した場合にも、運転免許を取り消し、又は停止することができることとした。 ・処分庁を、処分時に被処分者の住所地を管轄する都道府県公安委員会から、その処分に係る事由が発生したときに被処分者の住所地を管轄する都道府県公安委員会に改めた。 ・運転免許の停止を受けた者の運転免許証を差し出させて保管する制度から、運転免許証の提出を義務付ける制度に改めた。
40年6月	道路交通法（一部改正）	・運転免許制度の合理化を図るため、運転免許に関する事務につき、都道府県公安委員会から国家公安委員会に報告すべき事項に、自動車等の運転に関して犯した道路交通法の違反事項を加えた。
42年8月	道路交通法（一部改正）	・酒酔い運転又はひき逃げの死傷事故、過労運転による死亡事故等、一定の悪質重大事故を起こした者に対する、警察署長による仮停止制度を新設した。 ・都道府県公安委員会は、運転免許の効力の停止等に関する事務を、警視総監又は

		警察本部長に委任できることとした。 ・都道府県公安委員会があらかじめ指定した医師の診断に基づき、精神病等の欠格者に該当することを認定した者は、聴聞を行わず、運転免許を取り消すことができることとした。
43年10月	道路交通法施行令 (一部改正)	・点数制度による行政処分を導入した。

3　点数制度

(1)　点数制度の採用

　昭和43年の、道路交通法施行令の一部改正により、点数制度による行政処分が導入された。

　これは、自動車等の運転者の過去３年間の交通違反や交通事故にあらかじめ一定の点数を付し、その累積点数の多寡に応じて、運転免許の拒否、保留、取消し、停止等の処分を行うことを内容とするものである。

　この点数制度のねらいは、

① 　交通事故防止を図るため、常習的違反運転者を把握し、これに対して適正かつ効果的な行政措置を講ずること

② 　交通事故の未然防止を図るため、個々の交通違反や交通事故等に付される点数や運転免許の取消し、停止等の処分基準点数を公表して、運転者の心理的自制効果を期待すること

③ 　処分の不均衡を防止するため、違反行為について定型的、画一的に危険性を評価、推認することによって、処分の公平性を確保しようとすることの３点である。

　この点数制度の採用により、運転者の危険性の度合いに応じた合理的かつ効果的な処分ができるようになり、累犯者対策上、多大な成果を収めている。

(2)　その後の変遷

　行政処分制度のその後の主な変遷は、次のとおりである。

時　期	内　　　容
	・運転免許取消しの欠格期間を、１年以上３年を超えない範囲内に延長した。

昭和45年 7 月	・酒酔い運転を12点に引き上げた。 ・欠格期間中の違反行為及び故意殺傷にも点数制度を適用することとした。
46年11月	・急ブレーキ禁止違反 2 点、路線バス等優先通行帯違反 1 点等を新設した。
47年 8 月	・初心運転者等保護義務違反 1 点等を新設した。
48年 3 月	・仮免許の取消制度を新設するとともに、仮免許の交付及び取消しの事務を警視総監又は警察本部長に委任できることとした。 ・仮免許運転違反 8 点を新設した。
50年 3 月	・乗車用ヘルメット着用義務違反 1 点等を新設した。
53年 8 月	・道路交通法以外の違反行為である無車検、無保険運行に 6 点を新設した。 ・共同危険行為等禁止違反 9 点を新設した。 ・酒酔い運転を15点に引き上げた。
55年12月	・共同危険行為等禁止違反を15点に、無免許運転、仮免許運転違反を12点に、速度超過50km/h以上を12点にそれぞれ引き上げた。
60年 7 月	・座席ベルト装着義務違反、騒音運転等各 1 点を新設した。
61年10月	・駐停車禁止場所違反を 2 点に引き上げ、速度超過25km/h以上30km/h未満を 3 点に引き下げた。
平成元年 9 月	・整備不良、騒音運転等を 2 点に引き上げた。
2 年10月	・放置駐車違反（駐停車禁止場所等）を 3 点に、放置駐車違反（駐車禁止場所等）を 2 点にそれぞれ引き上げた。
3 年 1 月	・保管場所法違反（長時間駐車）を 2 点に、保管場所法違反（道路使用）を 3 点にそれぞれ引き上げた。
4 年 6 月	・消音器不備、番号表示義務違反等各 2 点を新設した。
5 年10月	・高速自動車国道等速度超過（30km/h以上40km/h未満）を 3 点に引き下げた。 ・積載物重量制限超過を次のとおり引き上げた。 大型等10割以上：6 点、大型等 5 割以上10割未満及び普通等10割以上：3 点、大型等 5 割未満：2 点。 ・違反行為に付する付加点数（交通事故の場合）に関し、交通事故の種別を細分化して新たな付加点数を新設した。また、負傷者複数の場合の治療期間計算方式を改めた。

9年6月	・牽引自動車本線車道通行帯違反、大型貨物指定通行帯違反、高齢運転者保護義務違反各1点を新設した。
12月	・運転免許取消しに係る欠格期間を最長5年とし、運転免許取消基準に該当した者が運転免許取消歴保有者であること等の要件に該当する場合には、欠格期間を2年加算することとした。 ・違反者講習を受講した者は処分せず、点数計算上も特別扱いすることとした。
14年2月	・酒酔い運転等を25点に、酒気帯び（0.25以上）等を13点に、無免許運転を19点にそれぞれ引き上げ、酒気帯び（0.15以上）6点を新設した。また、死亡事故やひき逃げに係る付加点数を引き上げた。 ・悪質な運転者については、1回目の取消しなどでも5年の欠格期間を指定できることとした。 ・従来、無事故・無違反で1年を経過した者の期間前の違反行為は点数計算の例外として評価しないこととしていたが、この1年の期間を、運転免許を受けていた期間に限定した。
21年1月	・自動車等の運転により故意に人を死傷させる行為、酒酔い運転、救護義務違反等一定の悪質な違反行為をしたこと等を理由として、運転免許を拒否し、又は取り消したとき等は、3年以上10年を超えない範囲内で欠格期間を指定することとした。
8月	・高速自動車国道等車間距離不保持（2点）を新設した。
25年11月	・無免許運転を25点に引き上げた。
26年3月	・環状交差点通行者妨害等、環状交差点安全進行義務違反各2点及び環状交差点左折等方法違反1点を新設した。

4　点数制度によらない行政処分

　運転免許の取消し、又は停止等の処分には、点数制度によるもののほか、重大違反唆し等及び道路外致死傷、身体の障害等並びに危険性帯有を理由とする処分がある。

(1)　重大違反唆し等及び道路外致死傷

　平成9年の道路交通法の一部改正により、運転者を唆して重大な道路交通法違反をさせたり、運転者の重大な道路交通法違反を助けたりする行為又は道路以外の場所において自動車等により人を死傷させる行為をした者に対し

て、運転免許の拒否、保留、取消し又は停止をすることができることとされた（10年4月1日施行）。

(2)　身体の障害等による処分

　平成13年6月の道路交通法の一部改正により、運転免許試験に合格した者が、一定の病気等や麻薬等中毒者であることが判明したときは、運転免許を拒否し、又は6か月を超えない範囲内の期間を定めて運転免許を保留することができることとされた。また、運転免許を受けている者についても、一定の症状を呈する病気等や身体の障害があることや、麻薬等中毒者であることが判明したときは、運転免許を取り消し、又は6か月を超えない範囲内の期間を定めて運転免許の効力を停止することができることとされた（14年6月施行）。

　このほか、25年6月の道路交通法の一部改正により、医師は、その診察を受けた者が一定の病気等のいずれかに該当すると認めた場合において、その者が運転免許を受けた者等であることを知ったときは、当該診察の結果を都道府県公安委員会に届け出ることができることなどとされた（26年6月施行）。

(3)　危険性帯有による免許の停止

　運転免許を受けた者が、運転に関する心理的適性を欠くため、将来における道路交通上の危険が推認され、交通事故その他道路において危険性を生じさせるおそれのある場合は、6か月を超えない範囲内の期間を定めて運転免許の効力を停止できることとされている。

5　その他

　行政処分に関するその他の改正は、次のとおりである。

(1)　免許の取消し又は停止に係る書面の交付等

　平成5年の道路交通法の一部改正により、運転免許の取消し又は効力の停止は、当該取消し又は停止の内容及び理由を記載した書面を交付して行うものとされた。また、併せて都道府県公安委員会は、取消し又は停止に係る運転免許証の提出を求め、これを保管することができることとされた（6年5月施行）。

(2)　臨時適性検査

　平成5年の道路交通法の一部改正により、従来の、運転免許を運転免許を

受けた者が一定の病気等のいずれかに該当することとなった場合等だけでなく、道路における危険を防止し、その他交通の安全と円滑を図るため必要がある場合についても、臨時適性検査を行うことができることとされた（6年5月施行）。

　また、19年の道路交通法の一部改正により、運転免許証の更新時の認知機能検査の結果、認知症のおそれがあると判断された者が、一定期間内に信号無視等の交通違反をした場合についても、臨時適性検査を行うこととされた（ただし、一定の要件を満たす医師の診断書が提出された場合にはこの限りでないとされた。）。

　さらに、27年の道路交通法の一部改正により、運転免許証の更新時の認知機能検査又は臨時認知機能検査の結果、認知症のおそれがあると判定された者については、その者の違反状況にかかわらず、医師の診断を要することとされた（29年3月施行）。

(3)　申請による運転免許の取消し

　平成9年の道路交通法の一部改正により、身体機能の低下等を理由に自動車の運転をやめる者は、運転免許の取消しを申請して運転免許証を返納することができることとされた（10年4月施行）。

　また、13年の道路交通法の一部改正により、運転免許の取消しを申請し、当該運転免許を取り消された者は、都道府県公安委員会に対し、運転経歴証明書の交付を申請することができることとされた。この運転経歴証明書は、金融機関の窓口等で本人確認書類として使用することができる。

運転経歴証明書

7　自動車教習所

1　道路交通法発足以前（指定自動車教習所発足以前）の経緯

　我が国において、初めて自動車が走ったのは明治32年であるといわれている。その後、大正2年ごろから自動車教習所が設置され始めたが、当時設置された地域は、東京、大阪等の大都市に限られていたようである。

時　　期	制定・改正法令等	内　　　容
昭和8年8月	自動車取締令（全面改正）	・内務大臣の指定した者の発行する技倆証明書を有する者に対しては、運転免許試験の全部又は一部を省略することができることとした。この規定は、陸軍で運転教育を受けた者が運転免許試験を受ける場合に専ら適用されていたものであるが、このほかに外国行政庁の運転免許を有する者及び一定の学校において自動車に関する学科を習得した者等を、運転免許試験が免除される者とした。
22年11月	道路交通取締令（制定）	・警視総監又は道府県知事が指定した自動車練習所の発行する証明書を有する者で、当該自動車練習所を卒業し1年を経過しないものは、運転免許試験の全部又は一部を省略できることとした。
28年8月	道路交通取締法施行令（制定）	・都道府県公安委員会が指定した自動車練習所その他これに類する施設の発行する卒業証明書を有する者で、卒業後1年を経過しないものは、運転免許試験の一部を免除することとした。指定解除（取消し）の規定はなかったが、都道府県公安委員会は、指定した自動車練習所が所定の練習を行わず、又は技能知識を有しない者に卒業証明書を発行したような場合には、指定を撤回できると解されていた。

2　道路交通法時代（現行指定自動車教習所制度）の変遷

　昭和35年の道路交通法の制定により、現行の指定自動車教習所制度が発足した。道路交通法が制定されてからの指定自動車教習所の変遷は、次のとおりである。

時　　期	制定・改正法令等	内　　　　　容
昭和37年9月	道路交通法施行規則（一部改正）	・技能教習、法令教習及び構造教習は、それぞれ技能指導員、法令指導員及び構造指導員が担当することとした。
39年8月	道路交通法施行令（一部改正）	・技能指導員について都道府県公安委員会が行う審査に合格していることを要件としたほか、技能検定は技能検定委員が行うこととした。 ・自動車教習所が新たに指定を受ける基準として、過去6か月以内の卒業者の技能検定合格率が95％以上であること等を追加した。
	道路交通法施行規則（一部改正）	・教習を受ける者1人に対する技能教習時間を、基本操作及び基本走行については1回30分で1日2回以下、応用走行については1回30分以上60分以下で1日2回以下とした。 ・模擬運転装置による技能教習が採用され、技能指導員が同乗指導し、基本操作中に2時間以内で行うこととした。 ・路上教習を積極的に推進するため、仮技能検定（仮免許に係る技能検定。現在の修了検定に相当）の実施方法を規定した。
40年7月	道路交通法施行令（一部改正）	・指定の物的基準に、専ら自動二輪車の教習を行う自動車教習所にあってはコース敷地面積が3,500m²以上であることを追加した。
8月	道路交通法施行規則（一部改正）	・教習を行う車種を、大型自動車、普通自動車、大型特殊自動車、自動二輪車及び軽自動車の5種に改めた。
		・大型自動車、普通自動車及び軽自動車に係る技能教習の応用走行で路上教習を行

42年1月	道路交通法施行規則（一部改正）	うこととした（39年以降路上教習を行ってきたが、本改正により路上教習の実施を明確にした。）。普通自動車の技能教習時間は、基本操作2時間、基本走行10時間及び応用走行10時間（うち路上教習2時間以上5時間以下）の計22時間となった。
44年3月	警察庁交通局長通達	・指定自動車教習所における教習内容の充実強化及び技能検定等の適性化に資するため、教習に関する統一的課程（いわゆる教習カリキュラム）を制定した。
45年5月	道路交通法（一部改正）	・指定自動車教習所が指定基準に適合しなくなった場合の処分として、新たに6か月を超えない範囲で期間を定めて卒業証明書発行を禁止できることとした（従来は、指定解除のみの規定）。また、発行禁止処分に併せ、指定基準に適合させるための改善措置を命ずることができることとした。 ・発行禁止処分に違反して卒業証明書を発行した場合、指定を解除できること及び改善措置命令に違反した場合には指定を解除し、又は卒業証明書の発行禁止期間を6か月を超えない範囲で延長できることとした。
8月	道路交通法施行規則（一部改正）	・教習時間を時間単位から分単位に改め、1教習の時間を50分とし、教習を受ける者1人に対する技能教習時間を1日120分以下とした。 ・無線指導装置による技能教習を採用し、応用走行（一）で180分を超えない範囲で実施することとした。また、模擬運転装置による技能教習については、技能指導員による同乗指導を不要とし、基本操作で120分を超えない範囲で実施することとした。 ・技能教習は、各科目ごとに教習効果を確認し、成績良好者のみ次段階の教習を行うこととした。
		・都道府県公安委員会による指定自動車教

46年6月	道路交通法（一部改正）	習所の指導員等に対する講習実施義務が新設された。
11月	道路交通法施行令（一部改正）	・法令指導員、構造指導員及びその他の法令指導員（いわゆる安全運転知識指導員）を学科指導員として統一した。
47年3月	道路交通法施行規則（一部改正）	・指導員等の審査内容、方法及び合格基準を全国的に統一した。 ・教習時間50分を1時限とし、分単位から時限単位に変更し、学科教習を（一）、（二）に分割した。これにより、普通自動車の教習時間は次のようになった。技能教習（27時限）：基本操作及び基本走行各4時限、応用走行（一）9時限、同（二）10時限（うち道路において行う教習6時限以上）の計27時限；学科教習（30時限）：（一）14時限、（二）16時限の計30時限
6月	道路交通法（一部改正）	・管理者及び技能検定員の資格要件が強化された。また技能検定員について、法令により公務に従事する職員とみなすこととした。 ・教習及び技能検定に無資格指導員等を従事させることを、罰則をもって禁止した。 ・指導員等が業務につき不正な行為をしたときの解任命令を規定した。
48年3月	道路交通法施行規則（一部改正）	・路上検定の実施に伴い、普通自動車の応用走行（二）の科目を、全て道路上において教習することとした。 ・技能検定を、卒業検定と修了検定に区分した。
50年9月	道路交通法施行規則（一部改正）	・自動二輪車教習を、小型二輪車によるもの（5時限）と中型二輪車によるもの（8時限）に区分した。
56年1月	道路交通法施行規則（一部改正）	・自動二輪車の教習時限数を、技能教習は小型二輪車7時限、中型二輪車10時限、学科教習16時限に改めた。
		・自動二輪車の技能教習時限を、次のように改めた。中型二輪車：基本操作3時限、

61年3月	道路交通法施行規則（一部改正）	基本走行5時限、応用走行3時限の計11時限；小型二輪車：基本操作2時限、基本走行4時限、応用走行2時限。また、学科教習時限を20時限とした。
平成元年12月	道路交通法（一部改正）	・初心運転者期間制度の新設に伴い、初心運転者講習、指定講習機関制度等の規定を整備した。
3年6月	道路交通法施行規則（一部改正）	・オートマチック車限定免許の新設に伴い、指定自動車教習所における普通自動車技能教習の教習時限の基準に関する規定等を整備した。
5年5月	道路交通法（一部改正）	・教習指導員を新設し、技能・学科教習を行う指導員の資格として一本化した。 ・技能検定員資格者証及び教習指導員資格者証を導入した。 ・普通自動車について技能教習を、基本操作9時限、基本走行8時限、応用走行（一）9時限、応用走行（二）8時限の計34時限とし、学科教習を34時限とした。 ・自動二輪車の学科教習を23時限とした。
8年8月	道路交通法施行規則（一部改正）	・指定自動車教習所における大型自動二輪免許に係る技能教習及び技能検定制度を導入した。 ・大型自動二輪車について、技能教習を基本操作4時限、基本走行12時限、応用走行（一）10時限、応用走行（二）10時限とし、学科教習を32時限とした。 ・普通自動二輪車について、技能教習を基本操作3時限（小型二輪車は2時限）、基本走行6時限（小型二輪車は4時限）、応用走行（一）5時限（小型二輪車は3時限）、応用走行（二）5時限（小型二輪車にあっては3時限）とし、学科教習を32時限とした。
		・学科教習項目の統合や技能教習項目への移行、技能教習の段階の合理化等により教習課程を短縮した。例えば、普通自動車の場合の教習時間は、技能教習については基本操作及び基本走行15時限、応用

10年5月	道路交通法施行規則（一部改正）	走行19時限の計34時限、学科教習は学科（一）10時限、学科（二）16時限の計26時限となった。 ・1日の技能教習の限度時限数を、仮免許取得後の段階では、教習を連続して行わないという条件で2時限から3時限に延長した。
14年2月	道路交通法施行令（一部改正）	・指定自動車教習所の指定区分として、従来は車種ごとの指定であったものを免許種別ごとの指定とし、さらに指定自動車教習所における大型自動車第二種免許及び普通自動車第二種免許に係る技能教習及び技能検定制度を導入した。
4月	道路交通法施行規則（一部改正）	・第二種免許に係る学科教習及び技能教習時限数を定めた。主な教習時限数は次のとおり。

○大型第二種免許に係る教習時限数（例）

現に受けている免許	技能教習			学科教習		
	第1段階	第2段階	合計	学科1	学科2	合計
大型免許を受けている場合	11	16	27	7	12	19
普通免許を受けている場合	15	19	34	7	12	19

○普通第二種免許に係る教習時限数（例）

現に受けている免許	技能教習			学科教習		
	第1段階	第2段階	合計	学科1	学科2	合計
大型免許を受けている場合	8	13	21	7	12	19
普通免許を受けている場合	8	13	21	7	12	19

・大型免許に係る技能教習時限数を増やし、中型免許及び中型第二種免許に係る学科教習及び技能教習時限数を定めた。主な教習時限は次のとおり。

| 18年2月 | 道路交通法施行規則（一部改正） | ○中型免許に係る教習時限数（例） |

○中型免許に係る教習時限数（例）

現に受けている免許	技能教習			学科教習		
	第1段階	第2段階	合計	学科1	学科2	合計
なし	21	18	39	10	16	26
普通免許を受けている場合	7	8	15	0	1	1

○中型第二種免許に係る教習時限数（例）

現に受けている免許	技能教習			学科教習		
	第1段階	第2段階	合計	学科1	学科2	合計
大型免許を受けている場合	8	10	18	7	12	19
中型免許を受けている場合	8	10	18	7	12	19
普通免許を受けている場合	12	16	28	7	12	19

26年3月	道路交通法施行規則（一部改正）	・大型二輪免許及び普通二輪免許に係る教習のうち、運転シミュレーターを使用することとされていた車両特性を踏まえた運転の教習項目について、実車を使用することができることとした。

| 28年7月 | 道路交通法施行規則（一部改正） | ・準中型免許に係る学科教習及び技能教習時限数を定めた。主な教習時限は次のとおり。 |

○準中型免許に係る教習時限数（例）

現に受けている免許	技能教習			学科教習		
	第1段階	第2段階	合計	学科1	学科2	合計
なし	18	23	41	10	17	27
普通免許を受けている場合	4	9	13	0	1	1

3　指定自動車教習所の現状

　指定自動車教習所の数は、平成28年末現在、全国で1,332か所あり、これらの指定自動車教習所で技能検定に従事している技能検定員は1万8,686人、教習の指導に従事している教習指導員は3万2,167人である。

　一方、28年中に指定自動車教習所を卒業し運転免許試験に合格した者は

154万8,685人で、前年に比べ1万6,411人減少しているが、新たに運転免許を取得した者の約97％を占めており、指定自動車教習所における教習は、初心運転者教育の中核を成すものとなっている。

　また、運転免許取得のための教育施設としての役割を担うだけでなく、初心運転者講習や取消処分者講習の指定講習機関としての活動や、高齢者講習を始めとする各種法定講習の実施機関として、運転免許取得者に対する運転者教育を行っている。

　さらに近年では、幼児や高齢者など、運転免許を持たない交通弱者を対象にした交通安全教育にも取り組むなど、地域における交通安全教育センターとしての役割も果たしている。

4　届出自動車教習所

　平成4年の道路交通法の一部改正により、自動車教習所の位置付けが明確化されるとともに、届出自動車教習所制度等が設けられた（同年11月施行）。

　なお、届出自動車教習所に対しては、都道府県公安委員会が所要の指導助言等を行うことにより、運転者教育の水準の向上を図ることとした。

　また、6年5月からは、届出自動車教習所が運転免許を受けようとする者に対して行う教習のうち、都道府県公安委員会が国家公安委員会規則で定めるところにより指定した、いわゆる特定教習を受けた者は、取得時講習が免除されることとされた（12年4月施行）。

5　運転免許取得者教育の認定状況

　平成11年の道路交通法の一部改正により、運転免許（仮免許を除く。）を現に受けている者に対し、その運転技能を向上させるとともに道路交通に関する知識を深めさせるための教育（以下「運転免許取得者教育」という。）を、自動車教習所である施設その他の施設を用いて行う者は、その課程の区分ごとに、当該施設の所在地を管轄する都道府県公安委員会に申請して、当該施設において行う運転免許取得者教育が次のいずれにも適合している旨の認定を受けることができることとされた。

○　運転免許取得者教育を効果的かつ適切に行うことができる者により行われるものであること。

○　運転免許取得者教育を効果的かつ適切に行うための設備を用いて行われるものであること。

○　交通安全教育指針に従って行われるものであり、かつ、当該課程が基準に適合するものであること。

　また、14年の道路交通法施行令の一部改正により、更新時講習又は高齢者講習と同等の効果があるとの認定を受けた運転免許取得者教育を受講した場合には、更新時講習又は高齢者講習の受講が免除されることとされた（同年6月施行）。

　28年末現在、延べ8,409校（1万1,020件）が認定を受けており、そのうち、指定自動車教習所が約98％を占めている。28年には約24万6千人がこの認定教育を受講した。

運転者教育の体系

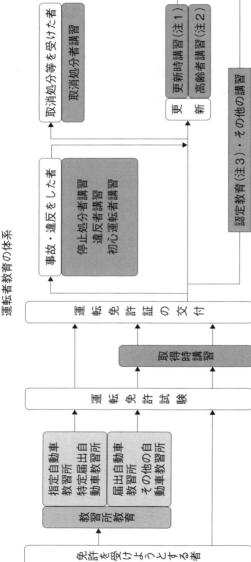

注1：運転免許証の更新を受けようとする者は、更新時講習が義務付けられている。
　2：運転免許証の有効期間が満了する日における年齢が70歳以上の者については、更新時に高齢者講習が義務付けられている。また、75歳以上の者については、講習予備検査（認知機能検査）の受検が義務付けられており、検査結果に基づいて高齢者講習が行われる。
　3：都道府県公安委員会の認定を受けた運転免許取得者教育のうち、高齢者講習又は更新時講習と同等の効果を生じさせるために行われる課程を終了した者については、それぞれ講習の受講が免除される。

ITSの推進と自動運転の実現に向けた取組

1　ITSの推進

1　UTMSの開発・整備によるITSの推進

(1)　ITSの概要

　ITS（Intelligent Transport Systems：高度道路交通システム）とは、最先端の情報通信技術を用いて、人と道路と車両を一体のシステムとして構築することにより、ナビゲーションシステムの高度化、交通管理の最適化等を図り、安全性、輸送効率及び快適性の飛躍的向上を実現するとともに、渋滞の軽減等の交通の円滑化を通じ、環境保全にも大きく寄与するものである。

　ITSの推進主体が相互に連携を図るようになったのは、内閣府に高度情報通信社会推進本部が設置された平成6年以降であり、7年には、「高度情報通信社会推進に向けた基本方針」が策定され、産官学が連携してITSの構築を目指していくことが確認された。その後、12年11月には、高度情報通信ネットワーク社会形成基本法が成立し、「公共分野における情報通信技術の活用」という形でITSの推進が盛り込まれ、13年1月の同法施行により、内閣に設置された高度情報通信ネットワーク社会推進戦略本部（IT戦略本部）が、同月、「我が国が5年以内に世界最先端のIT国家となる」ことを目標としたIT国家戦略として「e-Japan戦略」を決定し、同戦略等に基づき、ITによる社会の改革が進められてきた。

　そして、同本部により策定された「IT新改革戦略」（18年1月）においては、安全運転支援システムの実用化を推進することなどの交通事故抑止対策が盛り込まれ、「新たな情報通信技術戦略」（22年5月）においては、「交通事故等の削減のため、情報通信技術を活用した安全運転支援システムの導入・整備の推進」に加えて、「ITSによる人やモノの移動のグリーン化」が重点施策とされ、さらに「ITSに関するロードマップ」（23年8月）が決定

されるに至った。

　その後も、25年6月に2030年までの長期ビジョンとその実現に向けた短期的な行動プログラムを記載した「科学技術イノベーション総合戦略」が閣議決定され、科学技術イノベーションが取り組むべき課題として「世界に先駆けた次世代インフラの整備」が示されるとともに、これに対する取組として、ITS技術の高度化により各種技術開発を推進することが示された。また、同月「日本再興戦略」が閣議決定され、「安全運転支援システム、自動走行システムの開発・環境整備」を推進することが示され、同月14日閣議決定された「世界最先端IT国家創造宣言」でも、「ITS技術の活用により、交通事故の危険や交通渋滞が回避される、安全で、環境にやさしく、経済的な道路交通社会を実現する」として、全国主要交差点へのインフラ配備や対応車載機の開発・導入支援を行うこととされた。25年に決定されたこれら3つの文書は、その後も名称を変えるなどしつつも毎年改訂されている。

　世界最先端IT国家創造宣言の中で、「府省横断的なロードマップを策定するとともに、推進体制を構築し、高度運転支援技術・自動走行システムの開発・実用化等を推進する。」等と記載されたことを受け、IT戦略本部新戦略推進専門調査会の道路交通分科会における検討を経て、26年6月に「世界一のITSを構築・維持し、日本・世界に貢献する」ことを目標とする「官民ITS構想・ロードマップ」が同本部により策定された。この目標は、29年に策定された2017年版ロードマップにおいても、引き続き掲げられている。

⑵　VICSの推進

　VICS（Vehicle Information and Communication System：道路交通情報通信システム）とは、路上に設置された光ビーコン等を利用して、渋滞、事故、交通規制等の道路交通情報をカーナビゲーション装置に直接リアルタイムに提供し、ドライバーに適正なルート選択を促すものである。

　昭和60年頃から、次世代の交通情報提供手法として、自動車に搭載した小型ディスプレイに交通情報を表示するシステムの実用化に向けた検討がされるようになった。そして、平成2年に開催された「国際花と緑の博覧会」の際には、テレターミナルから交通情報を送信するAMTICS（Advanced Mobile Traffic Information and Communication System：新自動車交通情報通信システム）の大規模な実験が行われた。

　その後、3年に、警察庁、関係省庁、民間事業者団体等からなる道路交通情報通信システム（VICS）推進協議会が結成され、VICSの実用化のための総合的な検討が進められた。そして、7年、VICSの事業主体となる警察庁、郵政省（現総務省）、建設省（現国土交通省）共管の財団法人道路交通情報通信システムセンターが設立（25年4月に一般財団法人へ移行）され、8年4月に首都圏等においてサービスを開始し、13年5月からは、全都道府県の主要な一般道路及び全国の高速道路において、光ビーコン等による情報提供サービスが行えるようになった。また、FM多重放送による情報提供についても、15年2月から、全ての都道府県でサービスが行われ、27年4月からは、従来の道路交通情報のほか、一般道のリンク旅行時間情報、プローブ情報を活用した渋滞・旅行時間情報、緊急情報（特別警報）及び気象・災害情報をFM多重放送により提供する「VICS WIDE」が開始されている。

⑶　**UTMSの推進**

　警察は、道路交通の管理者としてUTMS（Universal Traffic Management Systems：新交通管理システム）を積極的に推進してきた。UTMSとは、光ビーコン等を用いた個々の車両と交通管制システムとの双方向通信等高度な情報通信技術の活用により、運転者に対してリアルタイムの交通情報を提供するとともに、安全運転支援、緊急時対応、人の移動・物流の効率化を含めた交通流の積極的管理を行い、道路交通の安全・円滑及び交通公害の防止を図り、「安全・快適にして環境負荷の低い交通社会」の実現を目指すシステムである。

　平成14年にはその整備の在り方等に関する基本的方針である「UTMS全体構想」を策定し、これに基づき全国的に様々なサブシステムを展開することにより、道路交通における安全、快適、環境負荷の低減の実現を図ってきた。

　また、18年3月には、UTMSの一層の整備促進と、新たな展開を図ることを目的として、警察庁交通局長の私的懇談会として、新交通管理システム（UTMS）懇談会を設置し、約1年間、5回にわたる検討の末、以後のUTMSの在り方等について提言をとりまとめた。

　この提言を踏まえ、19年3月に、今後、社会の要請に応じたUTMSを更に強力かつ効果的に推進するべく、策定後4年余を経過した「UTMS全体構想」を見直した「警察によるITSの今後の展開～UTMS全体構想～」を策定

し、現在に至っている。

　UTMSの各サブシステムの整備状況は、次のとおりである。

　ア　高度交通管制システム（ITCS）

　ITCS（Integrated Traffic Control Systems）は、車両感知器等から得られる情報に加えて、光ビーコンを用いた車両との双方向通信によって得られた膨大な情報を処理する機能を有し、信号制御の自動最適化や交通情報提供の自動化等を目指したUTMSの中核となるシステムであり、全都道府県に整備されている。

　イ　交通情報提供システム（AMIS）

　AMIS（Advanced Mobile Information Systems）は、交通情報板、交通情報ラジオ等に加え、光ビーコンを通じてカーナビゲーション装置に対して交通情報を提供し、交通流の自律的な分散、交通渋滞の緩和、運転者の心理状態の改善等を図るシステムであり、全都道府県で運用中である。

　AMISの機能のうち、光ビーコンを通じて、カーナビゲーション装置に情報提供を行うものがVICSであり、簡潔な文章による文字情報、進行方向の道路をパターン化した図形や文字を用いた簡易図形、走行地点、渋滞状況、規制箇所、駐車場等を一目で理解できるようにした地図をカーナビゲーション装置に表示することにより、広範囲かつ多様な交通情報を提供している。

　ウ　公共車両優先システム（PTPS）

　PTPS（Public Transportation Priority Systems）は、バス等の公共輸送車両を対象として、優先信号制御を行い、優先通行を確保して、運行の定時性及び利便性の向上を図ることにより、マイカーから公共輸送機関への利用転換の促進を図るシステムである。28年度末現在、41都道府県で運用中である。

　エ　車両運行管理システム（MOCS）

　MOCS（Mobile Operation Control Systems）は、光ビーコンにより収集した事業用車両の走行位置等の情報を事業者等に提供することにより、その事業者が行う運行管理を支援し、人・物流の効率化等を図るシステムである。28年度末現在、6府県において運用中である。

オ　交通公害低減システム（EPMS）

　EPMS（Environment Protection Management Systems）は、交通公害の状況に応じた交通情報提供や信号制御を行うことにより、排気ガス、交通騒音等を低減し、環境保護を図るシステムである。28年度末現在、神奈川県、静岡県及び兵庫県において運用中である。

カ　安全運転支援システム（DSSS）

　DSSS（Driving Safety Support Systems）は、運転者に対し、周辺の交通状況等を視覚・聴覚情報により提供することで、危険要因に対する注意を促し、ゆとりを持った運転ができる環境を創り出すことにより、交通事故の防止等を図るシステムである。DSSS実用化に向けて、18年度に東京都、19年度に埼玉県において、DSSSレベルⅠ（情報提供型）のモデル事業を実施した。続いて、20年度には、より高度な情報提供に対応することができるDSSSレベルⅡ（判断型）の実証実験を実施し、23年7月から、東京都及び神奈川県内における交通事故発生件数の多い交差点において運用を開始した。24年度には、交通管制センターと接続しないことで整備コストの低減を図った簡易版DSSSを東京都及び神奈川県に整備した。

　また、路車間通信に700MHz帯無線通信を活用することにより、路側センサーが検知した車両や歩行者の情報をリアルタイムで車載機に提供することができるDSSSの開発等を推進しており、25年度には、東京で開催されたITS世界会議のショーケースとしてデモンストレーションを実施した。

　700MHz帯無線通信を活用したDSSSの研究開発は、後述のSIPにおける警察庁施策の一つであり、26年度は神奈川県及び愛知県、27年度は東京都、28年度は埼玉県及び大阪府においてモデルシステムを整備した。29年度からは、試験的な整備にとどまらず、実運用のための整備を推進することとしている。28年度末現在、このDSSSは7都府県において運用中である。

キ　現場急行支援システム（FAST）

　FAST（Fast Emergency Vehicle Preemption Systems）は、緊急車両の出動・通行回数が多い地区において、光ビーコンにより緊急走行中の緊急車両を検知し、優先的に通行させる信号制御を行うことで、緊急車両が現場や医療機関に到着するまでの時間を短縮するとともに、緊急走行に起

因する交通事故の防止を目的としたシステムである。28年度末現在、16都
道府県で運用中である。

　ク　歩行者等支援情報通信システム（PICS）

　PICS（Pedestrian Information and Communication Systems）は、高齢
者、身体障害者等が携帯する端末装置と信号機に併設した通信装置との双
方向通信等により、信号機の表示等を端末装置所持者に音声で知らせたり、
歩行者用青信号の延長を行ったりして、安全な道路の横断を支援するシス
テムである。28年度末現在、33都道府県で運用中である。

　ケ　緊急通報システム（HELP）

　HELP（Help system for Emergency Life saving and Public safety）は、
GPS技術の活用により、運転中の事故発生時にその発生場所等の情報を
携帯電話等を用いて即時かつ正確に通報するとともに、運転者の状況を確
認することにより、救命率の向上等を図るシステムである。12年に緊急通
報等の受付事業を行う民間企業がサービスを開始し、全国都道府県警察の
通信指令室において、本システムによる緊急通報（位置情報）に自動的に
対応できるようになっており、事故現場の正確な把握によりパトカーの現
着までの時間（リスポンス・タイム）の短縮が図られている。

　コ　信号情報活用運転支援システム（TSPS）

　TSPS（Traffic Signal Prediction Systems）は、光ビーコンを通じて交
差点到着時の信号機の灯火情報を事前に車両に提供することで、ゆとりを
持った運転を促し、交差点周辺における急停止・急発進に係る事故を防止
するシステムである。本システムは、後述の高度化光ビーコンに新しく追
加された機能により実現されている。24年度の補正予算により、20都府県
に整備し、28年度末現在では、26都道府県で運用中である。

(4)　**UTMSの将来展望**

　ア　光ビーコンの更新整備の推進

　UTMSにおいて大きな役割を果たす光ビーコンは、平成5年から全国的
に整備が本格化し、28年度末現在、全国で約5万6千基が整備されている。

　現在、大量更新期を迎えており、警察庁では、25年度整備分から、信号
制御及び交通情報提供の高度化に有効であるプローブ情報の受信が可能と
なるよう、アップリンクの通信容量を拡大するとともに、信号情報の送信

が可能となるよう機能を追加した高度化光ビーコンの整備を行うこととしている。28年度末現在の高度化光ビーコンへの更新率は約21％である。

イ　プローブ情報を活用した交通管制システムの高度化

　近年、ITSを活用した渋滞緩和やCO$_2$削減に大きな期待が寄せられている。警察庁では、プローブ情報を活用した交通管制システムの高度化事業を、21年度から4箇年にわたるモデル事業として行っており、27年度からは管制センター中央装置に、プローブ情報を活用して信号制御を行うことを可能とする機能を設けている。

ウ　700MHz帯無線通信を用いたインフラの活用

　700MHz帯無線通信を用いた路側インフラ（ITS無線路側機）は、交差点内における車両や歩行者の挙動や重要交差点における信号機の灯火情報等刻々と変化する情報をリアルタイムに提供することが可能であるため、引き続き整備を推進していくこととしている。

2　ITSに関する国際協力の推進

(1)　ITS世界会議

　ITS世界会議は、ITSに関する世界規模での情報交換と協力体制の構築を目的として、欧州地域、アジア地域及びアメリカ地域の3地域の持ち回りで、平成6年以降毎年開催されているものである。警察庁を始め都道府県警察からも、毎回、同世界会議に出席しており、日本警察の進めるITS、信号制御などの世界への発信、意見交換などによる世界のITS機関との協力体制の構築及びITS情勢についての情報収集を行ってきた。

　25年10月、第20回の節目にあたる大会が東京で開催された。これは16年以来9年ぶりの我が国での開催であり、DSSSのショーケースなど多彩な出展により、UTMSの先進性や有効性などを広くアピールした。28年にオーストラリア・メルボルンで開催された第23回の世界会議では、警察におけるITSの役割や警察庁が整備を推進しているDSSS、自動運転に係る法制度上の課題などについて発表を行った。

(2)　日米合同会議

　「交通安全、高度道路交通システム及び緊急時対応に関する協力のための日本国警察庁とアメリカ合衆国運輸省（道路交通安全局）との間の協力取決

め」（平成11年９月締結）に基づき、警察庁と米国運輸省との間で定期的に日米合同会議を開催している。近年は毎年１月ワシントンD.C.で開催しており、双方から最新の施策状況等について情報交換を行っている。

② 自動運転の実現に向けた取組

1　自動運転をめぐる最近の動向

⑴　はじめに

　自動運転技術は、将来における我が国の交通事故の削減や渋滞の緩和等に必要不可欠なものであり、近年、国内外において完全自動運転を視野に入れた技術開発が急速に進む中、運転者の存在を前提としている条約（179頁参照）について、自動運転との整合性等に関する国際的な議論が行われている。また、我が国においては、特に、平成27年以降、成長戦略の柱の１つとして、自動運転の実現に向けて様々な方針を掲げ、取組を進めているところであり、警察としても、国際的議論に積極的に参画するほか、自動運転に関する具体的な技術開発の方向性を常に確認しながら、新たな技術の現行制度上の取扱いや道路交通管理上の安全確保措置に関する課題等について検討を進めるなど、自動運転の段階的実現に向けた取組を推進している。

⑵　政府の方針

　我が国では、「「日本再興戦略」改訂2015」（平成27年６月30日閣議決定）において、「完全自動走行に係る国際条約改正の議論に取り組むとともに、道路交通法等を含め、事故時の責任関係のほか、運転者の義務等の在り方についても、公道実証実験により得られたデータも踏まえつつ、我が国として引き続き十分な検討を進め、完全自動走行の早期の実現を目指す」という方針を掲げ、また、「日本再興戦略2016」（平成28年６月２日閣議決定）において、「官民ITS構想・ロードマップ2016」（平成28年５月20日高度情報通信ネットワーク社会推進戦略本部決定）を踏まえ、「2020年東京オリンピック・パラリンピック競技大会での無人自動走行による移動サービスの実現に向け、必要な制度やインフラを整備する。また、2020年の高速道路等でのトラックの隊列走行の実現に向け、事業モデルの明確化、技術開発・実証、制

度・事業環境に係る検討を進める。さらに、2020年以降、完全自動走行の実現を目指す方策等について、検討を行う」という方針を掲げているところである。

　さらに、「官民ITS構想・ロードマップ2017」（平成29年5月30日高度情報通信ネットワーク社会推進戦略本部・官民データ活用推進戦略会議決定）においては、「2020年目途に目指す高度自動運転システムの実現に当たっては、「ドライバーによる運転」を前提とした交通関連法規の多岐にわたる見直しが必要」であり、「2017年度中を目途に、高度自動運転実現に向けた政府全体の制度整備の方針（大綱）をまとめる」こととされ、高度自動運転に係る制度整備に係る検討項目のイメージとして、交通ルール等の在り方が挙げられている。また、トラックの隊列走行について、「2017年度から、車間距離に関連した事項に係る検討等を踏まえつつ、……後続車両有人の2台隊列走行による公道実証実験を開始し、社会受容性等を確認した上で、2018年度からは、後続無人隊列システムの公道実証実験を開始する」こととされている。

　また、「未来投資戦略2017」（平成29年6月9日閣議決定）においては、「将来の高度な自動走行の市場化・サービス化に必要な交通関係法規の見直し等について、国際的な制度間競争や国際条約に係る議論も見据えつつ、2020年頃に完全自動走行を含む高度な自動走行（レベル3以上）の市場化・サービス化に向け、制度整備の議論を加速し、本年度中に政府全体の制度整備の方針（大綱）を取りまとめる」という方針を掲げている。

(3)　自動運転レベルの定義

　運転には、運転者が全ての運転操作を行う状態から、自動車の運転支援システムが一部の運転操作を行う状態、運転者の関与なしに走行する状態まで、自動車の運転への運転者の関与度合の観点から、様々な概念が存在している。

　我が国では、従来「官民ITS構想・ロードマップ2016」等において、米国のNHTSA（National Highway Traffic Safety Administration・運輸省道路交通安全局）が平成25年5月に発表したPolicy on Automated Vehicleを参考に、レベル0からレベル4の5段階の定義を採用していたが、NHTSAのFederal Automated Vehicle Policyの発表（平成28年9月）に伴い、欧米ともSAE（Society of Automotive Engineers）InternationalのJ3016を全面的に採用したことを踏まえ、「官民ITS構想・ロードマップ2017」においては、自動運

転レベルの定義として、SAEJ3016の定義（レベル0からレベル5の6段階の定義）を採用することとされた。また、同構想・ロードマップ2017では、SAEレベル3以上の自動運転システムを「高度自動運転システム」、また、SAEレベル4及び5の自動運転システムを「完全自動運転システム」と呼ぶこととしている。

表　自動運転レベルの定義（SAEJ3016）の概要（「官民ITS構想・ロードマップ2017」を基に作成）

レベル	概要	安全運転に係る監視、対応主体
運転者が全てあるいは一部の運転タスクを実施		
SAEレベル0 運転自動化なし	・運転者が全ての運転タスクを実施	運転者
SAEレベル1 運転支援	・システムが前後・左右のいずれかの運転タスクを実施	運転者
SAEレベル2 部分運転自動化	・システムが前後・左右の両方の運転タスクを実施	運転者
自動運転システムが全ての運転タスクを実施		
SAEレベル3 条件付運転自動化	・システムが全ての運転タスクを実施（限定領域内※） ・作動継続が困難な場合の運転者は、システムの介入要求等に対して、適切に応答することが期待される	システム （作動継続が困難な場合は運転者）
SAEレベル4 高度運転自動化	・システムが全ての運転タスクを実施（限定領域内※） ・作動継続が困難な場合、利用者が応答することは期待されない	システム
SAEレベル5 完全運転自動化	・システムが全ての運転タスクを実施（限定領域内※ではない） ・作動継続が困難な場合、利用者が応答することは期待されない	システム

※　ここでの「領域」は、必ずしも地理的な領域に限らず、環境、交通状況、速度、時間的な条件などを含む。

2　自動運転システムの実用化に向けた研究開発

(1)　SIPの創設

　平成25年6月に閣議決定された「科学技術イノベーション総合戦略」や「日本再興戦略」において、総合科学技術・イノベーション会議の司令塔機能の強化及び省庁横断型のプログラムの創設が必要とされた。それらに基づき、総合科学技術・イノベーション会議が司令塔機能を発揮し、府省の枠を超え、基礎研究から実用化・事業化までをも見据えた研究開発を推進し、イ

ノベーションの実現を目指すものとして、26年5月に、戦略的イノベーション創造プログラム（Cross-ministerial Strategic Innovation Promotion Program。以下、「SIP」という。）が創設された。

　SIPにおける重要課題の一つである「自動走行システム」については、「交通事故低減等国家目標の達成」、「自動走行システムの実現と普及」及び「2020年東京オリンピック・パラリンピック競技大会を一里塚として、東京都と連携し開発」が目標として掲げられており、26年度を初年度として関連省庁が内閣府計上予算の「科学技術イノベーション創造推進費」を活用して、関連施策を実施することとしている。

（2）　SIPにおける警察庁の施策

　ア　自動運転の実現に向けた信号情報提供技術の確立

　　自動運転の実現のためには、自動車が信号情報をリアルタイムに認識し、車両の制御を行う仕組みが不可欠であることから、信号情報を自動車に提供する路側システムの開発を行っている。

　　警察では既に、TSPSにより車両への信号情報の提供を行っているが、交通量等により信号秒数を変動させている重要交差点等は、光ビーコンによる情報提供後に走行先の交差点の信号秒数が変動するおそれがある。そのような交差点においては、700MHz帯無線通信を行うITS無線路側機により信号情報の提供を行うこととしており、より高精度な情報提供を可能とするため、平成27年度から高度化システムの検討を行っている。28年度には光ビーコンとITS無線路側機を併用したモデルシステムを愛知県に整備した。29年度は、モデルシステムを用いたシステムの効果検証を実施している。

　イ　自動運転の実現に向けた交通規制情報管理システムの構築

　　自動運転の実現のためには、自動車が車両通行止め等の交通規制を認識する仕組みが不可欠であるが、自動車に搭載したカメラからの画像を基に交通規制標識等を確実に認識するのは技術的に困難とされている。他の手法として、電子化による交通規制情報の提供が有効と考えられるが、交通規制情報は各都道府県警察の交通規制情報管理システムにおいて独自のフォーマットで記録・管理されているため、当該情報を提供しても自動車が内容を解釈し、活用することは難しいと思われる。このような状況から、

交通規制情報の統一的なフォーマットでの提供に向けた検討・実証を行っている。

　26、27年度には、都道府県警察が管理している独自のフォーマットから、全国統一的なフォーマットとして標準フォーマットを定め、28年度には、標準フォーマットを管理するためのモデルシステムを京都府に整備した。さらに、29年度は、モデルシステムの性能評価と交通規制情報の提供方法についての検討を実施している。

ウ　自動運転の実現に向けた車両・歩行者等検知情報提供技術の確立

　自動運転の実現のためには、路側に設置したセンサにより自動車の見通し外も含めた周囲の状況を把握し、自動車に対して交通事故防止に資する交通情報をリアルタイムに提供することが不可欠である。そこで、電波を活用して刻々と変化する交通情報を自動車に提供するシステムの開発・検証を行っている。

　交差点におけるリアルタイムの情報を提供するため、従来の光ビーコンではなく、700MHz帯無線通信を行うITS無線路側機を用いたDSSSについて、26、27年度では普及版システムの構築のため、コストを下げるためのシステム構成について調査研究を実施し、29年度からは、試験的な整備だけではなく、実運用のための整備が行われている。また、28年度に実施した調査研究における、現在提供している右折時の情報提供のほか、左折時の左折先歩行者横断見落とし防止支援が有効であるとの結果を踏まえ、29年度は左折時の情報提供を実施するモデルシステムの整備を茨城県で実施している。

エ　次世代公共交通システムの開発

　2020年東京オリンピック・パラリンピック競技大会開催期間中、会場周辺においては、道路交通の混雑が予想されるため、会場周辺における交通の安全と円滑を確保するためには、公共交通を活用したスマートな交通の実現が必要となってくる。

　そこで、利便性と経済合理性を兼ね備えた、次世代公共交通システムの開発に向けた検討を行っている。具体的には、今まで光ビーコンを利用していたPTPSの路側インフラをITS無線路側機に変更することで、よりきめ細やかな信号優先制御ができると考え、26、27年度にはITS無線路側機

を活用したシステムの設計、28年度に東京都でモデルシステムを整備し、29年度はモデルシステムの効果検証を実施している。

オ　交通制約者等歩行者支援システムの開発

　2020年東京オリンピック・パラリンピック競技大会においては、車椅子等を利用する交通弱者や高齢者の移動支援がオリンピック・パラリンピック競技大会の成功に係る重要な要素となっている。また、交通制約者等の移動支援は、超高齢社会を迎えた我が国では今後検討していくべき重要な社会課題となっていることから、利便性と経済合理性を兼ね備えた、安全・安心かつ円滑な移動支援を実現するための技術開発、方策に関する検討を行っている。

　具体的には、PICSについて、今までシステムの利用には専用の携帯端末等が必要だったところ、スマートフォン等携帯電話によって信号の状態の確認や歩行者青信号の延長要求が行えるよう、システムを高度化するものである。26、27年度に携帯電話を活用したシステムの設計、28、29年度にモデルシステムの構築及びその効果検証を実施している。

3　国際的な議論への参画

　道路交通に関わる国際条約としては、昭和24年（1949年）にジュネーブにおいて作成された「道路交通に関する条約」（昭和39年条約第17号。以下、「ジュネーブ条約」という。）及び43年（1968年）にウィーンにおいて作成された「道路交通に関する条約」（以下、「ウィーン条約」という。）が存在しており、我が国は、39年にジュネーブ条約を批准している。なお、ジュネーブ条約の締約国は現在97か国となっている。

　ジュネーブ条約では、例えば、第8条第1項において「一単位として運行されている車両又は連結車両には、それぞれ運転者がいなければならない」、第8条第5項において「運転者は、常に、車両を適正に操縦し、又は動物を誘導することができなければならない。運転者は、他の道路使用者に接近するときは、当該他の道路使用者の安全のために必要な注意を払わなければならない」などと定められており、運転者が存在しない形態の自動運転を実現するためには、国際条約との整合性を図るための措置が必要となると考えられる。

　自動運転と国際条約との整合性等に関しては、近年、国際連合欧州経済委員会の内陸輸送委員会の下に置かれた組織であるWP1（道路交通安全グローバルフォーラム（Global Forum for Road Traffic Safety）の通称。平成29年2月の改称前は、道路交通安全作業部会（Working Party on Road Traffic Safety））において議論が行われている。我が国は、26年9月の第69回会合からオブザーバーとしてWP1に参加してきたところ、28年2月、内陸輸送委員会において我が国がWP1の正式メンバーとなることが承認された。我が国からは、警察庁がWP1への参画等を通じて、完全自動運転の早期実現を目指し、国際的な議論に取り組んでいる。また、27年10月にWP1の下に設置された自動運転に関する非公式専門家グループ（IGEAD）会合にも参加し、運転者が存在しない完全自動運転等とジュネーブ条約・ウィーン条約との整合性を図るための措置等について議論を行っている。

4　法制度面を含む各種課題の検討

　道路交通法（昭和35年法律第105号）では、第70条において「車両等の運転者は、当該車両等のハンドル、ブレーキその他の装置を確実に操作し、かつ、道路、交通及び当該車両等の状況に応じ、他人に危害を及ぼさないような速度と方法で運転しなければならない」（いわゆる安全運転義務）と規定されるなど、自動車をコントロールしている運転者の存在を前提として各種の規範が設けられている。そこで、運転者が存在しない形態の自動運転を実現するためには、運転者の存在を前提としている道路交通法の見直しが必要となる。

　警察庁においては、平成27年10月から、自動運転の実現に関する法制度面を含む各種課題について、以下のとおり有識者を交えた検討を行っている。

(1)　平成27年度「自動走行の制度的課題等に関する調査検討委員会」

　警察庁においては、道路交通法を所管している観点等から取組を行うこととなり、平成27年度には、「自動走行の制度的課題等に関する調査検討委員会」を開催し、自動走行システムに関する公道実証実験のためのガイドライン案の作成及び自動走行についての法律上・運用上の課題の整理、車の自動走行システム（いわゆる自動運転）に関するアンケートの実施、自動走行の制度的課題等に関するヒアリングの実施を行った。自動走行システムに関す

る公道実証実験を実施するに当たってのガイドライン案については、28年5月、パブリックコメントを経て「自動走行システムの公道実証実験のためのガイドライン」として策定・公表した。

(2)　平成28年度「自動運転の段階的実現に向けた調査検討委員会」

　平成28年度には、「自動運転の段階的実現に向けた調査検討委員会」を開催し、高速道路での準自動パイロットの実用化に向けた運用上の課題に関する検討、限定地域での遠隔型自動走行システムによる無人自動走行移動サービスの公道実証実験の実施に向けた現行制度の特例措置の必要性及び安全確保措置に関する検討、「自動走行の制度的課題等に関する調査研究」（平成27年度）において今後更に検討すべきものと整理されたその他の課題の議論を行った。また、自動運転の段階的実現に向けた課題等に関するヒアリング及び遠隔型自動走行システムに関する公道実証実験等の海外視察を実施した。同委員会における議論を踏まえ、また、パブリックコメントを経て29年6月、「遠隔型自動運転システムの公道実証実験に係る道路使用許可の申請に対する取扱いの基準」を策定・公表した。

(3)　平成29年度「技術開発の方向性に即した自動運転の段階的実現に向けた調査検討委員会」

　平成27年度及び28年度に引き続き、29年度は、「技術開発の方向性に即した自動運転の段階的実現に向けた調査検討委員会」を開催し、SAEレベル3以上の自動運転システムの実用化を念頭に入れた交通法規等の在り方に関する各種調査・検討、隊列走行の実現に向けた各種調査・検討を実施している。

道路交通取締法及び道路交通法改正の経緯

道路交通取締法（昭和22年11月8日法律第103号）

1　道路交通取締法の制定

　道路における交通の危険を防止するため、従来の道路法（大正8年4月法律第58号）第49条に基づく内務省令等（道路取締令、自動車取締令等）が「日本国憲法施行の際現に効力を有する命令の規定の効力等に関する法律」（昭和22年法律第72号）によって、昭和22年12月31日をもってその効力を失うことになるため、これに代わり、交通に関する法令を統合するため制定された。

　その主要点は、次のとおりである。

(1)　総則

①　道路における危険防止及びその他の交通の安全を図ることを目的とした。

②　主要な用語の意義について規定した。

③　歩行者又は車馬の左側通行の原則について規定したほか、通行の区分について規定した。

④　信号機の設置及び管理、道路標識等の設置、警察官吏の指示について規定した。

⑤　都道府県知事（東京都にあっては警視総監をいう。以下同じ。）及び警察官吏の通行の禁止又は制限について規定した。

(2)　車馬及び軌道車

①　車馬及び軌道車の操縦者の無謀運転の禁止を規定したほか、警察官吏の車馬又は軌道車の一時停止の措置について規定した。

②　車馬又は軌道車の操縦者の遵守事項について規定した。

③　運転免許証の携帯、都道府県知事の運転免許証の検査、運転免許の取消し及び停止等運転免許について規定した。

④　自動車の最高速度及び速度規制について規定したほか、緊急自動車の特例について規定した。

⑤　道路を通行する車両の灯火につい

て規定した。

⑥　車馬の併進、後退、転回の禁止について規定した。

⑦　車馬の追従、追越しについて規定した。

⑧　車馬の右左折の方法について規定した。

⑨　車馬及び軌道車相互の間の通行の順位について規定した。

⑩　車馬及び軌道車の徐行すべき場合について規定した。

⑪　停車、駐車の禁止場所等について命令で定めることができる旨規定した。

⑫　諸車の乗車、積載又はけん引の制限、危険防止のための警察官吏の停止について規定した。

(3)　雑則

①　交通事故の場合の操縦者等の被害者の救済義務について規定した。

②　道路における禁止行為について規定した。

③　道路において工事をしようとする者や、屋台店等を出そうとする者等は、警察署長の許可を受けなければならないこと等について規定した。

(4)　罰則

①　信号機に対する違法な行為、その他道路交通取締法で禁止する危険な行為に対する罰則規定を設けた。

②　道路使用に関する違反に対して両罰規定を設けた。

2　昭和23年3月6日法律第11号の一部改正

警察法の施行に伴う関係法律の整備に関する法律により、次のように改正された。

都道府県知事（東京都にあっては警視総監）の権限が公安委員会（都道府県公安委員会、市町村公安委員会及び特別区公安委員会）に移されたほか、「警察官吏」を「警察官」、「警察吏員」とした。

3　昭和24年5月26日法律第107号の一部改正

道路交通取締法の一部を改正する法律により、毎年増加する交通事故に対処し、通行方法をより安全で合理的なものにするため次のように改正された。

(1)　総則

道路を通行する歩行者は右側に、馬車は左側によらなければならないこととした。

(2)　車馬及び軌道車

①　軌道車を無謀運転の禁止の対象にとりこんだ。

②　自動車は、右折しようとするときは、あらかじめその前から、できる限り道路の中央によって交差点の中心の直近の外側を徐行して回らなければならないこととした。

③　乗用車、トラック、スクーターの間に通行についての順位を設ける等、車馬及び軌道車の優先通行権について規定したほか、交差点において、横断歩道を通行する歩行者に優先通行権を認めた。

④　警察官又は警察吏員は、車馬又は軌道車が、無謀操縦若しくは法令で定められた交通の安全のために必要な構造及び装置を調整せずして通行していると疑うに足りる相当な理由があるときは、一時その操縦を停止し、運転免許証及び車両検査証の呈示を求め、並びに構造及び装置を検査することができることとしたほか、違反の車馬又は軌道車があれば、交

通の安全のために必要と認める応急の措置を指示し、並びにその使用主又は操縦者に対し、必要な構造又は装備をすべき旨の警告書を交付することができることとし、この場合に必要な調整をしたことについて、警察署長又は当該行政庁の証明を受けなければならないこととした。

(3)　罰則

必要な技術的改正を行ったほか、罰金額を引き上げた。

4　昭和27年6月10日法律第181号の一部改正

道路法施行法により、次のように改正された。

公安委員会の行う道路法による道路に対する継続的交通規制については道路管理者に対し通知すること及び道路法による道路について道路使用の許可をしようとする場合、道路占用となるべきものであるときの警察署長と道路管理者との協議について規定したほか、所要の規定の整備を行った。

5　昭和27年6月20日法律第203号の一部改正

道路交通の円滑を図り、併せて交通事故の発生を防止するため、交差点における自動車の右折方法の例外規定を設ける等次のように改正された。

(1)　総則

原動機付自転車を自動車の範囲から除いたほか、無軌条電車の定義を設けた。

(2)　車馬及び軌道車

①　自動車の右折方法の原則である「右外小回」に対し、公安委員会が交差点の状況により特に必要があると認めて指定した場所においては、常に「右内小回」をしなければならないこととした。

②　原動機付自転車の運転資格の規制に関する規定の新設に伴う関係事務の手数料徴収規定を設け、都道府県公安委員会の行う運転免許及び運転許可に関する事務に要する経費は、当該都道府県の負担とすることとし、このため、これらの事務に関する手数料は、都道府県に納めなければならないこととした。

(3)　その他の規定の整備

警察官の手信号について規定したほか、所要の規定の整備を行った。

6　昭和28年8月11日法律第197号の一部改正

道路交通取締法の一部を改正する法律により、公安委員会が運転免許の取消し又は停止（停止については公安委員会の定める期間以上のもの）をしようとするときは、公開による聴聞を行わなければならないこととしたほか、その他の所要の規定の整備を行った。

7　昭和29年5月18日法律第113号の一部改正

交通事件即決裁判手続法の附則により、警察又は警察吏員は自動車の運転者又は原動機付自転車の運転者がこの法律又はこの法律に基づく命令の罰則に触れる行為をしたと認めるときは、その現場において、運転免許証又は運転許可証の任意の提出を求め、これを保管することができることとしたほか、所要の改正を行った。

8　昭和29年6月8日法律第163号の一部改正

警察法の施行に伴う関係法令の整理に関する法律により、「警察吏員」が各条文から削除され、都道府県公安委員会、市町村公安委員会及び特別区公安委員会が都道府県公安委員会に改められたほか、所要の改正を行った。

9　昭和30年7月4日法律第51号の一部改正

銃砲刀剣類等所持取締令等の一部を改正する法律により、道公安委員会の権限に属する事務は、政令の定めるところにより、方面公安委員会に行わせることができることとした。

10　昭和32年4月25日法律第79号の一部改正

高速自動車国道法の附則により、次のように改正された。
①　自動車道（一般交通の用に供する道路）の中から高速自動車国道を除くこととした。
②　高速自動車国道で運転する自動車の最高速度は、その他の道路におけるものとは別に命令で定める（公安委員会は、命令に定める最高速度の範囲内で最高速度の制限を定めることができる）こととし、また、最低速度も命令で定めることとしたほか、所要の改正を行った。

11　昭和32年5月16日法律第106号の一部改正

駐車場法の附則により、公安委員会は、駐車の時間、方法又は場所について必要な制限を定める場合で、駐車場法第2条第1号の路上駐車場について制限を行う必要があるときは、緊急を要する場合のほか、あらかじめ、当該路上駐車場を設置した道路管理者である地方公共団体の意見をきかなければならないこととした。

12　昭和33年3月26日法律第19号の一部改正

警察法等の一部を改正する法律により、全国的な幹線道路における交通の規制の斉一を図る必要があると認められる場合において、国家公安委員会は、政令で定めるところにより、都道府県公安委員会に対し、道路交通取締法又は道路交通取締法に基づく政令の規定により、都道府県公安委員会の権限に属する事務のうち、諸車の最高速度の制限その他政令で指定する事項に係るものの処理について指示することができることとした。

13　道路交通取締法の廃止

道路交通取締法は、道路交通法（昭和35年法律第105号）附則第2条により廃止された。

道路交通法（昭和35年6月25日法律第105号）

1　道路交通法の制定
（昭和35年12月20日から施行）

道路交通の基本法としての性格をもつものであるとして、法の名称を「道路交通法」とするとともに、国民のだれでもが容易に理解しうるように用語及び表現をできるだけ平易にしたほか、法の目的を「交通の安全と円滑」を図ることとし、特に「円滑」ということを加える等道路交通取締法を廃止して道路交通法が制定された。その主要点は、次のとおりである。

(1)　総則
① 道路における危険を防止し、その他交通の安全と円滑を図ることを目的とした。
② 主な用語の意義について規定したほか、自動車等の種類について規定した。
③ 信号機の設置及び管理、道路標識等の設置、警察官の手信号について規定した。
④ 公安委員会、警察署長及び警察官の通行の禁止又は制限について規定したほか、警察官による混雑緩和の措置について規定した。

(2)　歩行者の通行方法
歩行者の通行区分、行列等の通行、歩行者の横断の方法等について規定するとともに、これらの通行方法の規定に違反している歩行者に対する警察官の指示について規定した。

(3)　車両及び路面電車の交通方法
① 車両等の通行区分、通行の優先順位、車両通行区分帯、軌道敷内の通行等、車両等の交通方法の基本的な原則について規定した。
② 車両等の最高速度及び最低速度について規定するとともに、公安委員会は、法に基づく政令で定める最高速度と異なる最高速度を定めることができることとした。
③ 車両の横断・転回又は後退の禁止について規定した。
④ 車両等の追越し、その方法、追越しを禁止する場合及び追越しを禁止する場所等について規定したほか、割込みの禁止、車間距離の保持等について規定した。
⑤ 踏切における一時停止及び安全確保の義務について規定した。
⑥ 交差点における車両の左折又は右折の方法、交差点における優先通行等について規定するとともに、交差点における歩行者の保護について規定した。
⑦ 緊急自動車の通行区分、他の車両等に対する優先等について規定した。
⑧ 車両の徐行すべき場所及び指定場所における一時停止義務について規定した。
⑨ 車両の停車及び駐車を禁止する場所、停車及び駐車の方法、駐車時間の制限等について規定した。
⑩ 車両が、駐車を禁止する場所等に駐車し、又は駐車の方法等に違反し

て駐車しているため、道路における交通の危険を生じさせ、又は著しく交通の妨害となるおそれがあるときは、警察官は、その車両の運転者等に対し、当該車両を移動すべきこと等を命じ、また、当該車両の運転者等がいないときは、警察官又は警察署長は、自らその車両を移動する等、危険防止のため所要の措置をとることができることとするとともに、移動した車両は、警察署長が保管することとした。

⑪　車両等の灯火、合図及び警音器の使用等について規定した。

⑫　車両の乗車及び積載の方法、乗車及び積載の制限並びに自動車のけん引制限について規定したほか、乗車、積載及びけん引の危険防止のための警察官の応急の措置について規定した。

⑬　道路運送車両法又は軌道法の規定により、定められた装置を備えていないか、又は装置が調整されていないため交通の危険を生じさせるおそれのある車両等の運転を禁止したほか、警察官は、これらの整備不良車両を検査することができ、また、これらの整備不良車両の運転者に対し、危険防止のため必要な措置をとることができることとした。

(4)　運転者及び雇用者等の義務

①　無免許運転、酔っぱらい運転及び過労運転等を禁止するとともに、運転者がこれらの規定に違反して運転をしている場合における警察官の危険防止のための応急の措置について規定したほか、最高速度の遵守、その他運転者の義務について規定した。

②　交通事故があった場合における車両等の運転者等の負傷者の救護、その他の必要な措置をとるべき義務、警察官に対する報告等について規定した。

③　車両等の運転者を雇用する者は、その雇用する運転者に対し、安全な運転を行わせるように努めなければならないこととするとともに、速度違反を誘発するように時間を拘束した業務を課し、又はそのような条件を付して車両等を運転させてはならないこととした。

④　車両等の運行を直接管理する地位にある者は、運転免許を受けていない者若しくは飲酒、過労等のため正常な運転ができないおそれがある者に車両等の運転を命じ、又はそのような者が車両等を運転することを容認してはならないこととした。

(5)　道路の使用等

①　信号機若しくは道路標識等又はこれらに類似する工作物等の設置の禁止、信号機又は道路標識等の効用を妨げる工作物等の設置の禁止等について規定したほか、道路における交通の妨害又は交通の危険となるような行為の禁止について規定した。

②　道路において工事又は作業をすること、道路に石碑、広告板等を設けること、道路に露店等を出すこと、その他公安委員会がその土地の道路又は交通の状況により、道路における危険を防止し、その他交通の安全と円滑を図るために必要と認めて定めた行為をすることは、警察署長の許可を受けなければならないこととし、その許可についての条件その他必要な手続及び道路の管理者との協議等について規定した。

③　道路における禁止行為又は道路使用の許可に関する規定に違反して設置されている工作物等があるときは、警察署長は、当該工作物等を設置した者に対し、当該工作物等の除去、移転、改修等の措置をとることを命じ、また、当該工作物等の占有者の住所及び氏名を知ることができないときは、自ら除去、移転、改修等の措置をとることができることとし、除去した工作物等は保管することとした。

④　沿道に設置されている工作物等が道路における交通の危険を生じさせ、又は著しく交通の妨害となるおそれがあるときは、警察署長は、違法工作物に対する危険防止措置と同様の措置をとることができることとしたほか、道路又は沿道に設置されている工作物等が著しく道路における交通の危険を生じさせ、又は交通の妨害となるおそれがあり、かつ、急を要すると認めるときは、警察官は、当該工作物等の除去、移転等危険防止のため必要な応急の措置をとることができることとした。

(6)　**自動車及び原動機付自転車の運転免許**

①　運転免許を、第一種免許、第二種免許及び仮免許に区分することとし、第一種免許は、大型、普通、特殊、三輪、二輪、軽、第一種原付及び第二種原付の8種類に、第二種免許は、大型第二種、普通第二種、特殊第二種及び三輪第二種の4種類に分けることとした。

②　免許の欠格事由について規定したほか、免許の申請手続、免許の拒否及び条件について規定した。

③　免許証の交付、免許証の有効期間、免許証の様式等について規定した。

④　運転免許試験の受験資格、試験の方法、試験の免除、試験の停止等について規定したほか、自動車教習所の指定及びその監督について規定した。

⑤　免許証の更新、定期適性検査及び臨時適性検査について規定した。

⑥　免許の取消し又は停止の処分理由及び聴聞その他処分について必要な手続等について規定した。

(7)　**雑則**

法令違反をした運転者の雇用者に対する違反内容の通知、免許証の保管、全国的な幹線道路における交通規制に関する国家公安委員会の指示、道路交通に関する調査、免許に関する手数料等について規定した。

(8)　**罰則**

①　現行の各種法令の罰則との均衡等を考慮して全面的に罰則を整備した。

②　車両等の運転者が業務上の過失又は重大な過失により他人の建造物を損壊した場合における処罰について規定したほか、過失による業務違反で処罰を必要とするものについて、過失犯の規定を整備した。

③　車両等の運転者が、最高速度違反、無免許運転等一定の違反行為をした場合において酒気を帯びていたときは、それぞれの違反について定められている刑の2倍まで加重して処断することができることとした。

④　両罰規定を整備し、物件放置等の違反、車両等の運行管理者の義務違反等についても適用するようにした。

2　昭和37年6月2日法律第147号の一部改正 (昭和37年7月1日から施行)

　激増の傾向にあった「大型自動車」による交通事故の防止を図るため、次のように改正された。

　特定の大型自動車について、大型免許を受けた者で、21歳に満たないもの又は大型免許、普通免許、特殊免許若しくは三輪免許によって運転することができる自動車の運転の経験の期間が通算して2年に達しないものは、運転することができないこととした。

3　昭和37年9月15日法律第161号の一部改正 (昭和37年10月1日から施行)

　行政不服審査法の施行に伴う関係法律の整理等に関する法律により、次のように改正された。

　道路交通法の規定に基づき警察署が現場においてした処分については、行政不服審査法（昭和37年法律第160号）による不服申立てをすることができないこととした。

4　昭和38年4月15日法律第90号の一部改正 (昭和38年7月14日から施行)

　高速自動車国道として「名神高速道路」の一部が供用を開始されることになったことに伴う高速自動車国道における自動車の交通方法等の特例についての規定、歩行者の保護の徹底を図るための規定等の整備が行われた。改正の要点は、次のとおりである。

(1)　高速自動車国道等における自動車の交通方法等の特例

　①　高速自動車国道等における交通の危険を防止し、その他交通の安全と円滑を図るため、警察官による危険防止等の措置について規定した。

　②　高速自動車国道における通行区分として、高速通行路の左側の車両通行区分帯通行の原則及び追越しの場合の右側の車両通行区分帯通行の原則について規定した。

　③　高速自動車国道の高速通行路を通行する自動車の最低速度について規定した。

　④　高速自動車国道等において、自動車の横断、転回又は後退を禁止した。

　⑤　高速自動車国道の高速通行路に入る場合における緊急自動車以外の自動車の通行方法について規定した。

　⑥　高速自動車国道等においては、原則として、自動車の停車及び駐車を禁止した。

　⑦　緊急自動車、道路維持作業用自動車等の通行区分の特例について規定した。

　⑧　自動車の運転者の遵守事項として、最低速度の遵守及び自動車の故障等の場合の措置について規定した。

(2)　歩行者の保護の徹底を図るための規定の整備

　①　未舗装道路に設ける横断歩道は道路標識の設置のみで足りることとするため、横断歩道の定義を改正した。

　②　白色に塗ったつえを携えて通行してはならない者の除外例に、政令で定める程度の身体の障害者を加え、併せて、運転者の遵守事項に、政令で定める身体の障害者が白色に塗ったつえを携えて通行しているときは、その通行を妨げないようにすることを加えた。

　③　車両等の運転者は、道路の左側部分の横断歩道を歩行者が通行し、又は通行しようとしているときは、横

断歩道の直前で一時停止しなければ
ならないようにした。

(3)　関係規定等の整備

①　道路維持作業用自動車の通行区分
等の特例について規定した。

②　緊急自動車の優先通行に関する規
定と消防車の交通方法に関する消防
法の規定とを調整するため、必要な
改正を行った。

③　騒音防止装置又はばい煙の発散防
止装置を備えないか、又はこれらの
装置が調整されていないため他人に
著しい迷惑を及ぼすおそれがある自
動車又は原動機付自転車の運転を禁
止したほか、警察官は、これらの自
動車又は原動機付自転車を検査する
ことができること等について規定し
た。

5　昭和39年6月1日法律第91号の一部改正

道路交通に関する条約への加入に伴い、
車両等の交通方法に関する規制を同条約
に定める方式に適合するように改め
（「キープレフト」の原則の採用等）、並
びに国際運転免許証及び国外運転免許証
に関する規定を新設した。また、車両等
の交通方法を道路交通の実情に即するよ
うに改め、及び運転免許制度の合理化を
図るため所要の規定を整備した。さらに、
ひき逃げ、酒酔い運転、運転免許証不正
取得等について罰則を強化した。改正の
要点は、次のとおりである。

(1)　道路交通に関する条約への加入に伴う改正

①　車両等の交通方法に関する規制を
条約に定める方式に適合するように
改めた（昭和39年9月1日から施行）。

○　車両の通行区分を道路の左側部分

の左側を通行する原則に改め、軽車
両の並進を原則として禁止する等車
両の通行区分に関する規定を整備し
た。

○　優先道路の指定に関する規定を新
設し、後車に追いつかれた車両の加
速を禁止し、第一種原動機付自転車
の右折方法を改める条約に定める交
通方法に関連する規定を整備した。

②　国際運転免許証及び国外運転免許
証に関する制度について規定した
（昭和39年9月6日から施行）。

○　国際運転免許証を所持する者は、
本邦に上陸してから1年間、我が国
の運転免許を受けないで、その国際
免許証で運転することができるとさ
れている自動車等を運転することが
できることとし、併せて、自動車等
を運転する場合の国際運転免許証の
携帯義務及び提示義務等について規
定した。

○　国際運転免許証を所持する者につ
いて、当該国際運転免許証の発給の
条件が満たされなくなったと疑う理
由があるときは、臨時適性検査を行
うことができることとした。

○　国際運転免許証を所持する者が、
当該国際運転免許証の発給の条件が
満たされなくなった場合又は道路交
通法令に違反した場合は、一定期間、
その者の自動車等の運転を禁止する
ことができることとした。

○　我が国において発給する国際運転
免許証は、「国外運転免許証」と呼
称し、公安委員会がこれを発給する
こととするとともに、その交付の手
続等について規定した。

○　国外運転免許証の有効期間、失効
した場合における返納義務等につい

て規定した。

(2) 車両等の交通方法の改正

（昭和39年9月1日から施行）

① 公安委員会は、道路の物理的な中央以外の部分を道路の中央として指定することができることとし、追越しのため道路の右側部分にはみ出すことができる道路の幅員を改める等通行区分に関する規定を整備した。

② 車両が進路を変更する場合における後車との間の車間距離の保持義務について規定し、追越し禁止場所に踏切、トンネル、横断歩道の手前を加える等追越し等に関する規定を整備した。

③ 車両等が故障等のため踏切において運転不能になった場合に車両等の運転者が講ずべき措置について規定した。

④ その他停車及び駐車を禁止する場所に坂の頂上付近、トンネル、横断歩道の手前を加える等車両等の交通方法に関する規定を実情に即するように改めた。

(3) 運転免許制度の合理化を図るための規定の整備

（昭和39年9月1日から施行）

① 現行の軽自動車のうち、農耕作業用の自動車及び特殊作業用の自動車を軽自動車から分離して小型特殊自動車とし、その運転免許試験を簡略化した。

② 公安委員会は、運転免許の拒否又は保留をすべき者について、運転免許を与えた後にその事実が判明した場合にも、その者の運転免許を取り消し、又はその効力を停止することができることとするとともに、運転免許の拒否及び保留に関する規定を

整備した。

③ 運転免許を取り消し、又はその効力を停止することができる公安委員会を、処分時に被処分者の住所地を管轄する公安委員会から、その処分にかかる事由発生時に被処分者の住所地を管轄する公安委員会に改めた。

④ その他運転免許証の更新の特例、運転免許の停止を受けた者の運転免許証の提出義務について規定する等運転免許に関する規定を整備した。

(4) 罰則の強化

（昭和39年9月1日から施行）

① 交通事故による人の死傷があった場合において、車両等の運転者が負傷者の救護等を怠った場合の罰則を強化した。

② 酒酔い運転の禁止違反及び不正な手段等により運転免許証等の交付を受けた者に対する罰則を強化した。

③ 道路の左側部分通行義務違反、横断、転回等の禁止違反、追越し規制違反等に対する罰則を強化した。

6 昭和40年6月1日法律第96号の一部改正

　自動車による人身事故を防止し、その他自動車の安全運転の確保を図るため、自動二輪車の運転者の遵守事項を定め、及び自動車の運転管理者の制度を設けた。また、運転免許制度の合理化を図るため、自動三輪車、軽自動車等の運転免許の資格要件及び試験方法を強化し、運転免許の種類及び運転することができる自動車等の種類に関する規定を整備した。さらに、高速自動車国道における交通が広域的かつ高速的であるというその特殊性にかんがみ、これに対処するため、高速自動車国道における道路交通法の実施に関

する事項について、国家公安委員会が都道府県公安委員会に対し必要な指示をすることができることとした。改正の要点は、次のとおりである。

(1) 自動二輪車の運転者の遵守事項の新設

（昭和40年9月1日から施行）

① 自動二輪車の運転者は、特定の道路の区間においては、乗車用ヘルメットをかぶらないで自動二輪車を運転し、又は乗車用ヘルメットをかぶらない者を乗車させて自動二輪車を運転してはならないこととした。

② 高速自動車国道及び公安委員会が指定した自動車専用道路においては、自動二輪車に運転者以外の者を乗車させて運転してはならないこととした。

(2) 安全運転管理者制度の新設

（昭和40年9月1日から施行）

① 特定の台数以上の自動車を使用する者は、自動車の安全な運転に必要な業務を行わせるため特定の要件を備えた者のうちから安全運転管理者を選任しなければならないこととした。

② 公安委員会が行う監督のための必要な規定を設けた。

(3) 運転免許制度の合理化を図るための規定の整備

（昭和40年9月1日から施行）

① 自動三輪車、二輪の軽自動車及び第二種原動機付自転車に対する運転免許の資格要件等を強化するため、運転免許の種類のうち、自動三輪車免許及び第二種原動機付自転車免許を廃止し、新たにけん引免許を設けたほか、自動車等の種類としての自動三輪車を普通自動車とし、二輪の軽自動車及び第二種原動機付自転車を自動二輪車とする等運転免許の種類及び当該運転免許によって運転することができる自動車等の種類に関する規定を整備した。

② 新たに設けられたけん引免許及びけん引第二種免許の受験資格、運転免許試験の方法等について規定した。

③ 運転免許に関する事務について、公安委員会から国家公安委員会に報告すべき事項に、自動車等の運転に関してした道路交通法の違反事項を加えた。

④ 運転免許の効力の停止を受けた者等が公安委員会又はその委託した者が行う講習を受けようとするときは、講習手数料を当該都道府県に納めなければならないこととした。

(4) 国家公安委員会の指示権の規定の改正

（昭和40年9月1日から施行）

国家公安委員会は、高速自動車国道における危険を防止し、その他交通の安全と円滑を図るため特に必要があると認めるときは、道路交通法の実施に関する事項について、都道府県公安委員会に対し必要な指示をすることができることとした。

(5) その他所要の規定の整備

① 身体障害者が「車いす」によって道路を通行する場合の通行区分を明確にするため、関係規定を整備した（昭和40年9月1日から施行）。

② (1)から(5)までの改正規定の施行の日から3年を経過した日以後における四輪及び三輪の軽自動車に対する運転免許の資格要件を強化するため、運転免許の種類のうち、軽自動車免許を廃止し、自動車の種類としての

四輪及び三輪の軽自動車を普通自動車とする等運転免許の種類及び当該運転免許によって運転することができる自動車等の種類に関する規定を整備した（昭和43年9月1日から施行）。

7　昭和42年8月1日法律第126号の一部改正

　横断歩行者の保護の徹底を図るため、車両等の通行方法に関する規制を強化し、大型自動車による交通事故を防止するため、大型自動車の運転の資格要件を引き上げる等所要の規定を整備した。また、運転免許の行政処分の制度の合理化を図るため、悪質重大な交通事故を起こした者に対する運転免許の効力の仮停止の制度を新設する等の措置を講じた。さらに、大量に発生している自動車等の運転者の道路交通法違反事件のうち、現認、明白、定型のものを迅速かつ合理的に処理するため、「交通反則通告制度」を新設した。改正の要点は、次のとおりである。

(1)　**車両等の通行方法の規定の整備**
　　（昭和42年11月1日から施行）
　①　交通整理の行われていない横断歩道を通過しようとする車両等について、横断歩道の直前で停止している車両等があるときは、その横断歩道の直前で一時停止しなければならないこととするとともに、横断歩道及びその手前の30m以内の部分においては、前方を進行している他の車両等の側方を通過してその前方に出てはならないこととした。
　②　横断歩行者の優先に関する規定を整理した。

(2)　**大型自動車による交通事故を防止するための規定の整備**
　　（昭和42年11月1日から施行）

①　運行記録計を備えなければならないこととされている自動車を運行記録計が不備な状態で運転し、又は自動車の使用者等が運転させることを禁止するとともに、これらの自動車の使用者等は、運行記録計による記録を1年間保存しなければならないこととした。
②　積載重量又は積載容量の制限に違反して車両を運転した場合の罰則を強化するとともに、安全運転管理者がこのような運転を下命し、又は容認することを禁止した。
③　大型自動車免許の資格年齢を20歳（特定の者にあっては、19歳）に引き上げ、及びその運転免許試験は、特定の者を除き、運転の経験の期間が2年以上の者でなければ受けることができないこととするとともに、特定の大型自動車の運転の資格要件とされている運転の経験の期間を3年に引き上げた。

(3)　**運転免許に関する行政処分の合理化を図るための規定の整備**
①　運転免許を受けた者が、死傷事故を起こして負傷者救護義務の違反をしたとき、酒酔い運転をして死傷事故を起こしたとき、及び過労運転その他一定の交通違反をして死亡事故を起こしたときは、警察署長は、その交通事故があった日から起算して20日を経過する日までその者の運転免許の効力を仮停止することができることとし、その他仮停止をした後の弁明の機会の供与、仮停止を受けた者が運転免許の取消し又は効力の停止を受けた場合における処分期間の通算等仮停止について必要な事項及び国際運転免許証を所持する者に

対する準用について規定した（昭和42年11月1日から施行）。

② 　公安委員会は、運転免許の保留及び効力の停止に関する事務を警視総監又は道府県警察本部長に行わせることができることとし、並びに精神病者等の身体的免許欠格者の運転免許の取消し、停止等の手続を合理化した（昭和42年8月1日から施行）。

(4)　その他所要の規定の整備
（昭和42年8月1日から施行）

① 　高速通行路に3の車両通行帯を設けることができるように改めた。

② 　合図違反の過失犯の処罰規定を設け、酒気帯び加重の規定を整備し、及び前記の各改正に伴い、所要の罰則を整備した。

(5)　交通反則通告制度の新設
（昭和43年7月1日から施行）

① 　車両等（軽車両を除く。）の運転者がした一定の違反行為を反則行為とするとともに、反則行為をした者のうち、無資格運転者、過去1年以内に運転免許の効力の停止等を受けた者、酒気帯び運転をしていた者及びその反則行為によって交通事故を起こした者以外の者を反則者とした。

② 　警察官は、反則者（20歳未満の者を除く。）があるときは、反則行為の事実及び種別並びに原則として出頭の期日及び場所を書面で告知するものとし、告知をしたときは、警視総監又は道府県警察本部長（以下「警察本部長」という。）に報告しなければならないこととした。

③ 　告知の報告を受けた警察本部長は、告知を受けた者が告知されたとおりの反則者であるときは、その者に対し反則金の納付を書面で通告するも

のとし、通告を受ける者が出頭しないため通告書を送付するときは、その送付に要する費用を併せて通告するものとした。

④ 　警察本部長は、告知を受けた者が告知されたとおりの反則者でないときは、その旨通知するものとし、告知を受けた者が告知された反則行為の種別と異なる種別の反則行為をしているときは、その異なる種別の反則行為について反則金の納付を通告するものとした。

⑤ 　反則金の納付は、通告を受けた日の翌日から起算して10日以内に、国に対してしなければならないこととし、この期間内に反則金（通知書の送付に要する費用の納付の通告を受けた者にあっては、その費用を含む。）を納付した者は、通告を受けた事件について公訴を提起されないこととした。

⑥ 　告知を受けた者は、反則金に相当する金額を告知を受けた日の翌日から起算して7日以内に仮納付することができることとし、仮納付をした後にその者に対し通告があったときは、その仮納付をした者は、仮納付金を納付した者とみなすこととした。

⑦ 　反則金の額は、別表で限度を定め、その範囲内で反則行為の種別に応じ政令で定額を定めることとした。

⑧ 　その他仮納付をした者に対する通告の方法、告知が誤っていた場合における仮納付金の返還、反則者の刑事事件に関する訴訟事件、方面本部長に対する権限の委任、この手続の実施について必要な事項の政令への委任等について規定した。

⑨ 　国は、当分の間、交通安全対策の

一環として、反則金収入額に相当する額を、道路交通安全施設の設置に要する費用に充てさせるため、交通安全対策特別交付金として都道府県及び市町村（特別区を含む。）に交付するものとした。

8　昭和45年5月21日法律第86号の一部改正（昭和45年8月20日から施行）

事故の防止、安全と円滑をさらに徹底し、悪質事犯の排除を図るため、「酒気帯び運転」に関する規制及び罰則を強化し、悪質な運転者の運転免許の取消し後の欠格期間を延長することができることとした。また、少年に対し交通反則通告制度を適用するとともに、都市交通規制のための規定を整備した。さらに、新たに歩行者の通行の安全の確保及び駐停車の規制の励行等を職務とする交通巡視員の制度を設けた。改正の要点は、次のとおりである。

(1)　**悪質事犯の排除の徹底**

①　酒気帯び運転に関する規制及び罰則を強化した。

○　酒気帯び運転の禁止の範囲を拡大し、酒気帯び運転全般を禁止することとした。

○　酒酔い運転の罰則について懲役刑の長期を1年から2年に引き上げるとともに、酒気帯び加重の制度に代えて、酒気帯び運転のうち、身体に政令で定める程度以上にアルコールを保有して車両等（軽車両を除く。）を運転した場合を処罰することとした。

○　警察官は、酒気帯び運転の禁止に違反して運転するおそれがあると認められる者について呼気検査をすることができることとした。

○　酒気帯び運転の禁止に違反して運転をするおそれがある者に酒類を提供し、又は飲酒をすすめることを禁止することとした。

②　運転免許の取消し等を受けた後の免許の欠格期間は、悪質な運転者については、3年以下の範囲内で延長することができることとした。

③　酒酔い運転、無免許運転等の下命・容認をした安全運転管理者等に対する罰則を引き上げ、運転者の罰則を同一のものにした。

(2)　**交通反則通告制度適用対象者の範囲の拡大**

①　少年である反則者についても交通反則通告制度を適用することとし、併せて反則金を納付しない少年について家庭裁判所が反則金の納付を指示することができることとした。

②　運転免許の行政処分を受けたことがある者のうち、軽微な反則行為をした者については、交通反則通告制度を適用することとした。

(3)　**都市交通規制等のための措置**

①　公安委員会は、車両の交差点で進行する方向別の通行区分並びに左折及び右折の方法を指定することができることとした。

②　公安委員会は、車両の進路の変更を禁止し、又は制限することができることとした。

(4)　**交通巡視員制度の新設**

①　都道府県警察に、歩行者の安全の確保、駐停車の規制の励行及びその他の交通指導を行わせるため、交通巡視員を置くこととした。

②　交通巡視員は、手信号等による交通整理、歩行者に対する通行方法の指示、違法駐車に対する是正の措置

及び駐停車違反をした反則者に対する告知を行うことができることとした。

(5) **歩行者及び自転車の保護のための通行方法**

① 児童、幼児等の乗降のため停車している通学通園バスの側方を通過する車両等は、徐行して安全確認をしなければならないこととした。

② 自転車道が設けられている道路の通行区分及び公安委員会の指定による自転車の歩道通行について規定を整備した。

(6) **自動車の運転者の資質の向上**

① 指定の基準に適合しなくなった指定自動車教習所に対しては、指定の解除のほか、6月を超えない期間を定めてその期間内における教習に基づき試験免除の対象となる卒業証明書を発行することを禁止することができることとし、併せて教習内容の改善等の命令をすることができることとした。

② マイクロバスを大型自動車とする等のため、総理府令で所要の経過措置を設けることができることとした。

(7) **故障車両による交通の妨害の排除**

① 警察官等は、故障等のため禁止に違反して駐車している車両を移動することができることとし、これに要した費用は、その車両の運転者等に負担させることとした。

② 高速自動車国道又は自動車専用道路においては、燃料不足等によって運転することができなくなるおそれがある自動車を運転することを禁止することとした。

9　昭和45年12月25日法律第143号の一部改正 （昭和46年6月24日から施行）

「交通公害」、道路の交通に起因する人の健康又は生活環境にかかる被害の実情にかんがみ、その防止を図るため交通の規制を行うことができるように規定を整備した。改正の要点は、次のとおりである。

① 道路交通法の目的に「道路の交通に起因する障害の防止に資すること」を加えた。

② 「交通公害」の定義規定を設け、「交通公害」の意義は、「道路の交通に起因して生ずる大気の汚染、騒音及び振動のうち総理府令・厚生省令で定めるものによって、人の健康又は生活環境に係る被害が生ずることをいう」とした。

③ 公安委員会は、交通公害の防止を図るため必要があると認めるときは、信号機を設置し、及び管理することができることとした。

④ 公安委員会は、交通公害の防止を図るため必要があると認めるときは、道路の区間を定めて通行を禁止し、又は制限することができることとした。

⑤ 公安委員会は、交通公害の防止を図るためにも道路標識等を設置することができることとし、また、交通公害の防止を図るためやむを得ないと認めるときは、警察官の現場における指示により禁止、制限又は指定を行うことができることとした。

⑥ 公安委員会は、交通公害の防止を図るため必要があると認めるときは、徐行すべき場所を指定することができることとした。

⑦　公安委員会は、交通公害の防止に関し交通の規制を行うため必要があると認めるときは、都道府県知事その他関係地方公共団体の長に対し、当該交通公害に関する資料の提供を求めることができることとするとともに、交通公害の防止を図るため自動車の通行を禁止し、又は制限しようとする場合において、その禁止又は制限を行うことにより、広域にわたり道路における交通に著しい影響が及ぶおそれがあるときは、都道府県知事及び関係地方行政機関の長その他政令で定める者の意見をきかなければならないこととした。

10　昭和46年4月15日法律第46号の一部改正 （昭和46年12月1日から施行）

道路法等の一部を改正する法律の附則により、関連する規定の整備が行われた。

11　昭和46年5月31日法律第88号の一部改正 （昭和46年7月1日から施行）

環境庁設置法の附則により、環境庁の設置に伴い関連する交通公害関係の規定の整備が行われた。

12　昭和46年6月1日法律第96号の一部改正 （昭和46年12月1日から施行）

許可、認可等の整理に関する法律の附則により、関連する規定の整備が行われた。

13　昭和46年6月2日法律第98号の一部改正

歩行者の通行の安全を図り、都市における交通の混雑緩和その他都市交通対策を推進するための規定を整備し、その他交通方法に関する規定を合理化する等交通管理のための規定を整備した。また、「交通の方法に関する教則」の作成及び運転者等に対する講習について規定する等運転者管理のための規定を整備した。改正の要点は、次のとおりである。

(1)　交通管理のための規定の整備
（昭和46年12月1日から施行）

①　歩行者の通行の安全の確保のための規定を整備した。

○　車両の通行規制による歩行者用道路について規定を設け、歩行者の通行方法の特例、やむを得ない理由がある車両の通行の許可の制度及び通行が認められる車両の特別の注意義務につき規定した。

○　道路標示によって車道と路側帯とを分離することができることとし、一定の路側帯を歩道と同様に取り扱う等歩行者及び車両の通行区分等について規定を整備した。

○　歩行者の側方を通過する車両及び横断歩道に接近する車両等の注意義務について規定を整備した。

○　その他横断歩道付近における駐停車禁止を強化する等歩行者に関する規定を整備した。

②　都市交通対策の推進のための規定を整備した。

○　都市における交通の混雑に対処するため、車両の通行の禁止又は制限は、区域を定めて行うことができることとするとともに、広域にわたり交通に著しい影響が及ぶおそれがある自動車の通行規制をするときは、知事等の意見をきかなければならないこととした。

○　駐車対策を推進するため、駐車時間の制限の実効の確保の手段としてパーキング・メーターを用いること

ができることとし、違法駐車車両の
移動、保管等に要した費用を定額に
よって徴収することができることと
し、駐停車違反の罰則を強化する等
の措置を講じた。
○ 公共輸送機関の優先を確保するた
め、路線バス等優先通行帯を設ける
ことができることとし、及び停留所
から発進するバスの進路変更を他の
車両は妨げてはならないこととした。
③ 車両等の交通方法に関する規定を
整備した。
○ 多車線道路における通行区分、道
路外に出る場合の方法、追越しに関
する規制、交差点における優先関係
等について規定を整備した。
○ 急ブレーキの禁止、みだりに進路
を変更することの禁止、混雑交差点
への進入禁止、装置不良車両に関す
る規制及び罰則の強化、駐車車両か
ら離れる場合の無断使用防止のため
の措置義務の新設、高速自動車国道
等における座席ベルトの装着義務の
新設等交通の安全と円滑及び道路の
交通に起因する障害を防止するため
の規制を強化した。
○ 車道上に道路標示で車両が入って
はならない部分を表示することがで
きることとし、また、交差点、踏切
等で停止する場合の停止位置を停止
線で指定することができることとし
たほか、道路標識及び道路標示の活
用を図るための規定を整備した。
④ 交通規制権限等に関する規定を整
備した。
○ 公安委員会は、政令で定めるとこ
ろにより、期間の短い交通の規制を
警察署長に委任することができるこ
ととした。

○ 高速自動車国道又は自動車専用道
路における警察署長の権限は、公安
委員会の定めるところにより、これ
らの道路における交通警察にかかる
事務を処理する警視以上の警察官に
行わせることができることとした。
○ 道路法に基づいて道路の管理者が
設置した区画線を道路標示とみなす
など、道路の管理者との権限の調整
を図った。
○ その他交通規制等の権限について
所要の規定を整備した。
⑤ 交通方法に関する規定の理解を容
易にするため、歩行者及び運転者の
遵守義務に関する規定と公安委員会
の交通規制権限に関する規定とを分
離して規定した。
(2) 運転管理のための規定の整備
　（昭和47年4月1日から施行）
① 運転者等に対する講習について規
定を整備した。
○ 免許証の「更新」を受けようとす
る者は、公安委員会の行う「講習」
を受けるように努めなければならな
いこととした。
○ 指定自動車教習所の管理者は、公
安委員会からその指定自動車教習所
の技能指導員等に対する講習を行う
旨の通知を受けたときは、講習を受
けさせなければならないこととした。
② 正しい交通知識の徹底を図るため
所要の規定を整備した。
○ 国家公安委員会は、道路を通行す
る者に正しい交通方法を理解させる
ため、必要な事項を分かりやすく編
集した「教則」を作成し、公表する
ものとした。
○ 法令試験及び構造試験に分けて
行っていた当時の学科試験を統合し

て、自動車等の運転に必要な知識の試験とし、その試験は、前記の教則に基づいて行うものとした。

③　運転資格の適正化を図るため、外国免許をもっている者の国内免許試験の免除について規定を整備し、大型免許の受験資格等として必要な自動車の運転の経験から小型特殊自動車の運転の経験を除外する等の規定の整備をした。

④　事業所における安全運転管理の強化を図った。

○　安全運転管理者の処理すべき事項を総理府令で明確にすることとするとともに、安全運転管理者の選任者は、これらの事項を処理するため必要な権限を与えなければならないこととした。

○　安全運転管理者の選任者は、公安委員会からその安全運転管理者に対する講習を行う旨の通知を受けたときは、講習を受けさせなければならないこととした。

14　昭和46年12月31日法律第130号の一部改正（昭和47年5月15日から施行）

沖縄の復帰に伴う関係法令の改廃に関する法律により、沖縄の復帰に伴い関連する免許関係の規定の整備が行われた。

15　昭和47年6月1日法律第51号の一部改正

普通免許の技能試験を道路において実施するための規定を整備した。また、初心運転者に対する教育の徹底とその資質の向上を図るため、指定自動車教習所に関する規定を整備し、初心運転者の遵守事項について規定した。さらに、「うっかり失効」を防止する等のため、免許証

の有効期間についての規定を整備した。改正の要点は、次のとおりである。

(1)　**「路上試験の実施等」のための規定の整備**

（昭和48年4月1日から施行）

①　普通免許の技能試験は、道路において行うこととした。

②　普通免許の試験を受けようとする者は、指定自動車教習所の卒業者等の政令で定める者を除いて、仮免許を現に受け、5日間以上道路上で総理府令で定めるところにより運転の練習を受けた者でなければならないこととした。

③　仮免許に関する規定を整備した。

○　大型自動車若しくは普通自動車を路上の練習のために、又は普通自動車を普通免許の路上の技能試験若しくは指定自動車教習所の技能検定のために運転しようとする者は、その運転しようとする自動車の種類に応じて大型仮免許又は普通仮免許を受けなければならないこととした。

○　仮免許を受けた者は、練習のため路上で自動車を運転しようとするときは、その運転者席の横の乗車席に、その自動車について、免許経歴が3年以上ある者若しくは第二種免許を受けている者又は技能指導員等の政令で定める者を同乗させ、その指導を受けて運転しなければならないこととした。

○　仮免許の有効期間は、3月とすることとした。ただし、その期間が満了するまでの間に、正規の免許を受けたときは、仮免許はその効力を失うこととした。

○　仮免許の取消処分制度を設けるとともに、仮免許を与えること及び仮

免許の取消しに関する事務は、警察本部長等に行わせることができることとした。

(2) **初心運転者に対する教育の徹底等を図るための規定の整備**

① 指定自動車教習所における教習効果を高めるため、指定自動車教習所において技能検定に従事する者は、刑法その他の罰則の適用について、法令により公務に従事する職員とみなすこととするとともに、指定自動車教習所の指定基準等に関する規定を整備した（昭和48年4月1日から施行）。

② 普通免許を受け、免許経歴が1年に満たない者は、自動車の前面及び後面に総理府令で定める様式の標識を付けて運転しなければならないこととした（昭和47年10月1日から施行）。

③ 初心運転者又は仮免許練習中の運転者が総理府令で定める様式の標識を付けた普通自動車を運転しているときは、他の一般の自動車の運転者は、危険防止のためやむを得ない場合を除き、その普通自動車の側方に幅寄せをし、又はその普通自動車が前方に追突防止のための必要な距離を保つことができないこととなるときは進路変更をしてはならないこととした（昭和47年10月1日から施行）。

(3) **免許証の有効期間に関する規定の整備**

（昭和48年4月1日から施行）

① 免許証の有効期間の末日は、その者が適性検査を受けた日（免許証の更新を受けた者については、旧免許証の有効期間が経過した日）の後のその者の3回目の誕生日とすることとした。

② 経過措置として、改正規定の施行の際現に免許を受けている者の免許証の有効期間については、なお従前の例によることとし、この場合において、その者の免許証の有効期間が改正規定の施行後に更新されたときにおけるその者の免許証の有効期間は、3年を経過した最初のその者の誕生日までとすることとした。

(4) **その他運転免許制度に関する規定の整備**

（昭和48年4月1日から施行）

① 大型免許及び第二種免許の運転免許試験の受験資格並びに政令大型自動車の運転資格となる普通自動車等の運転の経験期間等を、単に、普通免許等の運転免許を受けていた期間とすることとした。

② 路上試験の実施に伴い、手数料の限度額を引き上げた。

(5) **その他の規定の整備**

① 国家公安委員会が都道府県公安委員会に対して行う指示の対象道路に当時の高速自動車国道のほか、政令で定める自動車専用道路を加えることとした（昭和47年10月1日から施行）。

② その他所要の規定を整備した（昭和47年6月1日から施行）。

16　昭和51年6月10日法律第64号の一部改正（昭和51年12月1日から施行）

振動規制法の規定により、道路交通振動の防止について都道府県知事から都道府県公安委員会に対し道路交通法の規定による措置を執るべきことの要請があった場合において、当該都道府県公安委員会が道路交通法の目的に基づき、当該道路交通振動防止のための措置をとる必要があると認めるときは、そのための措置をとることとした。

17　昭和53年5月20日法律第53号の一部改正

　第一に、交通事故の防止等を図るため、身体障害者の通行保護及び自転車の通行の安全確保のための規定の整備及び自動二輪車の運転者等の遵守事項、高速自動車国道等における運転者の遵守事項に関する規定の整備を行った。

　第二に、運転者対策の推進を図るため、副安全運転管理者の設置等安全運転管理の強化に関する規定、運転免許制度、行政処分制度等に関する規定の整備を行った。改正の要点は、次のとおりである。

(1)　**身体障害者の通行を保護するための規定の整備**

　　（昭和53年12月1日から施行）

①　目が見えない者は、盲導犬を連れて道路を通行することができることとした。

②　身体障害者用の車いすが通行している場合等において、車両等の運転者はその通行を妨げないようにしなければならないこととした。

(2)　**自転車の通行の安全を確保するための規定の整備**

　　（昭和53年12月1日から施行）

①　自転車の交通方法の特例について新たに節を設けるとともに、関係規定を整備した。

②　自転車は自転車横断帯により道路を横断又は通行しなければならないこととし、自転車横断帯を通行している自転車の保護等について規定を整備した。

③　歩道等を通行することができる自転車の大きさ等を定め、歩道を通行する場合における自転車の通行方法等について規定を整備した。

④　自転車の運転者は、制動装置又は反射器材を備えていない自転車を運転してはならないこととした。

(3)　**自動二輪車の運転者等の遵守事項に関する規定の整備**

　　（昭和53年12月1日から施行）

①　自動二輪車の運転者は、所定の乗車用ヘルメットをかぶって運転しなければならないこととする等、自動二輪車の運転者の遵守事項について規定を整備した。

②　原動機付自転車の運転者は、所定の乗車用ヘルメットをかぶって運転するように努めなければならないこととした。

③　自動車等の運転者は、2台以上の自動車等を連ねて通行させる場合等においては、共同して著しく道路における交通の危険を生じさせる行為等をしてはならないこととした。

(4)　**高速自動車国道等における運転者の遵守事項等に関する規定の整備**

　　（昭和53年12月1日から施行）

①　自動車の運転者は、高速自動車国道等において自動車を運転しようとするときは、あらかじめ、燃料の量、貨物の積載の状態等を点検し、適切な措置を講じなければならないこととした。

②　故障その他の理由により本線車道等において運転することができなくなった場合において、自動車の停止していることを表示しなければならないこととする等、運転者の講ずべき措置について規定を整備した。

(5)　**違法駐車車両の移動等に要する費用に関する規定の整備**

　　（昭和53年12月1日から施行）

　違法駐車車両の移動等に要する費用の

徴収限度額を引き上げることとした。

(6)　**安全運転管理の強化を図るための規定の整備**

(昭和53年12月１日から施行)

①　車両等の使用者は、運転者等に対し安全運転に関する事項を遵守させるように努めなければならないこととする等、使用者の義務について規定を整備した。

②　自動車の使用者は、総理府令で定めるところにより、安全運転管理者の義務を補助させるため「副安全運転管理者」を選任しなければならないこととし、その他安全運転管理者等の解任事由等について規定を整備した。

③　公安委員会は、安全運転管理者を選任している自動車の使用者等に対し、必要な報告又は資料の提出を命ずることができることとした。

④　公安委員会は、自動車の使用者等が運転者に対して積載制限違反等の違反行為を下命又は容認した場合において、当該自動車の使用者に対し、当該違反に係る自動車の使用の制限を命ずることができることとし、この命令の実施について所用の規定を整備した。

(7)　**運転免許制度に関する規定等の整備**

①　緊急自動車を運転することができる者の資格の制限等について規定を整備した（昭和54年４月１日から施行）。

②　仮免許の有効期間を３月から６月に延長した（昭和53年12月１日から施行）。

③　運転免許の行政処分を現に受けている者は、国際運転免許証で自動車等を運転できないこととした（昭和53年12月１日から施行）。

(8)　**行政処分制度に関する規定の整備**

(昭和53年12月１日から施行)

①　道路運送車両法第58条第１項の規定等に違反した者に対する運転免許の拒否、保留、取消し、効力の停止等の行政処分について規定を整備した。

②　警察署長が、運転免許を受けた者等に対し、当該運転免許の仮停止等の行政処分を行うことができることとされる事項について規定を整備した。

③　その他行政処分の報告等に関し所用の規定を整備した。

(9)　**公安委員会の行う副安全運転管理者等に対する講習についての規定の整備**

(昭和53年12月１日から施行)

(10)　**運転免許試験手数料等に関する規定の整備**

(昭和53年12月１日から施行)

運転免許試験手数料等についてその限度額を引き上げることとした。

(11)　**罰則及び交通反則通告制度に関する規定の整備**

①　麻薬等の影響により正常な運転ができないおそれがある状態で車両等を運転した者等に対する罰則を引き上げ、当該運転者を非反則者とした（昭和53年12月１日から施行）。

②　その他交通反則通告制度に関する規定を整備した（昭和54年４月１日から施行）。

18　**昭和58年５月16日法律第36号の一部改正**（昭和58年５月16日から施行）

交通反則金の原資として地方団体に交付されている交通安全対策特別交付金が地方団体の基準財政収入額に算入されることとなり、この交通反則金及び交通安

全対策特別交付金に関する経理は交付税及び譲与税配付金特別会計において行われることとなったことに伴い、道路交通法の附則を改正し、交付金の額及び交付金の使途等について所要の規定を整備した。また、これを受けて、交付金の使途等を定めた「交通安全対策特別交付金等に関する政令」（昭和58年5月16日政令第104号）が公布された。

19　昭和59年5月8日法律第25号の一部改正 (昭和59年7月1日から施行)

運輸省の地方支分部局である海運局と陸運局とを統合して「地方運輸局」が新設されたことに伴い、運輸省設置法の一部を改正する法律の附則により、道路交通法第63条第6項中「陸運局長」を「地方運輸局長」に改めた。

20　昭和60年7月5日法律第87号の一部改正

道路交通の過密、混合化が進展する中にあって、交通事故及びそれによる死傷者が増加しており、それに対処するため、原動機付自転車の右折方法、原動機付自転車の運転者の乗車用ヘルメットの着用、座席ベルトの装着義務の規定を整備し、初心運転者で一定の者に対する講習制度を設けた。

また、違法駐車が重大な社会問題となっており、警察署においても違法駐車車両の保管において不都合が生じてきたため、一定の条件のもとに、そのような車両を売却、廃棄できることとし、さらに、騒音問題の解決を図るため、法規制を強化した。改正の要点は、次のとおりである。

(1)　原動機付自転車の右折方法に関する規定の整備
（昭和61年1月1日から施行）

原動機付自転車は、道路標識等により指定されている道路及び3以上の車両通行帯が設けられている道路において右折するとき（信号機等により交通整理の行われている交差点で右折する場合に限る。）は、軽車両の二段階右折方法によらなければならないこととした。

(2)　違法駐車車両に関する規定の整備
（昭和60年7月25日から施行）

違法駐車車両の移動保管後の規定を設けることとするとともに、所有者の氏名が不明である場合等においては、公示後6月をもって、その所有権を都道府県に帰属させる等所用の措置を講ずることとした。

なお、保管費用等の徴収手続には督促規定がないので、これを明文化するほか、違法工作物の除去等の徴収手続に関しても同様の改正を行うこととした。

(3)　運転者の遵守事項に関する規定の整備

①　運転者は、著しく他人に迷惑を及ぼすこととなる騒音を生じさせるような方法で自動車等を急発進させること等をしてはならないこととした（昭和60年9月1日から施行）。

②　運転者は、座席ベルトを装着しないで、及び助手席同乗者に座席ベルトを装着させないで、自動車を運転してはならないこととした（昭和60年9月1日から施行）。

③　運転者は、乗車用ヘルメットをかぶらないで原動機付自転車を運転してはならないこととし（昭和61年7月5日から施行）、自動二輪車免許を受けて1年に満たない者は、二人乗り

をしてはならないこととした（昭和60年9月1日から施行）。

④　初心運転者のうち、法令違反を犯し、一定の基準に該当することとなった者は、都道府県公安委員会の行う講習を受けなければならないこととした（昭和61年1月1日から施行）。

(4)　その他
（昭和60年7月5日等から施行）

手数料に関する規定及び期間に関する規定を整備するとともに、本法改正に伴い、必要な規定の整備をすることとした。

21　昭和61年5月23日法律第63号の一部改正（昭和62年4月1日から施行）

都市部等における違法駐車問題に対処するため、新たに、時間制限駐車区間に関する制度を設けるほか、違法駐車車両に対する標章の取付け措置及び指定車両移動保管機関制度を導入し、駐車に関する規定を整備するとともに、道路使用適正化センターの指定に関する制度を新設し、併せて、罰金の額及び反則金の限度額を引き上げ、並びに反則通告制度の適用範囲を拡大した。

(1)　駐車に関する規定の整備

①　公安委員会は、時間制限駐車区間につき、パーキング・メーター又はパーキング・チケット発給設備を設置し、及び管理することとし、当該区間に駐車する車両は、所定の方法により駐車しなければならないこととした。

②　違法駐車車両につき、当該車両の運転者等が現場にいない場合は、当該車両の所有者等に対し当該車両の駐車方法を変更する等の措置を講ずべき旨及びその措置を講じたときは警察官等又は警察署長にその事実を

申告すべき旨を告知する標章を取り付けることができることとし、何人もこれを破損し、又は汚損してはならず、警察官等又は警察署長がその申告を受けた場合その他一定の場合に取り除くほかは、これを取り除いてはならないこととした。

③　警察署長の行う違法駐車車両の移動保管に係る事務の全部又は一部を公安委員会の指定した法人に行わせることができることとした。

④　道路における車両の駐車及び交通規則等に関する相談、照会及び広報活動等の事業を行うものとして、公安委員会は、都道府県ごとに、一を限って都道府県道路使用適正化センターを指定することとし、国家公安委員会は、全国に一を限って全国道路使用適正化センターを指定することとした。

(2)　罰則及び反則金の限度額に関する規定の整備

罰則の額及び反則金の限度額を、それぞれおおむね2倍に引き上げることとした。

(3)　反則通告制度の適用範囲に関する規定の整備

①　反則行為をした者で過去1年以内に運転免許の行政処分を受けたことがあるものを反則者とした。

②　25km/h以上30km/h未満の速度超過を反則行為とした。

22　平成元年12月22日法律第90号の一部改正（平成2年9月1日から施行）

自動車等の運転について必要な技能及び知識が十分でない初心運転者による交通事故を防止し、初心運転者が自動車等の安全な運転に習熟することを助長する

ため、新たに、初心運転者期間制度及び
運転免許の取消処分を受けたことがある
者に対する講習制度を導入した。

(1)　初心運転者期間制度の新設

　①　普通自動車免許、自動二輪車免許
　　及び原付免許を受けた者については、
　　免許の種類ごとに、免許取得後の1
　　年間を初心運転者期間とし、その期
　　間中に法令違反を犯し、一定の基準
　　に該当することになったものに対し、
　　初心運転者講習を行うこととした。

　②　公安委員会は、基準該当初心運転
　　者で初心運転者講習を受けなかった
　　もの及び初心運転者講習を受けた者
　　で講習を終了してから初心運転者期
　　間が経過するまでの間に法令違反を
　　犯し一定の基準に該当することと
　　なったものに対し再試験を行うこと
　　とし、再試験の結果、再試験を受け
　　た者が免許自動車等を安全に運転す
　　るために必要な能力を有しないと認
　　めるときは、免許を取り消さなけれ
　　ばならないこととした。

**(2)　運転免許の取消し処分を受けたこと
　がある者に係る運転免許試験の受験資
　格に関する規定の整備**

　運転免許の拒否及び取消し並びに6月
を超える期間の運転の禁止の処分を受け
たことがある者は、過去1年以内に公安
委員会の行う講習を受けていなければ、
運転免許試験を受けることができないこ
ととした。

(3)　その他

　公安委員会は、その指定する者に初心
運転者講習及び取消処分者講習を行わせ
ることができることとした。

**23　平成2年7月3日法律第73号の
　一部改正**（平成3年1月1日から施行）

　放置車両及び転落積載物等が道路にお
ける危険を生じさせ、又は交通の妨害と
なっている実情に対処するため、放置車
両について適正な管理を行っていない使
用者に対する公安委員会による指示及び
運行の制限の措置を設け、並びに放置行
為に係る罰金の額及び反則金の限度額を
引き上げるとともに、転落積載物等に係
る警察署長の措置に関する規定を整備し
たほか、地域交通安全活動推進委員の制
度について定めた。

**(1)　放置行為の防止に係る使用者の責任
　等に関する規定の整備**

**ア　放置車両の使用者に対する公安委員
　会の指示**

　車両の運転者が放置行為をし、その車
両につき移動等の措置がとられた場合に
おいて、その車両の使用者が放置車両に
つき放置行為を防止するため必要な運行
の管理を行っていると認められないとき
は、公安委員会は、その使用者に対し、
放置行為を防止するため必要な措置をと
ることを指示することができることとし
た。

**イ　放置行為の防止に係る使用者の義務
　等**

　車両の使用者は、その車両の運転者に
車両の駐車について道路交通法等に規定
する事項を遵守させるとともに、駐車に
ついての車両の適正な使用のために必要
な措置をとるよう努めなければならない
こととし、また、自動車の使用者等はそ
の者の業務に関し、自動車の運転者に対
し、放置行為をすることを命じ、又は自
動車の運転者が放置行為をすることを容
認してはならないこととし、自動車の使

用者がこれに違反し、自動車の運転者が放置行為を行った場合において、自動車の使用者がその業務に関し自動車を使用することが著しく交通の危険を生じさせ、又は著しい交通の妨害となるおそれがあるときは、公安委員会はその使用者に対し6月を超えない範囲で、違反に係る自動車を運転し、又は運転させてはならないよう命じることができることとした。またアの指示に係る自動車につき、指示後1年以内に放置行為が行われ、自動車の使用者がその自動車を使用することによって著しく交通の危険が生じ、又は著しく交通の妨害となるおそれがあると認められるときは、公安委員会は、その使用者に対し3月を超えない範囲で期間を定め、違反に係る自動車を運転し、又は運転させてはならないよう命じることができることとし、また、駐車に関して自動車の適正な使用の推進を図るため必要があると認めるときは自動車の使用者に対し、必要な報告又は資料の提出を求めることができることとした。

ウ　その他

車両が法令に定められている停車の方法に違反して停車していると認められるときは、警察官等は当該車両の運転者に対しその車両の停車方法の変更又は移動を命ずることができることとし、また、警察署長が移動した車両を保管する場合は盗難等の事故を防止するため、警察署長がその車両を保管している旨の表示、車輪止装置の取付けその他必要な措置をとらなければならないこととした。

(2)　転落積載物等及び交通事故に係る損壊物等の除去に関する規定の整備

ア　転落積載物等の除去等の措置

車両等の運転者は、転落積載物等を除去することなど道路における危険を防止

するため必要な措置をとらなければならないこととした。警察署長は、転落積載物等が道路における危険を生じさせ、又は著しく交通の妨害となるおそれがあるときは、転落積載物等の占有者に対し除去その他転落積載物等について道路における危険を防止し、又は交通の円滑を図るため必要な措置をとるべきことを命ずることができることとし、転落積載物等の所有者等の氏名・住所を知ることができないために必要な措置をとることを命ずることができないときは、警察署長が自ら当該措置をとることができることとした。

イ　交通事故に係る損壊物等の移動等の措置

交通事故があった場合、運転者等が直ちに現場にいる警察官の指示に従うことが難しいと認められるときは、警察官は交通事故に係る損壊物等の移動その他応急の措置をとることができることとした。

(3)　地域交通安全活動推進委員制度の新設

①　公安委員会は、地域における交通の状況について知識があり、一定の要件を満たしているもののうちから地域交通安全活動推進委員を委嘱することができることとした。

②　地域交通安全活動推進委員は、道路における適正な車両の駐車及び道路の使用方法について、住民の理解を深めるための運動の推進その他の地域における交通の安全と円滑を図るための活動を行うものとすることとした。

③　地域交通安全活動推進委員は、公安委員会が定める区域ごとに地域交通安全活動推進委員協議会を組織するものとし、地域交通安全活動推進

委員の活動の方針を定め、及び地域交通安全活動推進委員が能率的にその任務を行うために必要な事項を行うこととする。

(4)　放置行為に係る罰則及び反則金の限度額に関する規定の整備

放置行為に係る罰金、反則金の限度額を引き上げることとした。

(5)　その他

①　交通巡視員の行うべき事務として、自動車の保管場所の確保の励行に関する事務を加えることとした。

②　反則行為に関する処理手続の特例となる罪に当たる行為のうち、重被けん引車の運転者がしたものを反則行為とすることとした。

24　平成4年5月6日法律第43号の一部改正

(1)　交通事故調査分析センターに関する規定の整備

（平成4年5月6日から施行）

ア　交通事故調査分析センターの指定

国家公安委員会は、民法第34条の法人であって、イの事業を適正かつ確実に行うことができると認められるものを、全国に一を限って、交通事故調査分析センター（以下「分析センター」という。）として指定することができることとした。

イ　分析センターの事業

分析センターは、道路交通の状況、運転者の状況その他の交通事故に関係する事項について、その原因の科学的な研究に資するための調査（以下「事故例調査」という。）を行うこと、交通事故の原因等に関する科学的な研究を目的として、事故例調査に係る情報又は資料その他の個別の交通事故に係る情報又は資料を分析すること、交通事故一般に関する情報又は資料を収集し、及び分析し、その他交通事故に関する科学的な調査研究を行うこと、交通事故に関する知識の普及及び交通事故防止に関する意識の啓発を図るため、分析の結果又は調査研究の成果を提供すること等をその事業とした。

ウ　分析センターへの協力

警察庁及び都道府県警察並びに警察署長は、分析センターがその事業を行うために必要な情報又は資料を分析センターに対し、提供することができることとした。

エ　事故例調査に従事する者の遵守事項等

①　事故例調査に従事する分析センターの職員は、当該事故例調査を行うために関係者に協力を求めるに当たっては、その生活等に支障を及ぼさないように配慮しなければならないこととした。

②　分析センターは、事故例調査に係る情報並びに警察庁及び都道府県警察の提供に係る情報の管理等に関する事項についての規程を作成し、国家公安委員会の認可を受けなければならないこととした。

③　分析センターの役員等は、分析センターの所定の事業に関して知り得た秘密を漏らしてはならないこととした。

(2)　運転免許に関する規定の整備

（平成4年11月1日から施行）

ア　仮免許の申請

仮免許を受けようとする者でエ②の届出をした自動車教習所において自動車の運転に関する教習を受けている者は、その者の住所地又は当該自動車教習所の所在地を管轄する公安委員会に対して当該免許の申請を行うことができることとし

た。
イ　原付免許を受けようとする者の義務
　原付免許を受けようとする者は、公安委員会の行う講習を受けなければならないこととし、公安委員会は、原付免許に係る運転免許試験に合格した者が当該講習を受けていないときは、その者に対し、免許を与えないことができることとした。
ウ　運転免許試験の免除
　免許証の有効期間の更新を受けなかった者で、その者の免許が効力を失った日から起算して6月を経過しないもの等について、運転免許試験の一部を免除することとした。
エ　自動車教習所に関する規定の新設
　①　自動車教習所を設置等する者は、当該自動車教習所において行う自動車の運転に関する教習の水準の維持向上に努めなければならないこととした。
　②　自動車教習所を設置等する者は、当該自動車教習所の所在地を管轄する公安委員会に、一定の事項を届け出ることができることとした。
　③　公安委員会は、②の届出をした自動車教習所を設置等する者に対し、必要な指導又は助言をするものとし、当該指導又は助言をした場合において、必要があると認めるときは、自動車安全運転センターに対し、当該自動車教習所の職員に対する研修等について、必要な配慮を加えるよう求めることができることとした。
(3)　その他
　①　身体障害者用の車いすに係る定義に関する規定を整備した（平成4年11月1日から施行）。
　②　自動車又は原動機付自転車の運転者は、消音器を備えていない等の自

動車又は原動機付自転車を運転してはならないこととした（平成4年8月1日から施行）。
　③　道路運送車両法第19条等の規定は、運転免許の拒否等の行政処分等に関する規定の適用については、道路交通法の規定とみなすこととした（平成4年11月1日から施行）。

25　平成5年5月12日法律第43号の一部改正（平成6年5月10日から施行）

(1)　運転免許に関する規定の整備
ア　普通免許等を受けようとする者の義務
　普通免許又は二輪免許を受けようとする者は、公安委員会の行う講習を受けなければならないこととし、公安委員会は、普通免許又は二輪免許に係る運転免許試験に合格した者が当該講習を受けていないときは、その者に対し、免許を与えないことができることとした。
イ　優良運転者に係る免許証の有効期間の特例
　優良運転者（免許証の更新に係る日等までに継続して免許（仮免許を除く。）を受けている期間が5年以上である者であって、この法律の遵守の状況が優良な者として政令で定める基準に適合するものをいう。）に係る免許証の有効期間は、その者の年齢に応じて、更新前の免許証の有効期間が満了した日等の後のその者の5回目、4回目又は3回目の誕生日が経過するまでの期間とした。
ウ　外国免許の取扱いの改善
　①　免許を受けようとする者が外国の行政庁の免許を有する者であるときは、公安委員会は、政令で定めるところにより、その者が受けようとする免許に係る自動車等を運転するこ

とに支障がないことを確認した上で、運転免許試験の一部を免除することができることとした。

② 政令で定める外国の行政庁の免許に係る免許証（日本語による翻訳文で政令で定める者が作成したものが添付されているものに限る。）を所持する者は、本邦に上陸した日から起算して１年間、当該免許証に係る自動車等を運転することができることとした。

エ 指定自動車教習所の制度の整備

① 指定自動車教習所には、技能検定を行わせるため、技能検定員資格者証の交付を受けている者のうちから選任された技能検定員を置かなければならないこととした。

② 指定自動車教習所には、自動車の運転に関する技能及び知識の教習を行わせるため、教習指導員資格者証の交付を受けている者のうちから選任された教習指導員を置かなければならないこととした。

オ 免許関係事務の委託

公安委員会は、免許に関する事務（政令で定める事務を除く。以下「免許関係事務」という。）の全部又は一部を総理府令で定める法人に委託することができることとし、当該委託を受けた法人の役員等は、当該委託に係る免許関係事務に関して知り得た秘密を漏らしてはならないこととした。

カ その他

① 公安委員会は、道路における危険を防止し、その他交通の安全と円滑を図るため必要があると認めるときは、免許を受けた者について、臨時に適性検査を行うことができることとした。

② 免許の取消し又は効力の停止は、当該取消し又は効力の停止に係る者に対し当該取消し又は効力の停止の内容及び理由を記載した書面を交付して行うものとするとともに、警察官は、当該書面の交付を受けていない者の所在を知ったときは、その者に対し、日時及び場所を指定して当該書面の交付を受けるために出頭すべき旨を命じ、併せて当該命令に係る取消し又は効力の停止に係る免許証の提出を求め、これを保管することができることとした。

(2) 交通事故の防止等に関する規定の整備

ア 違法駐車に対する措置

公安委員会は、違法駐車行為が常態として行われている道路の区間であって、車輪止め装置の取付けの措置によって違法駐車行為の防止を図ることが適当なものを、車輪止め装置取付け区間として指定することができることとし、警察署長は、道路又は交通の状況から判断して当該区間における違法駐車行為を防止するためやむを得ないと認めるときは、当該区間における違法駐車行為に係る車両に車輪止め装置を取り付けることができることとした。

イ 過積載車両に対する措置

① 警察官は、過積載をしていると認められる車両が運転されているときは、当該車両を停止させ、並びに当該車両の運転者に対し、自動車検査証等の提示を求め、及び当該車両の積載物の重量を測定することができることとした。

② 警察官は、過積載をしている車両の運転者に対し、当該車両に係る積載が過積載とならないようにするた

め必要な応急の措置をとることを命ずることができることとし、当該命令によっては車両に係る積載が過積載とならないようにすることができないと認められる場合において、当該車両に係る過積載の程度及び道路又は交通の状況を勘案して当該車両を警察官が指示した事項を遵守して運転させることに支障がないと認めるときは、当該車両の運転者に対し、警察官が指示した事項を遵守して当該車両を運転し、及び当該車両に係る積載が過積載とならないようにするため必要な措置をとることを命ずることができることとした。

③　②の命令がされた場合において、当該命令に係る車両の使用者が当該車両に係る過積載を防止するため必要な運行の管理を行っていると認められないときは、公安委員会は、当該車両の使用者に対し、車両に係る過積載を防止するため必要な措置をとることを指示することができることとした。

④　自動車の使用者等以外の者は、車両の運転者に対し、過積載をして車両を運転することを要求すること等の行為をしてはならないこととし、警察署長は、当該規定に違反する行為が行われた場合において、当該行為をした者が反復して当該規定に違反する行為をするおそれがあると認めるときは、当該行為をした者に対し、当該規定に違反する行為をしてはならない旨を命ずることができることとした。

⑤　公安委員会が自動車の使用者に対し③の指示をした場合において、当該使用者に係る当該自動車につきその指示を受けた後1年以内に過積載をしている車両を運転することが行われ、かつ、当該使用者が当該自動車を使用することが著しく交通の危険を生じさせるおそれがあると認めるときは、公安委員会は、当該使用者に対し、3月を超えない範囲内で期間を定めて、当該自動車を運転し、又は運転させてはならない旨を命ずることができることとした。

⑥　過積載をしている車両の運転に係る罰則を引き上げるとともに、積載物の重量の制限として定められた数値の2倍以上の重量の積載をして大型自動車等を運転する行為を非反則行為とした。

ウ　速度超過の反則金等

速度超過に係る反則金の限度額の引上げを行うこととするとともに、高速自動車国道等における速度超過40km/hまでの違反行為を反則行為とした。

26　平成5年11月12日法律第89号の一部改正 （平成6年10月1日から施行）

行政手続法の施行に伴う関係法律の整備に関する法律により、関連する規定の整備が行われた。

27　平成7年4月21日法律第74号の一部改正

(1)　運転免許に関する規定の整備
（平成8年9月1日から施行）

ア　運転免許の種類に関する規定の整備

①　第一種運転免許のうち、自動二輪車免許を廃止し、新たに大型自動二輪車免許（以下「大型二輪免許」という。）及び普通自動二輪車免許（以下「普通二輪免許」という。）を設けることとした。

②　大型自動二輪車を運転しようとする者は大型二輪免許を、普通自動二輪車を運転しようとする者は普通二輪免許を、それぞれ受けなければならないこととした。

③　大型二輪免許又は普通二輪免許を受けた者がそれぞれ運転することができる自動車等の種類を定めることとした。

イ　運転免許の欠格事由に関する規定の整備

18歳に満たない者に対しては大型二輪免許を、16歳に満たない者に対しては普通二輪免許を、それぞれ与えないこととした。

(2)　その他

①　自動車、原動機付自転車、軽車両及び自転車の定義及び歩行者とする者に関する規定を整備した（平成7年10月1日から施行）。

②　自動車の種類に関する規定を整備した（平成8年9月1日から施行）。

28　平成9年5月1日法律第41号の一部改正

(1)　運転免許に関する規定の整備

ア　軽微違反行為をした者に対する講習の新設

（平成10年10月1日から施行）

①　公安委員会は、免許を受けた者又は国際運転免許証等を所持する者で、自動車等の運転に関し道路交通法等に違反する行為で軽微なもの（以下「軽微違反行為」という。）をし、当該行為が政令で定める基準に該当することとなったものに対し、講習を行うこととした。

②　免許を受けた者又は国際運転免許証等を所持する者は、軽微違反行為をし、当該行為が政令で定める基準に該当することとなった場合において、公安委員会から講習を行う旨の通知を受けたときは、当該通知を受けてから1月を超えることとなるまでの間に当該講習を受けなければならないこととした。

③　①の講習を終了した者については、免許の取消し又は効力の停止を行わないこととした。

イ　運転免許を受けることができない期間に関する規定の整備

（平成10年10月1日から施行）

公安委員会は、免許を拒否し、又は取り消したときは政令で定める基準に従い、5年を超えない範囲内で当該処分を受けた者が免許を受けることができない期間を指定するものとした。

ウ　自動車等の運転者に重大違反行為をさせた者等に対する免許の拒否等に関する規定の整備

（平成10年4月1日から施行）

①　公安委員会は、自動車等の運転者を唆して重大な道路交通法違反をさせ、若しくは自動車等の運転者の重大な道路交通法違反を助ける行為（以下「重大違反唆し等」という。）をした者又は道路以外の場所において自動車等をその本来の用い方に従って用いることにより人を死傷させる行為（以下「道路外致死傷」という。）をした者については、政令で定める基準に従い、免許を与えず、又は保留することができることとした。

②　免許を受けた者が、重大違反唆し等又は道路外致死傷をしたときは、公安委員会は、政令で定める基準に従い、その者の免許を取り消し、又

は免許の効力を停止することができ
ることとした。

(2)　**交通の安全と円滑に資するための民
間の組織活動等の促進を図るための規
定の整備**

（平成10年 4 月 1 日から施行）

ア　民間の組織活動等の促進を図るた
めの公安委員会の措置に関する規定の新
設

①　公安委員会は、道路における交通
の安全と円滑に資するための活動で
民間の自主的な組織活動として行わ
れるものの促進を図るため、情報の
提供等必要な措置を講ずるものとし
た。

②　公安委員会は、地方公共団体が行
う交通安全対策の的確かつ円滑な実
施が図られるよう、関係地方公共団
体の長に対する情報の提供その他必
要な措置を講ずるものとした。

イ　公安委員会による交通安全教育に関
する規定の新設

公安委員会は、住民に対する交通安全
教育を行うように努めなければならない
こととした。

ウ　交通安全教育指針の作成及び公表に
関する規定の新設

国家公安委員会は、交通安全教育を行
う者が効果的かつ適切な交通安全教育を
行うことができるようにし、及びイによ
り公安委員会が行う交通安全教育の基準
とするため、交通安全教育に関する指針
を作成し、公表するものとした。

エ　都道府県交通安全活動推進センター
及び全国交通安全活動推進センターに
関する規定の整備

①　都道府県道路使用適正化センター
の事業に、交通の安全に関する事項
についての広報活動、交通事故に関

する相談、運転適性指導等を加え、
同センターを都道府県交通安全活動
推進センターに改組するものとした。

②　全国道路使用適正化センターの事
業に、交通の安全に関する事項につ
いての広報活動等を加え、同セン
ターを全国交通安全活動推進セン
ターに改組するものとした。

(3)　**高齢の歩行者等の保護を図るための
規定の整備**

（平成 9 年10月30日から施行）

ア　申請による運転免許の取消しに関す
る規定の整備

①　免許を受けた者は、その者の住所
地を所管する公安委員会に免許の取
消しを申請することができることと
した。

②　①により、申請を受けた公安委員
会は、政令で定めるところにより、
当該申請に係る免許を取り消すもの
とした。

イ　免許証の更新期間が満了する日にお
ける年齢が75歳以上の者に対する講習
の新設

①　公安委員会は、更新期間が満了す
る日における年齢が75歳以上の者に
対し、講習を行うこととした。

②　免許証の更新を受けようとする者
で更新期間が満了する日における年
齢が75歳以上のものは、更新期間が
満了する日前 2 か月以内に①の講習
を受けていなければならないことと
した。

ウ　高齢の歩行者の保護に関する規定の
整備

①　高齢の歩行者でその通行に支障の
あるものが道路を横断している場合
等において、当該歩行者からの申出
があったときその他必要があると認

められるときは、警察官等その他その場所に居合わせた者は、当該歩行者が安全に道路を横断することができるように努めなければならないこととした。

② 車両等の運転者は、高齢の歩行者でその通行に支障のあるものが通行しているときは、その通行を妨げないようにしなければならないこととした。

エ 高齢の運転者の保護に関する規定の整備

① 大型免許又は普通免許を受けた者で75歳以上のものは、老齢に伴う身体の機能の低下が自動車の運転に影響を及ぼすおそれがあるときは、総理府令で定める様式の標識を付けて普通自動車を運転するように努めなければならないこととした。

② 車両等の運転者は、75歳以上の者が①の標識を付けた普通自動車を運転しているときは、危険防止のためやむを得ない場合を除き、当該自動車の側方に幅寄せ等をしてはならないこととした。

(4) その他交通の安全と円滑を図るための規定の整備

① 最高速度違反車両の使用者に対する措置に関する規定を整備した（平成10年4月1日から施行）。

② 過労運転車両の使用者に対する措置に関する規定を整備した（平成10年4月1日から施行）。

③ 高速自動車国道等における自動車の交通方法の特例に関する規定を整備した（平成9年10月30日から施行）。

④ 交通情報の提供に関する規定を整備した（平成9年10月30日から施行）。

29 平成10年9月28日法律第110号の一部改正（平成11年4月1日から施行）

精神薄弱の用語の整理のための関係法律の一部を改正する法律により関連する規定の整備が行われた。

30 平成11年5月10日法律第40号の一部改正

(1) 運転者の遵守事項に関する規定の整備

ア 自動車（大型自動二輪車及び普通自動二輪車を除く。以下「普通自動車等」という。）の運転者は、幼児用補助装置を使用しない幼児を乗車させて普通自動車等を運転してはならないこととした（平成12年4月1日から施行）。

イ 自動車又は原動機付自転車（以下「自動車等」という。）を運転する場合においては、当該自動車等が停止しているときを除き、携帯電話用装置、自動車電話用装置その他の無線通話装置を通話のために使用し、又は当該自動車等に取り付けられ若しくは持ち込まれた画像表示用装置に表示された画像を注視してはならないこととした（平成11年11月1日から施行）。

(2) その他交通の安全及び円滑を図るための規定の整備
（平成12年4月1日から施行）

ア 運転免許取得者教育に関する規定の整備

① 免許を現に受けている者に対しその運転技能を向上させるとともに道路交通に関する知識を深めさせるための教育（以下「運転免許取得者教育」という。）を、自動車教習所である施設その他の施設を用いて行う者は、その課程の区分ごとに、公安

委員会に申請して、当該施設において行う運転免許取得者教育が、運転免許取得者教育を効果的かつ適正に行うことができる者として国家公安委員会規則で定める者により行われるものであること等に適合している旨の認定を受けることができることとした。

② 特定失効者に対する講習に関する規定の整備

うっかり失効者が免許の再取得の際に運転免許試験の一部免除を受けるためには、運転免許申請書を提出した日における年齢が75歳以上である場合には高齢者講習と同一の講習、それ以外の場合には更新時講習と同一の講習等を受講しなければならないこととした。

③ 国家公安委員会への報告に関する規定の整備

公安委員会は、運転免許証の記載事項の変更等の事由が生じたときは、総理府令で定める事項を国家公安委員会に報告しなければならないこととした。

④ 講習通知事務の委託に関する規定の新設

公安委員会は、初心運転者講習又は違反者講習に係る通知の実施に係る事務の全部又は一部を総理府令で定める法人に委託することができることとした。

⑤ 法の施行に関する事項についての国家公安委員会の指示権に関する規定の整備

国家公安委員会の指示の対象となる自動車専用道路については、政令で定める基準に従い国家公安委員会が指定することとした。

31　平成11年7月16日法律第87号の一部改正（平成12年4月1日から施行）

地方分権の推進を図るための関係法律の整備等に関する法律により運転免許手数料に係る規定等関連する規定の整備が行われた。

32　平成11年12月22日法律第160号の一部改正（平成13年1月6日から施行）

中央省庁等改革関係法施行法により関連する規定の整備が行われた。

33　平成12年5月26日法律第86号の一部改正（平成14年2月1日から施行）

道路運送法及びタクシー業務適正化臨時措置法の一部を改正する法律の附則により関連する規定の整備が行われた。

34　平成13年6月20日法律第51号の一部改正

(1)　運転免許証の更新を受ける者の負担を軽減するための規定の整備

（平成14年6月1日から施行）

ア　一般運転者に係る免許証の有効期間の延長

一般運転者（優良運転者又は違反運転者等以外の者）に係る免許証の有効期間は、その者の年齢に応じて、更新前の免許証の有効期間が満了した日等の後のその者の5回目、4回目又は3回目の誕生日から起算して1月を経過する日までの期間とした。

イ　免許証の更新期間の延長

免許証の有効期間の更新を受けようとする者は、当該免許証の有効期間が満了する日の直前のその者の誕生日の1月前から当該免許証の有効期間が満了する日までの間に公安委員会に更新申請書を提

出しなければならないこととした。

ウ　住所地以外の都道府県公安委員会を経由した更新の申請の特例

　免許証の更新を受けようとする者のうち当該更新を受ける日において優良運転者に該当するものは、当該免許証の有効期間が満了する日の直前のその者の誕生日までに免許証の更新の申請をする場合には、更新申請書の提出を、その者の住所地を管轄する公安委員会以外の公安委員会を経由して行うことができることとした。

エ　失効後の免許再取得に関し所要の規定の整備

(2)　運転者対策の推進を図るための規定の整備

ア　第二種免許に関する規定の整備

①　代行運転普通自動車を運転しようとする者の義務

（平成16年6月1日から施行）

　　自動車運転代行業を営む者による役務の対象となっている自動車（普通自動車に限る。）を運転しようとする者は、第二種免許を受けなければならないこととした。

②　大型第二種免許等の運転免許試験

（平成16年6月1日から施行）

　　自動車等の運転について必要な技能について行う大型第二種免許及び普通第二種免許の運転免許試験は、道路において行うことが交通の妨害となるおそれがある運転免許試験の項目を除き、道路において行うものとした。

③　大型第二種免許等を受けようとする者の義務

（平成14年6月1日から施行）

　　大型第二種免許又は普通第二種免許を受けようとする者は、公安委員会が行う応急救護処置に関する講習及びその受けようとしている免許に係る自動車の運転に関する講習を受けなければならないこととした。

イ　障害者に係る免許の欠格事由の見直し等

（平成14年6月1日から施行）

①　障害者に係る免許の欠格事由の廃止

　　精神病者、知的障害者、てんかん病者、目が見えない者、耳が聞こえない者、口がきけない者等に係る免許の欠格事由を廃止した。

②　免許の拒否、取消し等に関する規定の整備

　　公安委員会は、幻覚の症状を伴う精神病であって政令で定めるものにかかっている者、発作により意識障害又は運動障害をもたらす病気であって政令で定めるものにかかっている者等については、政令で定める基準に従い、免許を与えず若しくは保留し、又は免許を取り消し、若しくは免許の効力を停止することができることとした。

③　臨時適性検査に係る取消し等

　　臨時適性検査の通知を受けた者が、当該通知に係る適性検査を受けないと認めるときは、公安委員会は、政令で定める基準に従い、その者の免許を取り消し、又は免許の効力を停止することができることとした。

ウ　高齢の運転者の保護等に関する規定の整備

（平成14年6月1日から施行）

①　大型免許又は普通免許を受けた者で70歳以上のものは、加齢に伴って生ずる身体の機能の低下が自動車の運転に影響を及ぼすおそれがあると

きは、内閣府令で定める様式の標識
を付けて普通自動車を運転するよう
に努めなければならないこととし、
車両等の運転者は、70歳以上の者が
当該標識を付けた普通自動車を運転
しているときは、危険防止のためや
むを得ない場合を除き、当該自動車
の側方に幅寄せ等をしてはならない
こととした。

②　免許証の更新を受けようとする者
で更新期間が満了する日における年
齢が70歳以上のものは、政令で定め
る者を除き、更新期間が満了する日
前3月以内に公安委員会が行った第
108条の2第1項第12号に掲げる講
習を受けていなければならないこと
とした。

エ　免許証の電磁方法による記録に関す
る規定の整備

（平成14年6月1日から施行）

公安委員会は、免許証に記載され又は
表示されるものの一部を、免許証に電磁
的方法により記録することができること
とした。

オ　罰則に関する規定の整備

（平成14年6月1日から施行）

救護義務違反、酒酔い運転、麻薬等運
転、共同危険行為、無免許運転等をした
者に対する罰則を引き上げた。

カ　その他

（平成14年6月1日から施行）

免許の取消しを申請し、当該免許を取
り消された者は、当該取消しを行った公
安委員会に対し、自動車等の運転に関す
る経歴について表示する書面の交付を申
請することができることとした。

(3)　その他交通の安全及び円滑を図るた
めの規定の整備

（平成14年6月1日から施行）

ア　身体障害者等の通行の保護を図るた
めの規定の整備

①　身体の障害のある歩行者その他の
歩行者でその通行に支障のあるもの
が道路を横断している場合等におい
て、当該歩行者から申出があったと
きその他必要があると認められると
きは、警察官等その他その場所に居
合わせた者は、当該歩行者が安全に
道路を横断することができるように
努めなければならないこととした。

②　車両等の運転者は、身体の障害の
ある歩行者その他の歩行者でその通
行に支障のあるものが通行している
ときは、その通行を妨げないように
しなければならないこととした。

③　大型免許又は普通免許を受けた者
で肢体不自由であることを理由に当
該免許に条件を付されているもの
は、当該肢体不自由が自動車の運転に影
響を及ぼすおそれがあるときは、普
通自動車の前面及び後面に内閣府令
で定める様式の標識を付けて普通自
動車を運転するように努めなければ
ならないこととし、車両等の運転者
は、肢体不自由である者が当該標識
を付けた普通自動車を運転している
ときは、危険防止のためやむを得な
い場合を除き、当該自動車の側方に
幅寄せ等をしてはならないこととし
た。

イ　交通情報の提供に関する規定の整備

①　国家公安委員会は、交通情報を提
供する事業を行う者が正確かつ適切
に交通情報を提供することができる
ようにするため、交通情報の提供に
関する指針を作成し、これを公表す
るものとした。

②　交通情報を提供する事業を行う者

は、①の指針に従い正確かつ適切に交通情報を提供することにより、道路における危険防止その他交通の安全と円滑に資するように配慮しなければならないこととした。

③　道路における交通の混雑の状態を予測する事業又は目的地に到達するまでに要する時間を予測する事業（以下「特定交通情報提供事業」という。）を行おうとする者は、氏名及び住所、交通情報の収集及び提供の方法等の事項を国家公安委員会に届け出なければならないこととし、その者が届出をした事項を変更するときも、同様とした。

④　国家公安委員会は、特定交通情報提供事業を行う者が正確かつ適切でない交通情報を提供することにより道路における交通の危険又は混雑を生じさせたと認めるときは、その者に対し、事業に係る技術水準その他の事情を勘案して、相当な期間を定めて、正確かつ適切な交通情報の提供の実施のために必要な措置をとるべきことを勧告することができることとした。

⑤　国家公安委員会は④の勧告をした場合において、当該勧告を受けた特定交通情報提供事業を行う者が当該勧告に従わないときは、その旨及び当該勧告の内容を公表することができることとした。

35　平成13年12月5日法律第138号の一部改正（平成13年12月25日から施行）

刑法の一部を改正する法律の附則により関連する規定の整備が行われた。

36　平成14年6月19日法律第77号の一部改正（平成15年4月1日から施行）

鉄道事業法等の一部を改正する法律の附則により関連する規定の整備が行われた。

37　平成14年7月31日法律第98号の一部改正（平成15年4月1日から施行）

日本郵政公社法施行法により郵便局における反則金の受入事務に要する経費に係る規定の整備が行われた。

38　平成16年6月2日法律第73号の一部改正（平成17年5月16日から施行）

出入国管理及び難民認定法の一部を改正する法律の附則により、関連する規定の整備が行われた。

39　平成16年6月9日法律第90号の一部改正

(1)　違法駐車対策の推進を図るための規定の整備

（平成18年6月1日から施行）

ア　駐車に係る車両の使用者の義務の強化

車両の使用者は、当該車両を適正に駐車する場所を確保することその他車両の適正な使用のために必要な措置を講じなければならないこととした。

イ　車両の使用者に放置違反金の納付を命ずる制度に関する規定の整備

①　警察署長は、警察官等に、違法駐車と認められる場合における車両であって、その運転者がこれを離れて直ちに運転することができない状態にあるもの（以下「放置車両」という。）の確認をさせ、当該確認をした旨等を告知する標章を当該車両に

取り付けさせることができることとした。

② 車両の使用者、運転者その他当該車両の管理について責任がある者を除き、①により車両に取り付けられた標章を破損し、若しくは汚損し、又はこれを取り除いてはならないこととした。

③ 警察署長は、①により車両に標章を取り付けさせたときは、当該車両の駐車に関する状況を公安委員会に報告しなければならないこととし、報告を受けた公安委員会は、当該報告に係る車両を放置車両と認めるときは、当該車両の使用者に対し、放置違反金の納付を命ずることができることとした。ただし、①により車両に標章が取り付けられた日の翌日から起算して30日以内に、当該車両に係る違法駐車行為をした者が当該違法駐車行為について反則金の納付をした場合又は当該違法駐車行為に係る事件について公訴を提起され、若しくは家庭裁判所の審判に付された場合は、この限りでないこととした。

④ 公安委員会は、③による命令(以下「納付命令」という。)をしようとするときは、当該車両の使用者に対し、あらかじめ、当該納付命令の原因となる事実等を通知し、当該事案について弁明書及び有利な証拠を提出する機会を与えなければならないこととした。

⑤ 放置違反金の限度額を定め、放置違反金の額は、その範囲内で政令で定めることとした。

⑥ ④による通知を受けた者は、放置違反金に相当する金額を仮に納付することができることとした。

⑦ 納付命令は、⑥による仮納付をした者については、公示して行うことができることとし、⑥による仮納付をした者について納付命令があったときは、当該放置違反金に相当する金額の仮納付は、当該納付命令による放置違反金の納付とみなすこととした。

⑧ 公安委員会は、⑥による仮納付をした者について、納付命令をしないこととしたときは、当該仮納付に係る金額を返還しなければならないこととした。

⑨ 公安委員会は、納付命令を受けた者が納付の期限を経過しても放置違反金を納付しないときは、督促しなければならないこととした。

⑩ ⑨による督促を受けた者がその指定期限までに放置違反金及び延滞金等(以下「放置違反金等」という。)を納付しないときは、公安委員会は、地方税の滞納処分の例により、放置違反金等を徴収することができることとした。

⑪ 放置違反金等は、当該公安委員会が置かれている都道府県の収入とすることとした。

⑫ 公安委員会は、納付命令をした場合において、当該納付命令の原因となった車両に係る違法駐車行為をした者が当該違法駐車行為について反則金の納付をし、又は当該違法駐車行為に係る事件について公訴を提起され、若しくは家庭裁判所の審判に付されたときは、当該納付命令を取り消さなければならないこととし、納付命令を取り消したときは、その旨を当該納付命令を受けた者に通知

し、既に放置違反金等が納付等され
ているときは、当該放置違反金に
相当する金額を還付しなければなら
ないこととした。

⑬　公安委員会は、①から⑫までの施
行のため必要があると認めるときは、
①により標章を取り付けられた車両
の使用者等に対し、当該車両の使用
に関し必要な報告又は資料の提出を
求めることができることとした。

⑭　公安委員会は、①から⑫までの施
行のため必要があると認めるときは、
官庁、公共団体その他の者に照会し、
又は協力を求めることができること
とした。

ウ　放置違反金等の納付等を証する書面
の提示に関する規定の整備

①　自動車検査証の返付を受けようと
する者は、当該自動車についてイの
⑨による督促を受けたことがある
ときは、国土交通大臣等に対して、当
該督促に係る放置違反金等を納付し
たこと等を証する書面を提示しなけ
ればならないこととした。

②　国土交通大臣等は、①の書面の提
示がないときは、自動車検査証の返
付をしないこととした。

エ　自動車等を運転し、又は運転させて
はならない旨の命令に関する規定の整
備

公安委員会が車両の使用者に対し納付
命令をした場合において、当該使用者が
6月以内に当該車両が原因となった納付
命令を受けたことがあり、かつ、当該使
用者が当該車両を使用することについて
著しく交通の危険を生じさせ又は著しく
交通の妨害となるおそれがあると認める
ときは、公安委員会は、3月を超えない
範囲内で期間を定めて、当該車両を運転

し、又は運転させてはならない旨を命ず
ることができることとした。

オ　放置車両の確認及び標章の取付けに
関する事務等の委託に関する規定の整
備

①　警察署長は、放置車両の確認及び
標章の取付けに関する事務（以下
「確認事務」という。）の全部又は一
部を、公安委員会の登録を受けた法
人に委託することができることとし
た。

②　警察署長は、確認事務を委託した
ときは、その受託者（以下「放置車
両確認機関」という。）の名称及び
主たる事務所の所在地等を公示しな
ければならないこととした。

③　放置車両確認機関は、公安委員会
から駐車監視員資格者証の交付を受
けている者のうちから選任した駐車
監視員以外の者に放置車両の確認等
を行わせてはならないこととした。

④　放置車両確認機関は、駐車監視員
に制服を着用させ、又はその他の方
法によりその者が駐車監視員である
ことを表示させ、かつ、一定の記章
を着用させなければ、その者に放置
車両の確認等を行わせてはならない
こととした。

⑤　駐車監視員は、放置車両の確認等
を行うときは、駐車監視員資格者証
を携帯し、警察官等から提示を求め
られたときは、これを提示しなけれ
ばならないこととした。

⑥　放置車両確認機関の役員等は、確
認事務に関して知り得た秘密を漏ら
してはならないこととした。

⑦　確認事務に従事する放置車両確認
機関の役員、駐車監視員等は、刑法
その他の罰則の適用に関しては、法

令により公務に従事する職員とみなすこととした。
⑧　公安委員会は、放置違反金に関する事務（確認事務、納付命令、督促及び滞納処分を除く。）の全部又は一部を会社その他の法人に委託することができることとした。
⑨　⑧による事務の委託を受けた法人の役員等は、当該事務に関して知り得た秘密を漏らしてはならないこととした。

カ　警察署長が移動保管した放置車両の返還に関する規定等の整備
　①　警察署長は、放置車両の所有者に対して、当該放置車両を速やかに引き取るべき旨を告知し、又は公示した日から起算して１月を経過してもこれを返還することができない場合であって、その保管に不相当な費用を要するときは、当該車両を売却し、その代金を保管することができることとした。
　②　①の告知又は公示の日から起算して６月を経過しても保管した車両を返還することができない場合は、当該車両の所有権は、都道府県に帰属することとした。

(2)　**運転者対策の推進を図るための規定の整備**
（平成19年６月２日から施行）

ア　自動車の種類に関する規定の整備
　自動車の種類として、新たに中型自動車を設けることとした。

イ　運転免許の種類に関する規定の整備
　①　運転免許の種類として、新たに、中型自動車免許（以下「中型免許」という。）、中型自動車第二種免許（以下「中型第二種免許」という。）及び中型自動車仮免許（以下「中型

仮免許」という。）を設けることとした。
　②　中型自動車を運転しようとする者は中型免許を、旅客自動車運送事業に係る旅客を輸送する目的で中型自動車を運転しようとする者は中型第二種免許を、中型自動車を運転することができる第一種免許又は第二種免許を受けないで練習等のために中型自動車を運転しようとする者は中型仮免許を、それぞれ受けなければならないこととした。

ウ　運転免許の欠格事由等に関する規定の整備
　①　21歳に満たない者に対しては大型自動車免許（以下「大型免許」という。）及び大型自動車仮免許を、20歳に満たない者に対しては中型免許及び中型仮免許を、それぞれ与えないこととした。
　②　大型免許、中型免許又は中型第二種免許を受けようとする者は、公安委員会が行うその受けようとしている免許に係る自動車の運転に関する講習及び応急救護処置に関する講習を受けなければならないこととした。

エ　運転免許試験に関する規定の整備
　①　大型免許の運転免許試験を受けようとする者は、中型免許、普通自動車免許（以下「普通免許」という。）又は大型特殊自動車免許（以下「大型特殊免許」という。）を現に受けている者に該当し、かつ、これらの免許のいずれかを受けていた期間が通算して３年以上の者でなければならないこととした。
　②　中型免許の運転免許試験を受けようとする者は、普通免許又は大型特殊免許を現に受けている者に該当し、

かつ、これらの免許のいずれかを受けていた期間が通算して2年以上の者でなければならないこととした。

③　中型第二種免許の運転免許試験は、21歳以上の者で、大型免許、中型免許、普通免許又は大型特殊免許を現に受けている者に該当し、かつ、これらの免許のいずれかを受けていた期間が通算して3年以上のものでなければ、受けることができないこととした。

④　自動車等の運転について必要な技能について行う大型免許、中型免許及び中型第二種免許の運転免許試験は、道路において行うことが交通の妨害となるおそれがある項目を除き、道路において行うものとした。

(3)　暴走族対策の推進を図るための規定の整備

（平成16年11月1日から施行）

ア　共同危険行為等の禁止の規定の整備
2人以上の自動車又は原動機付自転車の運転者は、道路において2台以上の自動車又は原動機付自転車を連ねて通行させ、又は並進させる場合において、共同して、著しく交通の危険を生じさせ、又は著しく他人に迷惑を及ぼすこととなる行為をしてはならないこととした。

イ　騒音運転等に対する罰則規定の整備
正当な理由がないのに、著しく他人に迷惑を及ぼすこととなる騒音を生じさせるような方法で、自動車又は原動機付自転車を急に発進させるなどの行為をした者に対する罰則規定を整備した。

ウ　消音器不備に対する罰則規定の整備
消音器を備えていない自動車又は原動機付自転車を運転した者に対する罰則を引き上げた。

(4)　大型自動二輪車等の運転者の義務に関する規定の整備

（平成17年4月1日から施行）

ア　大型自動二輪車等の運転者の遵守事項に関する規定の整備

①　大型自動二輪車免許又は普通自動二輪車免許を受けた者で、20歳に満たないもの又は大型自動二輪車免許若しくは普通自動二輪車免許を受けていた期間が通算して3年に達しないものは、高速自動車国道及び自動車専用道路においては、運転者以外の者を乗車させて大型自動二輪車又は普通自動二輪車（以下「大型自動二輪車等」という。）を運転してはならないこととした。

②　①に違反する行為その他の大型自動二輪車等乗車方法違反をした者に対する罰則を引き上げた。

イ　危険防止の措置に関する規定の整備

①　警察官は、大型自動二輪車等の運転者が大型自動二輪車等乗車方法違反をしていると認めるときは、当該大型自動二輪車等を停止させ、及び当該大型自動二輪車等の運転者に対し、運転免許証の提示を求めることができることとした。

②　大型自動二輪車等の運転者が大型自動二輪車等乗車方法違反をするおそれがあるときは、警察官は、道路における交通の危険を防止するため必要な措置をとることができることとした。

(5)　その他

ア　携帯電話使用等に対する罰則規定の整備

（平成16年11月1日から施行）

自動車若しくは原動機付自転車を運転する場合において、携帯電話用装置、自

動車電話用装置その他の無線通話装置を手で保持して通話のために使用し、又は当該自動車若しくは原動機付自転車に持ち込まれた画像表示用装置を手で保持してこれに表示する画像を注視した者に対する罰則規定を整備した。

イ　飲酒検知拒否に対する罰則の引上げ
（平成16年11月1日から施行）

飲酒運転をするおそれがあると認められる者に対する呼気の検査を拒否した者に対する罰則を引き上げた。

ウ　交通安全対策特別交付金に係る国への返還及び国の報告徴収の規定の廃止
（平成16年6月9日から施行）

交通安全対策特別交付金に係る国への返還及び国の報告徴収の規定を廃止した。

40　平成16年6月18日法律第112号の一部改正 （平成16年9月17日から施行）

武力攻撃事態等における国民の保護のための措置に関する法律の附則により、関連する規定の整備が行われた。

41　平成16年6月18日法律第113号の一部改正 （平成16年9月17日から施行）

武力攻撃事態等におけるアメリカ合衆国の軍隊の行動に伴い我が国が実施する措置に関する法律の附則により、関連する規定の整備が行われた。

42　平成17年6月29日法律第77号の一部改正 （平成17年6月29日から施行）

介護保険法等の一部を改正する法律の附則により、関連する規定の整備が行われた。

43　平成17年10月21日法律第102号の一部改正 （平成19年10月1日から施行）

郵政民営化法等の施行に伴う関係法律

の整備等に関する法律により、所要の規定を整備した。

44　平成18年5月19日法律第40号の一部改正 （平成18年10月1日から施行）

道路運送法等の一部を改正する法律の附則により、関連する規定の整備が行われた。

45　平成18年6月2日法律第50号の一部改正 （平成20年12月1日から施行）

一般社団法人及び一般財団法人に関する法律及び公益社団法人及び公益財団法人の認定等に関する法律の施行に伴う関係法律の整備等に関する法律により、所要の規定を整備した。

46　平成18年12月22日法律第118号の一部改正 （平成19年1月9日から施行）

防衛庁設置法等の一部を改正する法律の附則により、関連する規定の整備が行われた。

47　平成19年5月23日法律第54号の一部改正 （平成19年6月12日から施行）

刑法の一部を改正する法律の附則により、関連する規定の整備が行われた。

48　平成19年6月20日法律第90号の一部改正

(1)　悪質・危険運転者対策の推進を図るための規定の整備

ア　飲酒運転等に対する罰則の引上げ
（平成19年9月19日から施行）

飲酒運転を行った者及び飲酒運転をするおそれがあると認められる者に対する呼気の検査を拒否した者に対する罰則を引き上げた。

イ　飲酒運転幇助行為に対する罰則規定

の整備
（平成19年9月19日から施行）

　酒気を帯びている者で飲酒運転を行うおそれがあるものに対し車両等を提供する行為及び自己の運送の要求等をして飲酒運転が行われている車両等に同乗する行為を禁止し、これらに違反した者等に対する罰則を整備した。

ウ　救護義務違反に対する罰則の引上げ
（平成19年9月19日から施行）

　その運転に起因して人の死傷を生じさせた者で、救護義務に違反したものに対する罰則を引き上げた。

エ　運転免許を受けることができない期間等に関する規定の整備
（平成21年6月1日から施行）

　公安委員会は、一定の悪質な違反行為をしたこと等を理由として、免許を拒否し、又は取り消したとき等は、政令で定める基準に従い、3年以上10年を超えない範囲内で当該処分を受けた者が免許を受けることができない期間等を指定することとした。

オ　危険防止の措置に関する規定の整備
（平成19年9月19日から施行）

　警察官は、違反行為を行い、又は交通事故を起こした運転者に運転を継続させることができるかどうかを確認するため必要があると認めるときは、運転免許証等の提示を求めることができることとした。

(2)　高齢運転者対策等の推進を図るための規定の整備

ア　認知機能検査に関する規定の整備
（平成21年6月1日から施行）

　75歳以上の者は、運転免許証の更新を受けようとする場合には、運転免許証の更新期間が満了する日前6月以内に、認知機能に関する検査を受けなければな

らないこととし、公安委員会は、当該検査を受けた者が一定の基準に該当するときは、臨時に適性検査を行うこととした。75歳以上の者が免許の失効後6月以内に免許を受けようとする場合も同様とした。

イ　高齢者講習を受講することができる期間に関する規定の整備
（平成21年6月1日から施行）

　70歳以上の者は、更新期間が満了する日の6月前から高齢者講習を受講することができることとした。

ウ　75歳以上の者及び聴覚障害者の保護に関する規定の整備
（平成20年6月1日から施行）

　75歳以上の者及び聴覚障害者は、普通自動車を運転する場合においては、内閣府令で定める標識を表示しなければならないこととするとともに、その標識を表示した普通自動車に対する幅寄せ等を禁止することとした。

(3)　自転車利用者対策の推進を図るための規定の整備
（平成20年6月1日から施行）

ア　普通自転車の歩道通行に関する規定の整備

①　普通自転車は、その運転者が児童又は幼児であるとき、車道又は交通の状況に照らして歩道を通行することがやむを得ないと認められるとき等には、歩道を通行することができることとした。ただし、警察官等が、歩行者の安全を確保するため必要があると認めて歩道を通行してはならない旨を指示したときは、この限りでないこととした。

②　歩行者は、歩道上に普通自転車通行指定部分があるときは、当該部分をできるだけ避けて通行するように努めなければならないこととした。

イ　乗車用ヘルメットに関する規定の整備

児童又は幼児を保護する責任のある者は、児童又は幼児を自転車に乗車させるときは、乗車用ヘルメットをかぶらせるよう努めなければならないこととした。

ウ　地域交通安全活動推進委員に関する規定の整備

地域交通安全活動推進委員の活動に、自転車の適正な通行の方法について住民の理解を深めるための運動の推進を加えることとした。

(4)　被害軽減対策の推進を図るための規定の整備

（平成20年6月1日から施行）

自動車の運転者は、助手席以外についても、座席ベルトを装着しない者を乗車させて自動車を運転してはならないこととした。

(5)　その他

ア　時間制限駐車区間に関する規定の整備

（平成19年9月19日から施行）

公安委員会は、パーキング・メーター又はパーキング・チケット発給設備を選択して設置することができることとした。

イ　警察署長が移動保管した放置車両に関する規定の整備

（平成20年6月1日から施行）

①　警察署長が移動保管した放置車両に関し、3月を経過しても返還することができないときは、当該放置車両の所有権は都道府県に帰属することとした。

②　警察署長は、違法駐車に対する措置に関する規定の施行のため必要があると認めるときは、保管した車両の使用者等その他の関係者等に対し、必要な報告又は資料の提出を求める

ことができることとするとともに、官庁、公共団体その他の者に照会し、又は協力を求めることができることとした。

ウ　指定車両移動保管機関に関する規定の廃止

（平成20年6月1日から施行）

警察署長は、車両移動保管関係事務を内閣府令で定める法人に委託することができることとし、指定車両移動保管機関制度に関する規定を廃止した。

エ　安全運転管理者に関する規定の整備

（平成20年6月1日から施行）

貨物軽自動車運送事業者の安全運転管理者選任義務に関する規定を整備した。

49　平成21年4月24日法律第21号の一部改正

(1)　高齢運転者等の交通の安全を確保するための規定の整備

ア　高齢運転者等に係る駐停車規制の特例に関する規定の整備

（平成22年4月19日から施行）

①　高齢運転者等標章を掲示した普通自動車は、駐車又は停車が禁止されている道路の部分のうち道路標識により指定されているものについては、駐車又は停車をすることができることとした。

②　公安委員会は、高齢運転者等に対し、その申請により、高齢運転者等標章を交付することとした。

③　高齢運転者等標章の交付を受けた者は、当該高齢運転者等標章を亡失し、滅失し、汚損し、又は破損したときは、その者の住所地を管轄する公安委員会に高齢運転者等標章の再交付を申請することができることとした。

④　高齢運転者等標章の交付を受けた者は、普通自動車対応免許が取り消され、又は失効したとき等は、速やかに、当該高齢運転者等標章をその者の住所地を管轄する公安委員会に返納しなければならないこととした。

⑤　高齢運転者等標章について必要な事項を内閣府令で定めることとした。

⑥　公安委員会は、道路標識等により、時間制限駐車区間を高齢運転者等標章を掲示した同一の普通自動車に限り引き続き駐車することができる道路の区間として指定（以下「高齢運転者等専用時間制限駐車区間」という。）することができることとした。

⑦　高齢運転者等専用時間制限駐車区間においては、高齢運転者等標章自動車以外の車両は、駐車をしてはならないこととした。

⑧　高齢運転者等標章の譲渡し及び貸与を処罰することとした。

イ　車間距離保持義務違反に係る法定刑の引上げ
（平成21年10月1日から施行）

高速自動車国道又は自動車専用道路において車間距離保持義務に違反する行為をした者に係る法定刑を引き上げることとした。

ウ　地域交通安全活動推進委員に関する規定の整備
（平成21年10月1日から施行）

地域交通安全活動推進委員の活動に、高齢者、障害者その他その通行に支障のある者の通行の安全を確保するための方法について住民の理解を深めるための運動推進を加えることとした。

エ　高齢運転者標識表示義務の見直し
（平成21年4月24日から施行）

75歳以上の者は高齢運転者標識を付け

ないで普通自動車を運転してはならないとする規定は、当分の間、適用しないこととした。

50　平成21年7月15日法律第79号の一部改正 （平成24年7月9日から施行）

出入国管理及び難民認定法及び日本国との平和条約に基づき日本の国籍を離脱した者等の出入国管理に関する特例法の一部を改正する等の法律の附則により、関連する規定の整備が行われた。

51　平成23年6月22日法律第72号の一部改正 （平成24年4月1日から施行）

介護サービスの基盤強化のための介護保険法等の一部を改正する法律の附則により、関連する規定の整備が行われた。

52　平成24年8月22日法律第67号の一部改正 （平成27年4月1日から施行）

子ども・子育て支援法及び就学前の子どもに関する教育、保育等の総合的な提供の推進に関する法律の一部を改正する法律の施行に伴う関係法律の整備等に関する法律により、所要の規定を整備した。

53　平成25年6月14日法律第43号の一部改正

(1)　一定の病気等に係る運転者対策の推進を図るための規定の整備

ア　免許の拒否事由等とされている一定の病気等に該当する者を的確に把握するための規定の整備
（平成26年6月1日から施行）

①　公安委員会は、運転免許を受けようとする者又は運転免許証の更新をしようとする者に対し、その者の症状に関する質問をするため、内閣府令で定める様式の質問票を用いて必

要な質問をすることができることと
した。

②　質問票に虚偽の記載をして提出し
た者及び公安委員会の求めがあった
場合において虚偽の報告をした者に
対して罰則を設けることとした。

③　医師は、その診察を受けた者が一
定の病気等のいずれかに該当すると
認めた場合において、その者が運転
免許を受けた者等であることを知っ
たときは、当該診察の結果を公安委
員会に届け出ることができ、医師が、
このような届出をしても刑法の秘密
漏示罪の規定その他の守秘義務に関
する法律の規定により問擬されるこ
とはないこととした。

④　公安委員会は、臨時に適性検査を
行う場合において、その者が、自動
車又は原動機付自転車（以下「自動
車等」という。）の運転により交通
事故を起こし、かつ、当該事故の状
況から判断して、一定の病気等に該
当する疑いがあると認められるとき
その他これに準ずるものとして政令
で定めるときは、３月を超えない範
囲内で期間を定めてその者の免許の
効力を停止することができることと
した。

イ　一定の病気に該当する者であること
を理由に免許を取り消された場合等に
おける当該免許の取消しを受けた者の
免許再取得に関する負担を軽減するた
めの規定の整備

①　一定の病気等に該当すること等を
理由として免許を取り消された者で
その者の免許が取り消された日から
起算して３年を経過しないものにつ
いては、その者が受けていた運転免
許に係る運転免許試験を免除するこ

ととした（平成26年６月１日から施行）。

②　一定の病気に該当すること等を理
由として免許の取消しを受けた者で
当該取消しを受けた日から起算して
３年を経過する前に次の免許を受け
たものに対する運転免許証の有効期
間に関する規定の適用については、
当該取り消された運転免許を受けた
日から当該取消しを受けた日までの
期間及び当該次の免許を受けていた
期間は継続していたものとみなすこ
ととした（平成27年６月１日から施行）。

(2)　**悪質・危険運転者対策の推進に関す
る規定の整備**

ア　無免許運転等に対する罰則の引上げ
（平成25年12月１日から施行）

①　無免許運転、無免許運転に関する
下命・容認及び運転免許証の不正取
得に対する罰則を引き上げることと
した。

②　無免許運転幇助行為（車両等提供
行為及び同乗行為）について禁止す
るとともに、罰則規定を整備するこ
ととした。

イ　取消処分者講習の受講対象の拡大
（平成26年６月１日から施行）

公安委員会が免許の取消しに係る書面
の交付をしようとしたにもかかわらず、
当該書面の交付を受けなかった者であっ
て、運転免許証の更新を受けなかったも
のが、運転免許試験を受けようとする場
合は、過去１年以内に取消処分者講習を
終了していなければならないこととした。

(3)　**自転車利用者対策の推進に関する規
定の整備**

ア　自転車の運転による交通の危険を防
止するための講習に関する規定の整備
（平成27年６月１日から施行）

①　公安委員会は、自転車の運転者に

関し道路交通法の規定等に違反する行為であって道路における交通の危険を生じさせるおそれのあるものとして政令で定めるものを反復してした者が、更に自転車を運転することが道路における交通の危険を生じさせるおそれがあると認めるときは、内閣府令で定めるところにより、その者に対し、3月を超えない範囲内で期間を定めて、当該期間内に行われる自転車運転者講習を受けるべき旨を命ずることができることとした。

② 自転車運転者講習の受講命令に従わなかった者に対する罰則を設けることとした。

イ 自転車の制動装置に係る検査及び応急措置命令等の規定の整備

（平成25年12月1日から施行）

① 警察官は、内閣府令で定める基準に適合する制動装置を備えていないため交通の危険を生じさせるおそれがある自転車と認められる自転車が運転されているときは、当該自転車を停止させ、及び当該自転車の制動装置について検査することができることとした。

② ①において、警察官は、当該自転車の運転者に対し、道路における危険を防止し、その他交通の安全を図るため必要な応急の措置をとることを命じ、また、応急の措置によっては必要な整備をすることができないと認められる自転車については、当該自転車の運転を継続してはならない旨を命ずることができることとした。

③ 検査拒否等をした者及び警察官の応急措置命令等に従わなかった者に対する罰則を設けることとした。

ウ 自転車を含む軽車両の路側帯通行に関する規定の整備

（平成25年12月1日から施行）

軽車両が通行することができる路側帯について、道路の左側部分に設けられた路側帯に限ることとした。

(4) その他交通の安全及び円滑化を図るための規定の整備

ア 環状交差点に関する規定の整備

（平成26年9月1日から施行）

環状交差点において、車両は、左折し、又は右折するときは、あらかじめその前からできる限り道路の左側端に寄り、かつ、できる限り環状交差点の側端に沿って徐行しなければならないこととするなど、環状交差点における車両等の交通方法の特例に関する規定を整備した。

イ 放置違反金の収納事務の委託に関する規定の整備

（平成26年6月1日から施行）

都道府県は、放置違反金の収納事務について、収入の確保及び納付命令を受けた者の義務の履行に寄与すると認める場合に限り、政令で定めるところにより、私人に委託することができることとした。

54 平成25年6月14日法律第44号の一部改正 （平成25年6月14日から施行）

地域の自主性及び自立性を高めるための改革の推進を図るための関係法律の整備に関する法律により、関連する規定の整備が行われた。

55 平成25年6月21日法律第53号の一部改正 （平成26年3月31日から施行）

総合特別区域法の一部を改正する法律の附則により、関連する規定の整備が行われた。

56　平成25年11月22日法律第76号の一部改正 （平成26年4月1日から施行）

特別会計に関する法律等の一部を改正する等の法律の附則により、関連する規定の整備が行われた。

57　平成25年11月27日法律第86号の一部改正 （平成26年5月20日から施行）

自動車の運転により人を死傷させる行為等の処罰に関する法律の附則により、関連する規定の整備が行われた。

58　平成26年6月13日法律第69号の一部改正 （平成28年4月1日から施行）

行政不服審査法の施行に伴う関係法律の整備等に関する法律により、関連する規定の整備が行われた。

59　平成26年11月21日法律第114号の一部改正 （平成26年11月21日から施行）

災害対策基本法の一部を改正する法律の附則により、関連する規定の整備が行われた。

60　平成27年6月17日法律第40号の一部改正

(1)　高齢運転者対策の推進を図るための規定の整備 （平成29年3月12日から施行）

ア　臨時認知機能検査に関する規定の整備

公安委員会は、75歳以上の者が認知機能が低下した場合に行われやすいものとして政令で定める違反行為をしたときは、その者に対し、臨時に認知機能検査（以下「臨時認知機能検査」という。）を行うこととした。

イ　臨時高齢者講習に関する規定の整備

公安委員会は、臨時認知機能検査を受けた者が、認知機能の低下が自動車等の運転に影響を及ぼす可能性があるものとして内閣府令で定める基準に該当するときは、臨時認知機能検査の結果に基づいて臨時高齢者講習を行うこととした。

ウ　臨時適性検査制度の見直し

公安委員会は、認知機能検査を受けた者が、認知症のおそれがあることを示すものとして内閣府令で定める基準に該当したときは、臨時に適性検査を行い、又はその者に対し公安委員会が指定する期限までに内閣府令で定める要件を満たす医師の診断書を提出すべき旨を命ずることとした。

(2)　運転免許の種類に関する規定の整備 （平成29年3月12日から施行）

ア　自動車の種類として新たに準中型自動車を、運転免許の種類として準中型自動車免許（以下「準中型免許」という。）及び準中型自動車仮免許（以下「準中型仮免許」という。）を設けることとした。

イ　18歳に満たない者に対しては準中型免許及び準中型仮免許を与えないこととするとともに、準中型免許を受けようとする者は、公安委員会が行うその受けようとする運転免許に係る自動車の運転に関する講習及び応急救護処置に関する講習を受けなければならないこととした。

ウ　公安委員会は、準中型免許を受けた者でその運転免許を受けた日から1年間に違反行為をし、政令で定める一定の基準に該当することとなった者に対し、再試験を行うものとした。

(3)　その他交通の安全及び円滑化を図るための規定の整備 （平成27年6月17日から施行）

　酒気帯び運転又は過労運転等をし、よって交通事故を起こし、人を傷つけた場合について、免許の仮停止の対象とすることとした。

61　平成27年9月30日法律第76号の一部改正 <small>（平成28年3月29日から施行）</small>

　我が国及び国際社会の平和及び安全の確保に資するための自衛隊法等の一部を改正する法律の附則により、関連する規定の整備が行われた。

62　平成29年6月2日法律第52号の一部改正 <small>（平成30年4月1日から施行）</small>

　地域包括ケアシステムの強化のための介護保険法等の一部を改正する法律の附則により、関連する規定の整備が行われた。

交通警察年表

年 月 日	主 な 交 通 事 象

昭和29年

5.18	交通事件即決裁判手続法公布（以下、特に断りのない限り、法令は公布日である。）（11.1施行）
5.20	第1次道路整備五箇年計画（閣議決定）
7.1	現行警察制度発足（新警察法施行）

昭和30年

1.1	犯罪統計細則に基づく交通事故統計の実施
5.18	国民車育成構想発表（通産省）
5.20	内閣に交通事故防止対策本部を設置
6.29	交通事故防止対策要綱の決定
7.29	自動車損害賠償保障法（12.1施行）
11.1	東京都墨田区に交通裁判所設置

昭和31年

1.6	自賠法の施行に伴う自動車事故証明制度の実施
8.1	第二種免許制度の採用、大型免許の新設

昭和32年

4.16	国土開発幹線自動車道建設法（即日施行）
4.25	高速自動車国道法（即日施行）
5.16	駐車場法（即日施行）

昭和33年

3.10	関門国道トンネル開通
3.26	警察法の一部改正（全国的な幹線道路における交通規制権を国家公安委員会の権限とする。即日施行）
3.31	道路整備緊急措置法（即日施行）
4.1	警察庁保安局に交通課設置

10.1	てんかんを免許の欠格事由とする

昭和34年

1.26	東京都にパーキング・メーター260台設置
2.20	第2次道路整備五箇年計画決定
4.1	科学警察研究所所掌事務に交通事故防止等についての研究が加わる（交通部発足）
11.19	緑のおばさん制度発足
11.26	刑事無過失でも民事有責の最高裁判決

昭和35年

4.11	交通違反取締りに8ミリ撮影機登場
6.25	道路交通法（12.20施行）
7.1	7月1日を「国民安全の日」と政府決定
12.13	速度の面規制を都内一円に拡大（警視庁）
12.16	総理府に交通対策本部を設置
12.17	道路標識、区画線及び道路標示に関する命令（12.20施行）

昭和36年

1.10	(財)全日本交通安全協会設立
1.19	第1回交通安全国民総ぐるみ運動中央大会開催
4.1	警察庁保安局の交通課を分けて交通企画課、交通指導課を新設
4.1	福井県武生市、敦賀市が全国初の交通安全都市宣言
11.14	交通栄誉表彰制度、緑十字金、銀、銅賞を制定
11.18	全国指定自動車教習所協会連合会設立
12.1	内閣に臨時交通関係閣議懇談会を設置（閣議決定）

昭和37年

3.13	交通関係閣僚懇談会、交通違反に切符採用を決定
3.20	警察庁交通局発足（警察法の一部改正、4.1施行）
4.1	広域交通取締り（いわゆる東海道一斉取締り）の実施
4.25	第一京浜、第二京浜国道等20の主要幹線について車種別通行規制を実施（警視庁）
5.11〜20	警察庁の主催であった春の全国交通安全運動が交通対策本部主催となる
6.1	自動車の保管場所の確保等に関する法律（9.1施行）

7.1	ダンプ砂利トラック対策として「政令大型自動車の運転資格」の新設
9.7	交通事故被害者に対する相談活動の実施
12.1	交通警察官の1万人増員（2か年計画）

昭和38年

1.1	交通切符制度、東京・大阪で実施
2.28	(社)日本自動車連盟設立
3.29	道路標識、区画線及び道路標示に関する命令の全面改正（5.1施行）
4.1	警察庁交通指導課から運転免許課を分離新設
4.1	関東、中部、近畿管区警察局に交通課新設
4.15	道路交通法の一部改正（高速自動車国道等における自動車の交通方法等の特例の新設、7.14施行）
7.6	我が国初の高速自動車国道開通（名神高速道路、尼崎～栗東間71.1km供用開始）

昭和39年

8.7	道路交通に関する条約（ジュネーブ条約）に加入
9.1	キープレフトを原則採用
9.1	国際運転免許制度実施
9.1	運転免許の事後取消制度の実施
9.5	高速道路交通機動警ら隊名神連絡室設置
10.10～24	第18回オリンピック東京大会開催
11.12	(社)全日本指定自動車教習所協会連合会設立
11.24	道路標識等の設置及び管理に関する基準制定
12.11	初の全国一斉公開交通取締り実施

昭和40年

4.1	警察庁交通局に交通調査官新設
5.19	総理府に陸上交通安全調査室設置
6.1	道路交通法の一部改正（安全運転管理者制度の導入、軽自動車の運転資格強化、9.1施行ほか）
7.1	名神高速道路全線開通
8.28	道路交通法施行規則の一部改正（運転免許試験の合格基準の改正、9.1施行）

昭和41年

1.1	電子計算組織による交通事故統計事務の処理、交通事故統計原票の策定
1.3	第1回交通安全年間スローガン採用（ブレーキは早めにスピードは控え目に！　など）
1.25	交通違反事件現場指導基準制定
4.1	交通安全施設整備事業に関する緊急措置法（第一次三箇年計画の実施、即日施行）
4.1	交通違反取締りに覆面パトカーを導入
4.1	交通事故分析要綱の施行
10.1	運転免許証の様式改正（ビニール製）
10.1〜11.9	第1回コロンボ計画等に基づく交通警察行政研修の実施
12.15	ダンプカー等大型車両の緊急取締り実施
12.20	最高裁が自動車交通事故について初めて信頼の原則を適用
12.26	第1回交通安全子ども自転車全国大会の開催

昭和42年

4.1	指定自動車教習所における路上教習制度の実施
5.1	警察庁交通指導課から交通規制課を分離新設
8.1	道路交通法の一部改正（車両等の通行方法の規定の整備、43.7.1施行ほか）
8.2	土砂等を運搬する大型自動車による交通事故の防止等に関する特別措置法（43.2.1施行）
8.17	都道府県警察、交通反則通告制度準備委員会及び交通指導官の設置
11.1	運転免許の仮停止制度の実施
11.1	更新時講習制度の採用（通達）
12.20	埼玉県で全国初のステレオカメラの運用開始

昭和43年

2.1	ダンプカーに背番号の表示制度が発足
4.16	交通違反事件の告知基準を制定
4.27	酒酔い運転による事故に対し、酒を飲ませた者にも賠償責任ありとの新判例
5.21	刑法の一部改正（業務上過失、重過失死傷の罰則強化、6.10施行）
6.10	大気汚染防止法（12.1施行）

7.1	交通反則通告制度発足
9.1	軽免許を廃止し、普通免許（審査未済）とする
10.1	道路交通法施行令の一部改正（運転免許行政処分の点数制度実施、44.10.1施行）
10.7	国際連合道路交通会議ウィーンで開催
10.20	第1回二輪車安全運転全国大会の開催
12.1	全国初のスクランブルシステム実施（熊本）
12.1	自動車整備（現在の自動車工学）専科開設（関東管区警察学校）

昭和44年

3.7	警察庁、交通非常事態宣言
3.17	交通事故事件捜査書類の合理化
3.31	交通安全施設等整備事業に関する緊急措置法の改正（新三箇年計画、4.1施行）
5.9	(財)交通遺児育英会設立
5.26	東名高速道路全線開通
6.6	第1回全国白バイ安全運転競技大会開催

昭和45年

1.1	交通事故統計原票の改正
1.1	(財)日本道路交通情報センター設立
1.11	幹線道路の一方通行実施（大阪）
3.1	(財)日本道路交通情報センター業務開始
3.1	玉川通りにバス優先通行車線設定（警視庁）
3.15〜9.13	日本万国博覧会開催
3.24〜26	世界交通安全会議、京都で開催（55か国参加）
4.1	交通事故事件捜査にステレオカメラの全国導入
4.3	自転車道の整備等に関する法律（即日施行）
5.21	道路交通法の一部改正（公安委員会指定区間における自転車の歩道通行が可能となる、8.20施行）
6.1	交通安全対策基本法（即日施行）
8.2	銀座、新宿、池袋の主要道路で歩行者天国実施
8.20	交通巡視員制度発足
8.20	交通反則通告制度適用対象範囲の拡大（少年への適用等）
8.20	マイクロバスの運転資格の引上げ
10.10	「月刊交通」創刊（東京法令出版発行、警察庁交通局編集）

| 12.25 | 道路交通法の一部改正（道路交通法の目的に「道路の交通に起因する障害の防止」を加える、46.6.24施行） |
| 12.31 | 交通事故死者数が史上最悪に（1万6,765人） |

昭和46年

1.27	全国に先駆けて福岡交通管制センターの運用開始
2.1	全国初の可変標識運用開始（福岡）
3.26	違法駐車車両の移動措置の強化と移動業務の民間委託
3.30	第1次交通安全基本計画策定（計画期間：昭和46年度〜50年度、目標：歩行中死者数の半減（予測値約8,000人→約4,000人。なお、昭和50年の歩行中死者数は、3,732人であった））
3.31	交通安全施設等整備事業に関する緊急措置法の一部改正（新五箇年計画、4.1施行）
4.1	高速自動車国道における交通事故事件捜査取締費が国庫支弁となる
4.1	交通巡視員2,000人増員
4.1	管区警察局高速道路管理官（川崎、八王子、一宮、吹田）、関係府県に高速道路交通警察隊の設置
6.2	道路交通法の一部改正（歩行者の安全確保、都市交通混雑緩和対策のための規定の整備、運転免許更新時講習努力義務化、12.1施行ほか）
6.23	交通公害に係る大気の汚染、騒音及び振動を定める命令（6.24施行）
6.23	大気汚染防止法第21条第1項の規定に基づく自動車排出ガスによる大気の汚染の限度を定める命令（6.24施行）
11.30	道路標識、区画線及び道路標示に関する命令の全面改正（12.1施行）
12.1	処分者講習の委託制度の採用
12.31	自動車台数2,000万台を突破（2,086万台）

昭和47年

1.31	二輪車安全運転推進委員会設置
2.19	交通の方法に関する教則告示
2.22	第1次交通安全施設等整備事業五箇年計画（閣議決定）
3.1	白バイ警察官の海外研修派遣開始（ロンドン警視庁ヘンドン警察運転学校へ）

4.1	交通警察官2,750人増員
4.1	法令、構造試験を「学科試験」に統一し、教則の範囲内で行うこととした
4.6	春の全国交通安全運動で初のスクールゾーン対策実施
5.15	石神井南中学校（東京）に光化学スモッグが連続発生、社会問題化
5.24	道路標識等の設置及び管理に関する基準の全面改正
6.1	道路交通法の一部改正（路上試験制度の新設等、48.4.1施行ほか）
6.17	暴走族と群衆2,000人が商店を打ち壊すなど暴徒化（富山）
7.17	交通管制施設協会設置
9.18	交通機動隊設置運用基準要綱の制定
9.21	高速道路専用波通信系の運用開始
10.1	初心者マーク実施
10.1	最高速度40km/h以上の道路における二輪車乗車用ヘルメット着用の義務化

昭和48年

3.31	騒音防止のための環七方式規制の実施
4.1	交通事故被害者搬送謝金制度の全国的実施
4.1	レーダー・スピードメーター、公害取締機材の装備及び取締装備の近代化を図る
4.1	交通警察官3,100人増員
4.1	反則金の額を一律引上げ
4.1	罰則の適用について、技能検定員を法令により公務に従事する職員とみなすことになる
4.12	警察庁交通局に参事官を新設
6.15	大規模総合交通規制の実施（仙台市内）
6.20	全国初のバス優先信号システムの設置（愛知）
7.1	保管場所法違反に交通切符適用
8.28	運転免許の適性試験に補聴器の使用を容認
9.6	高速自動車国道の供用距離1,000kmに達す（中央自動車道瑞浪〜多治見間13.3km供用開始）
9.14	政府、自動車安全利用モデル都市を指定
9.14	交通死亡事故抑止緊急対策の実施を通達
9.18	沖縄県交通方法変更対策本部の設置

10.1	運転免許証の写真化（カラー化）実施
12.17	白バイ等安全装備研究委員会設置
12.31	運転免許保有者3,000万人台を突破（3,077万8,778人）

昭和49年

4.1	交通事故被害者搬送謝金制度全国的実施（地財計画による財政措置を実施）
4.6	自転車利用者の事故防止を交通安全運動の重点に採用
4.11	交通警察官3,000人増員
4.30	歓楽街の環境浄化のための交通規制の推進
5.16	都市総合交通規制の推進
5.17	国立公園等における自動車利用の適正化のための交通規制の実施
7.10	管区警察局高速道路管理官会議開催（以降毎年開催）
9.3	(社)交通安全母の会連合会設立
9.17	(財)国際交通安全学会設立
10.15	中部管区警察局金沢高速道路管理室、東北管区警察局仙台高速道路管理室の設置

昭和50年

3.18	道路交通法施行令の一部改正（運転免許等に関する手数料の引上げ、自動二輪車の運転者及び同乗者に乗車用ヘルメットの着用義務違反に点数を付与、4.1施行ほか）
3.18	道路交通法施行規則の一部改正（第二種免許に係る合格基準の改正、4.1施行）
4.1	交通業過事件特例書式（いわゆる簡易書式）制定
5.7	高齢者保護のためのゾーン規制の実施（山口）
6.11	警察庁暴走族総合対策委員会設置（交通指導課に暴走族対策連絡室を設置）
7.10	自動車安全運転センター法（9.1施行）
7.30	盲人用信号装置の全国統一化
8.1〜30	「シートベルト・ヘルメット着用推進運動」（政府・交通対策本部）以後、昭和60年まで毎年実施
9.1	道路交通法施行規則の一部改正（自動二輪車教習の基準教習時限数の改正、自動二輪免許技能試験車の改正、10.1施行）
10.1	電子計算組織による車両照会業務運用開始

11.1	自動車安全運転センター設立

昭和51年

1.1	自動車安全運転センター業務開始
2.12	踏切事故防止総合対策（第2次）の策定
3.30	第2次交通安全基本計画（計画期間：昭和51年度〜55年度、目標：過去最高時の死者数の半減（予測値約16,765人→約8,383人。なお、昭和54年の歩行中死者数は、8,466人、昭和55年の死者数は、8,760人であった））
4.1	各都道府県警察に講習指導官を設置
4.1	(社)全国道路標識・標示業協会設立
4.30	沖縄県交通方法変更対策準備委員会設置
5.15	神戸まつり、暴走族の暴徒化。取材中の新聞社カメラマン死亡（兵庫）
5.18	中央自動車道（富士吉田線）全線開通（高井戸〜調布間7.7km供用開始）
6.10	振動規制法（12.1施行）
6.15	全国交通安全運動の実施期間は、春については4月6日から、秋は9月21日からの10日間とされた（交通対策本部決定）
7.9	中小企業近代化促進法施行令の一部改正により自動車教習所を指定業種に指定
11.9	第2次交通安全施設等整備事業五箇年計画（閣議決定）
12.19	高速自動車国道の供用距離2,000kmに達する（中央自動車道韮崎〜小淵沢間23.9km供用開始）

昭和52年

1.17	更新時講習に「安全運転自己診断」を導入
4.1	自動車安全運転センターSDカード発行
4.18	警察庁交通局高速道路管理官発足
9.1	普通免許の教習生に対し、原付安全講習を開始
9.20	沖縄県交通方法変更対策委員会設置
11.2	普通免許の教習生に対し、高速教習を開始（通達）

昭和53年

1.23	自転車駐車対策の推進に関する交通対策本部の決定
3.23	(財)日本交通管理技術協会設立

4.20	西淀川訴訟（第１次）提訴
5.4	身体障害者使用車両の駐車禁止規制の除外措置の全国統一
5.20	道路交通法の一部改正（共同危険行為禁止規定の新設、12.1施行ほか）
6.16	道路標示ペイントの黄色色相の統一
7.24〜9.5	警察庁に「沖縄県交通方法変更対策室」設置
7.30	沖縄交通方法変更
11.7	都市総合交通規制の対象都市の拡大（３万人以上の都市）
12.1	仮免許の有効期間を３月から６月に延長
12.1	うっかり失効による試験の一部免除の期間を３月から６月に延長
12.1	現に行政処分を受けている者による国際運転免許証での運転排除

昭和54年

1.31	関係省庁（６省庁）による第１回「過積載防止対策連絡会議」開催
3.31	(社)全国二輪車普及協会設立
5.8	交通安全に関する技能審査事業認定規程（国家公安委員会告示）
6.28〜29	第５回主要国首脳会議開催
6.30	運転免許保有者数4,000万人を突破（4,000万3,864人）
7.11	東名高速道路日本坂トンネル（静岡）で大規模車両火災事故、死者７人、負傷者２人、車両173台焼失
7.24	(社)交通工学研究会設立
9.1	高速道路における安全走行確保のための緊急対策の実施（通達）
10.11	自転車安全整備技能検定の認定
12.20	交通対策本部「トンネル内における自動車の火災事故防止対策について」を決定

昭和55年

9.24	暴走族緊急対策関係省庁会議、「暴走族に対する総合対策の推進について」を申合せ
11.25	自転車の安全利用の促進及び自転車駐車場の整備に関する法律（56.5.11施行）
12.12	道路交通法施行令の一部改正（暴走族の共同危険行為等禁止違反に付する基礎点数の引上げ、56.1.1施行）

昭和56年

1.14	道路交通法施行規則の一部改正（二輪車事故多発による二輪免許技能試験課題の改正、4.1施行）
2.9	踏切事故防止総合対策（第3次総合対策）の策定
3.20〜9.15	ポートピア開催に伴う交通対策の実施
3.31	全国の信号機が10万基を突破
3.31	第3次交通安全基本計画策定（計画期間：昭和56年度〜60年度、目標：死者数8,000人以下。なお、昭和60年の死者数は9,261人であった）
4.3	警察庁交通指導課に暴走族対策官を新設
8.29	関係6省庁「過積載による違法運行の防止に関する当面の対策について」を申合せ
9.1	東名高速道路日本坂トンネル（静岡）においてトンネル用信号機の運用開始
11.27	第3次交通安全施設等整備事業五箇年計画（閣議決定）

昭和57年

1.4	運転者管理センター業務オンライン・リアルタイム化、新規運転免許証の即日交付を開始
1.22	運転免許証の更新手続の簡素合理化制度の発足
3.18	川崎訴訟（第1次）提訴
3.30	高速自動車国道の供用距離が3,000kmに達する（山陽自動車道竜野西〜備前間25.1km供用開始）
4.1	ＴＳマーク保険制度発足
4.3	運転免許証更新手続のための日曜日窓口の開設
4.6	警察庁交通局高速道路課発足
6.1	不法改造等に係る整備不良車両取締り強化月間の実施
6.25	道路交通法施行令の一部改正（身体障害者の運転免許取得範囲を拡大、7.7施行）
11.10	中央自動車道（西宮線）全線開通（千代田〜鹿野間104.5km供用開始）

昭和58年

5.16	道路交通法の一部改正（交通安全対策特別交付金制度の制定、即日施行）

7.29	盛り場包囲飲酒運転の全国一斉指導取締りの実施（年間6回の全国一斉取締りを13年ぶりに実施）
8.1	第二土曜日が銀行の休日及び郵便局の窓口閉庁日になることに伴う反則金等の納付又は仮納付の期限の運用措置の実施
9.17	川崎訴訟（第2次）提訴
10.6	(社)全国自動車運転教育協会設立

昭和59年

1.1	(財)佐川交通社会財団設立
2.13	各都道府県警察に関係機関との合同による「過積載防止対策連絡会議」の設置を指示
6.26	(社)全国ダンプカー協会設立
7.7	西淀川訴訟（第2次）提訴
8.31	運転免許保有者数5,000万人を突破（5,012万1,543人）
9.6〜8	全斗煥大韓民国大統領来日に伴う交通対策の実施
11.10	初の4部局合同全国一斉車両検問の実施

昭和60年

2.15	原付ミニカーを普通自動車とする
3.9	川崎訴訟（第3次）提訴
3.17〜9.16	科学万博開催に伴う交通対策の実施
5.15	西淀川訴訟（第3次）提訴
5.17	関係省庁（5省庁）による第1回「過労運転防止対策連絡会議」開催
9.1	座席ベルト着用義務違反に点数付与（一般道路については61.11.1から）
10.2	関越自動車道全線開通（前橋〜湯沢間74.9km供用開始）

昭和61年

1.4	初心運転者講習の実施
2.12	踏切事故防止総合対策（第4次総合対策）の策定
3.1	道路交通法施行規則の一部改正（自動二輪車教習の基準時限数の改正、4.1施行）
3.28	第4次交通安全基本計画策定（計画期間：昭和61年度〜平成2年度、目標：死者数8,000人以下。なお、平成2年の死者数は、11,227人であった）

5.2〜10.13	バンクーバー国際交通博覧会開催
5.4〜6	第12回主要国首脳会議開催
5.30	警察法施行令の一部改正（中央自動車道恵那山トンネル用信号機等の操作に絡んで、トンネル内における隣接都道府県警察の職権行使の範囲を拡大）
7.10	乗車用ヘルメット着用義務違反の適用範囲の拡大（原動機付自転車も対象）に伴う全国一斉取締り（義務化7.5〜）
11.1	座席ベルト装着義務の範囲拡大（一般道路も対象）等に伴う全国一斉取締り
11.28	第4次交通安全施設等整備事業五箇年計画（閣議決定）

昭和62年

2.10	普通自動車教習所にオートマチック車の技能教習を導入
4.1	パーキング・チケット制度運用開始
4.1	道路使用適正化センター制度運用開始
4.27	ＡＭＴＩＣＳ実用化推進協議会が発足
5月中	全国一斉の「駐車対策強化月間」を初めて実施
7.1	運転免許試験場等を利用した自動二輪車安全運転講習の制度化
7.1	(財)共栄火災交通財団設立
8月中	全国一斉の「暴走族追放・取締強化月間」を初めて実施
9.21	自動車安全運転センター安全運転中央研修所起工式
11.1	高速安協（高速道路交通安全協議会等）機関誌「セイフティエクスプレス」創刊
11.16	二輪車、歩行者を重点とした交通事故防止緊急対策を通達

昭和63年

7.28	「大都市における道路交通円滑化対策について」（交通対策本部決定）
8.22	「交通事故防止に関する緊急総合対策」（交通対策本部決定）
9.9	「高齢者の交通安全総合対策について」（交通対策本部決定）
10.22	暴走族「勇心会」の構成員5人が、警察の厳しい取締りを逆恨みし、高崎警察署片岡派出所に火炎瓶5本を投てき（群馬）
12.14	川崎訴訟（第4次）提訴
12.26	尼崎訴訟（第1次）提訴

平成元年

2.24	大喪の礼に伴う警備
3.31	名古屋南部訴訟（第1次）提訴
6.28	飲酒運転の中学教員の普通自動車が、反対車線を暴走し、対向の原付自転車3台と衝突、3人死亡、6人が重軽傷（京都）
8.29	縄張り争いに起因する暴走族少年等50人による殺人事件発生、同日検挙（北海道）
11.28	「交通事故非常事態宣言」発令（交通対策本部）
12.19	道路交通法の一部改正（初心運転者期間、取消処分者講習制度を新設、2.9.1施行）

平成2年

1.24	園児を乗せ横断歩道を自転車で通行中の主婦を左折するダンプカーがひき逃げ。園児は即死、主婦も自転車ごと引きずられ死亡。4.12検挙（警視庁）
4.1～9.30	ＡＭＴＩＣＳ関西実験実施（大阪）
5.28	「大都市における駐車対策の推進について」申合せ（交通対策本部）
6.4～9	運転免許行政セミナーの開催（警察庁）
7.4	交通取締用自動車による警察活動に従事する警察官の制服を全国統一化、交通乗車服と呼称
10.8	名古屋南部訴訟（第2次）提訴
11.2	安全運転中央研修所設立準備室の開設（警察庁）
11.9～12.6	即位の礼、大嘗祭に伴う警備
11.12	天皇陛下の即位の礼に、世界158か国等から祝賀代表が参列

平成3年

2.23～28	立太子の礼に伴う警備
3.12	第5次交通安全基本計画策定（計画期間：平成3年度～平成7年度、目標：死者数10,000人以下。なお、平成7年の死者数は、10,679人であった）
3.29	西淀川訴訟（第1次）第一審判決（国、公団への損害賠償請求の棄却、企業への損害賠償請求の一部認容、排出差止請求は却下）
5.8	自動車安全運転センター安全運転中央研修所の開所
6.15	ゼロヨン実行行為者124人を共同危険行為禁止違反で検挙（千葉）
9.1	初心運転者期間制度に係る再試験制度の運用開始

10.25	道路交通情報通信システム（ＶＩＣＳ）推進協議会設立総会
11.1	オートマチック車限定免許制度の実施
11.18	交通事故総合分析センター設立準備室の開設
11.29	第5次交通安全施設等整備事業五箇年計画（閣議決定）

平成4年

1.7〜10	ブッシュ米国大統領来日に伴う警備
1.26	暴走族約50人が鉄パイプやバットでパトカーを襲撃、警察官1名軽傷（千葉）
2.14	「物件事故現場臨場省略制度」（昭和63年）を「物件事故現場見分省略制度」に改め、物件事故処理業務の簡素合理化を促進（警察庁）
3.5	(財)交通事故総合分析センター設立
3.13	(社)日本自家用自動車管理業協会設立
3.25	熊本県で違法駐車防止条例制定。平成4年中には全国11市1区で制定
3.31	業過事件の適用書式として「簡約特例書式」導入（通達）
4.1	関東管区内高速道路管理室の組織再編により、新潟、千葉に高速道路管理室発足
4.10	警察庁交通局都市交通対策課の発足
4.30	西淀川訴訟（第4次）提訴
5.6	道路交通法の一部改正（原付講習等を導入、8.1施行）
6.1〜30	「暴走族及び整備不良車両等取締り強化月間」の実施（警察庁）
6.1	全国一斉に「簡約特例書式」の運用を開始
8.30	暴走族70人が集団走行中パトカーに消火器を噴射する等の公務執行妨害、さらに仙台市内の警察署等にビール瓶等を投げつけ窓ガラス等を損壊（宮城）
9.11〜20	高齢者交通安全旬間
10.1	警察官等の新制服の決定（国家公安委員会決裁）
11.12	全国一斉車両検問の実施（警察庁）
11.13	保管場所法に基づく全国初の運行供用制限処分
12.10	全国一斉飲酒運転取締りの実施
12.10	(財)安全運転研修推進協会設立

平成5年

1.1	「30日死者統計」の運用開始

1.2	暴走族11グループ二百十数名が白昼行った暴走行為に対し、ヘリコプター等を用いた採証活動により112人を共同危険行為で検挙（愛知）
1.22	(財)日本自動車交通安全用品協会設立
1.25	優良交通安全用品認定登録規程（国家公安委員会告示）
3.25	川崎市において政令指定都市では初めて駐車防止条例を制定
4.1	駐車違反業務の集中管理センター「ミナミクリアウェイセンター」の開設（大阪）
4.14	交通特殊事件捜査（偽装交通事故を手口とした保険金詐欺事件）で全国初の合同捜査本部を設置、暴力団幹部等を検挙（茨城、埼玉）
5.12	道路交通法の一部改正（優良運転者制度、過積載対策、車輪止め装置を導入、6.5.10施行）
6.1〜7.31	「暴走族及び整備不良車両等取締り強化月間」の実施（警察庁）
6.24	日本坂トンネル事故（54.7.11発生）訴訟、東京高裁判決、日本道路公団の控訴を棄却（判決確定）
7.7〜9	第19回主要国首脳会議開催
7.28	交通情報サービス株式会社（ＡＴＩＳ〔Advanced Traffic Information Service〕）設立（警視庁）
8.11	(財)交通事故総合分析センターによる事故例調査（ミクロ調査）を開始
8.23	「暴走族の実態に関するアンケート調査」結果発表（警察庁）
8.26	首都高速道路11号台場線が新規供用（レインボーブリッジ開通）
9.1	「交通事故簡易見分システム」が全国で初めて運用開始（埼玉）
9.27	首都高速道路湾岸線延伸供用（羽田空港新ターミナルへ接続）、指定自動車専用道路の延長距離が900kmを超える
11.9〜10	ＶＩＣＳ（道路交通情報通信システム）公開デモンストレーション実験の実施（警察庁）
11.24〜25	関東管区内、過積載一斉取締りの実施
11.26	自動車から排出される窒素酸化物の特定地域における総量削減等に関する特別措置法に基づき「総量削減計画」を策定（埼玉、千葉、東京、神奈川、大阪、兵庫）
12.22	自転車の安全利用の促進及び自転車等の駐車対策の総合的推進に関する法律（改正自転車法、6.6.20施行）

平成6年

1.25	川崎訴訟（第1次）第一審判決（国、公団への損害賠償請求の棄却、企業への損害賠償請求の一部認容、排出差止は却下）
3.16	四国縦貫自動車道（徳島自動車道）が新規供用。47都道府県すべてにおいて高速自動車道が供用（徳島）
3.30	東京外郭環状道路大泉～和光間供用開始。常磐自動車道、東北縦貫自動車道及び関越自動車道が接続
4.2	関西国際空港線、阪神高速道路湾岸線供用開始（大阪）
5.10	25年ぶりに全面改正した指定自動車教習所の普通自動車等教習カリキュラムの実施
5.10	第1回全国一斉過積載違反取締りの実施
5.10	さわやかロードセンター（愛知県警察レッカー移動センター）開設（愛知）
7.11	車輪止め装置損壊罪に罰金8万円を初適用（警視庁）
7.19	神奈川県下においてUTMS（新交通管理システム）のデモ試験を実施（神奈川）
8.13	関越自動車道で午前8時30分、帰省ラッシュのため過去最高の122kmの渋滞を記録
11.3	全国に先駆けて更新免許証に係る全面的な小型運転免許証の交付開始（警視庁）

平成7年

1.17	阪神・淡路大震災の発生に伴う交通関係諸対策の実施
2.20	福岡市中心部（天神地区）における総合駐車対策の実施（福岡）
3.1	阪神・淡路大震災に伴う許可等の有効期間の延長等に関する緊急措置法（即日施行）
3.2	西淀川訴訟（第1次～第4次）和解（企業と原告）
4.21	道路交通法の一部改正（大型二輪免許及び普通二輪免許を新設、駆動補助機付自転車等に関する規定等を整備、8.9.1施行ほか）
6.16	災害対策基本法の一部改正（交通規制関係の改正、9.1施行）
7月	運転免許保有者6,800万人突破
7.1	日本橋問屋街トラックタイム・プラン（総合駐車対策）の実施（警視庁）
7.4	（財）道路交通情報通信センター設立

7.5	西淀川訴訟（第2次〜第4次）第一審判決（国、公団、企業への損害賠償請求の一部容認、排出差止請求は棄却・却下）
7.7	国道43号・阪神高速道路騒音等請求事件に関する最高裁判決において、国の責任を認める
7.27	九州縦断道人吉〜えびのＩＣ間の供用開始（青森〜鹿児島2,150kmが一本の高速道路でつながる）
10.2	運転免許証のコンタクトレスＩＣカード化に関する調査研究の開始
11.15〜19	第7回APEC閣僚会議開催
12.4	尼崎訴訟（第2次）提訴

平成8年

3.1	（社）全国運転代行協会設立
3.12	第6次交通安全基本計画策定（計画期間：平成8年度〜12年度、目標：死者数10,000人以下（平成9年）、同9,000人以下（12年）。なお、平成9年の死者数は、9,640人、平成12年の死者数は、9,066人であった）
4.1	（社）新交通管理システム協会設立
4.23	ＶＩＣＳ東京圏（東京、神奈川、埼玉、千葉）において運用開始
5.6	暴走族構成員によるリンチ殺害事件発生（広島）
5.9	道路交通法の一部改正（自動二輪車に係る運転免許制度の改正、9．4．1施行）
5.31	東京訴訟（第1次）提訴
6.15	戦後の交通事故死者数50万人突破
8.10	阪神・淡路大震災に伴う交通規制の全面解除
11.18	交通死亡事故抑止のための緊急対策の推進について
12.13	第6次交通安全施設等整備事業五箇年計画（閣議決定）
12.17	ＶＩＣＳ大阪において運用開始
12.25	川崎訴訟（第1次〜第4次）和解（企業と原告）

平成9年

4.24	ＶＩＣＳ愛知県において運用開始
5.1	道路交通法の一部改正（高齢者の保護、交通安全活動推進センター等に関する規定の整備、10．4．1施行ほか）
6.3	東京訴訟（第2次）提訴
8.5	東名高速道路でタンクローリーが横転、危険物が漏出し、15時間にわたり通行止め

11.11～16	李鵬・中華人民共和国国務院総理来日に伴う警備
11.25	ＶＩＣＳ京都府において運用開始
12.18	東京湾アクアライン（東京湾横断道路）供用開始。7.2キロポストの地点を境界に神奈川県警と千葉県警で警察業務を担当
12.19	名古屋南部訴訟（第3次）提訴

平成10年

1.12	ＶＩＣＳ長野県において運用開始
1.30	交通安全施設等整備事業七箇年計画（閣議決定）
2.7～22	長野オリンピック冬季競技大会開催
3.31	ＶＩＣＳ兵庫県において運用開始
4.18～19	エリツィン・ロシア連邦大統領夫妻来日に伴う警備
5.19	道路交通法施行規則の一部改正（指定自動車教習所等の教習科目等に関する規定の整備、12.1施行）
6.19	道路交通情報通信システム（ＶＩＣＳ）の推進、新交通管理システム（ＵＴＭＳ）の推進、交通安全施設の整備等の施策が盛り込まれた、「地球温暖化対策推進大綱」を決定（地球温暖化対策推進本部）
7.29	西淀川訴訟（第1次～第4次）和解（国、公団と原告）
8.5	川崎訴訟（第2次～第4次）第一審判決（国、公団への損害賠償請求の一部容認、排出差止請求は棄却）
9.22	交通安全教育指針（国家公安委員会告示）
10.16	東京訴訟（第3次）提訴
11.19～20	クリントン・アメリカ合衆国大統領来日に伴う警備
11.25～30	江沢民・中華人民共和国国家主席夫妻来日に伴う警備

平成11年

2.17	尼崎訴訟（第1次・第2次）和解（企業と原告）
3.15	静岡県浜松市でＰＴＰＳ（公共車両優先システム）運用開始（静岡）
4.1	警察庁交通局交通安全企画官新設
5.1	本州と四国を結ぶ3番目のルートとなる西瀬戸自動車道（しまなみ海道）が全線供用
5.10	道路交通法の一部改正（チャイルドシートの使用義務付け、携帯電話等の走行中の使用等の禁止に関する規定、12.4.1施行ほか）
5.20	川崎訴訟（第1次～第4次）和解（国、公団と原告）
5.30	暴走族が起こした死亡事故を実況見分中の警察官に対して、い集したギャラリーが襲撃。公務執行妨害罪で49名を検挙（愛媛）

9.29	警察庁交通局と米国運輸省道路交通安全局との間で日米科学技術協力実施取決めの締結
12.1	交通円滑化総合対策実施都市圏として松江都市圏（島根）及び熊本都市圏（熊本）を指定

平成12年

1.31	尼崎訴訟（第1次・第2次）第一審判決（国、公団への損害賠償請求の一部容認、国、公団へのSPM排出差止請求を容認）
2.14	暴力団組員等の指揮により複数の暴走族グループの合同で敢行された「バレンタイン暴走」事件の発生、107名を検挙（岡山）
3.9	「警察刷新会議」発足
3.31	有珠山が21年5か月ぶりに噴火
5.17	高齢者、身体障害者等の公共交通機関を利用した移動の円滑化の促進に関する法律（11.15施行）
6.23	保管場所法施行令の一部改正（軽自動車の届出義務適用地域の拡大、13.1.6施行）
7.13	警察刷新会議が「警察刷新に関する緊急提言」を提出
7.21〜23	第26回主要国首脳会議（九州、沖縄サミット）開催
7.24	道路交通法施行令の一部改正（軽自動車及び自動二輪車の高速自動車国道における最高速度の引上げ、10.1施行）
8.10	道路交通法施行規則の一部改正（道路使用許可申請等の手続の電子化に関する規定の整備、13.4.1施行）
8.25	国家公安委員会及び警察庁が「警察改革要綱」を取りまとめ、全国に通知
8.27	三菱自動車工業株式会社によるいわゆるリコール隠し事件について、東京本社に対し第1回目（合計4回）の強制捜査、同社及び幹部9名を道路運送車両法違反で検挙（警視庁）
9.2〜4	三宅島の噴火等に伴い全島民が避難
9.7	「交通死亡事故の抑止に向け当面緊急に実施すべき対策の推進強化について」（交通対策本部決定）
11.16	東京訴訟（第4次）提訴
11.27	名古屋南部訴訟（第1次）第一審判決（国、企業への損害賠償請求の一部容認、国、企業へのSPM排出差止請求を容認）
12.8	尼崎訴訟（第1次、第2次）和解（国、公団と原告）

平成13年

1.6	警察庁都市交通対策課の廃止
1.6	中央省庁等改革関連法施行（省庁再編）
1.6	(社)日本交通福祉協会及び(財)日本交通安全教育普及協会の所管官庁変更（警察庁等の所管法人に）
3.16	第7次交通安全基本計画策定（計画期間：平成13年度～平成17年度、目標：死者数8,466人以下。なお、平成17年中の死者数は、6,871人であった）
3.30	交通安全に関する技能審査事業認定規程及び優良交通安全用品認定登録規程の廃止
5.10	警察庁広域交通管制室の運用開始
6.20	自動車運転代行業の業務の適正化に関する法律（14.6.1施行）
6.20	道路交通法の一部改正（運転免許証の更新を受ける者の負担軽減、第二種免許を受けようとする者に路上試験と応急救護処置等の講習受講を義務付けるなどの運転者対策の推進、悪質・危険運転者対策等の強化、身体に障害がある運転者の保護等の規定の整備、14.6.1施行ほか）
8.8	名古屋南部訴訟（第1次～第3次）和解（国、企業と原告）
12.5	刑法の一部改正（危険運転致死傷罪の新設、12.25施行）

平成14年

3.19	「地球温暖化対策推進大綱」を決定（地球温暖化対策推進本部）
3.31	(財)共栄火災交通財団解散
4.2	自動車排出窒素酸化物及び自動車排出粒子状物質の総量の削減に関する基本方針（閣議決定）
5.31～6.30	2002FIFAワールドカップサッカー大会開催
6.1	交通情報の提供に関する指針（国家公安委員会告示）施行
6.1	身体障害者標識等の実施
6.18	IT戦略本部、ITSの推進目標を明記した「e-Japan重点計画－2002」を決定
10.29	泥酔運転によるひき逃げ事件被告に危険運転致死傷罪では過去最高の量刑（懲役8年）を判決（東京地裁八王子支部）
10.29	東京大気汚染訴訟（第1次）第一審判決において道路管理者への損害賠償の一部が容認される。排出差止請求は棄却

平成15年

3.27	「本格的な高齢社会への移行に向けた総合的な高齢者交通安全対策について」を交通対策本部決定
4.1	社会資本整備重点計画法の施行
4.1	社会資本整備重点計画法の施行に伴う関係法律の整備等に関する法律の施行により、交通安全施設等整備事業に関する緊急措置法を交通安全施設等整備事業の推進に関する法律に改正
7.2	ＩＴ戦略本部、e-Japan戦略（平成13年）の対象分野を広げたe-JapanⅡ策定
10.1	自動車安全運転センター民間法人化
10.10	社会資本整備重点計画を閣議決定

平成16年

2.6	ＩＴ戦略本部、加速して推進すべき施策をまとめたe-Japan戦略Ⅱ加速化パッケージを策定
3.31	(社)全国ダンプカー協会解散
5.26	自動車の保管場所の確保等に関する法律の一部改正（自動車関係手続における電子情報処理組織の活用のための規定の整備）
6.9	道路交通法の一部改正（違法駐車対策の推進を図るための規定の整備、運転者対策の推進を図るための規定の整備、暴走族対策の推進を図るための規定の整備、大型自動二輪車等の運転者の義務に関する規定の整備等、16.11.1施行ほか）
6.15	ＩＴ戦略本部、ＩＴＳの推進目標を明記した「e-Japan重点計画－2004」を決定
6.30	「反射材活用推進委員会」を発足
7.26	現行警察法施行50周年記念式典開催
8.27	道路交通法施行令の一部改正（携帯電話の使用等に係る点数及び反則金の額の整備等、16.11.1施行）
10.23～	新潟県中越地震の発生に伴う交通関係対策の実施
11.7	首都高速湾岸線において共同危険行為の現行犯として71名を逮捕。その後の捜査で総数135名を逮捕（警視庁）
12.3	道路交通法施行令の一部改正（運転者以外の者を乗車させて大型二輪車等を運転することができる者の要件の整備等、17.4.1施行）
12.10	道路交通法施行令の一部改正（放置違反金の額、仮納付の方法、公示による納付命令の方法等、放置違反金に関する規定の整備等、

	18. 6. 1施行)
12.10	確認事務の委託の手続等に関する規則（国家公安委員会規則）

平成17年

2.24	ＩＴ戦略本部、e-Japan戦略の最終年次におけるラストスパートとしてＩＴ政策パッケージ2005を策定
3.25～9.25	2005年日本国際博覧会開催
4.28	「京都議定書目標達成計画」（閣議決定）
5.27	道路交通法施行令の一部改正（中型自動車が高速自動車国道の本線車道を通行する場合の最高速度の新設等）
5.27	自動車の保管場所の確保等に関する法律施行令の一部改正（自動車関係手続における電子情報処理組織の活用のための規定の整備）
6.1	ＡＴ限定二輪免許の導入
12.8	自動車の保管場所の確保等に関する法律施行規則の一部改正（自動車関係手続における電子情報処理組織の活用のための規定の整備）
12.27	「犯罪被害者等基本計画」（閣議決定）

平成18年

1.19	ＩＴ戦略本部、e-Japan戦略の後継として、交通事故死者数5,000人以下の達成による「世界一安全な交通社会」の実現などを柱としたＩＴ政策新改革戦略を策定
3.14	第8次交通安全基本計画策定（中央交通安全対策会議決定）（計画期間：平成18年度～平成22年度、目標：平成22年度までに24時間内死者数を5,500人以下、死傷者数を100万人以下に）
3.31	(財)佐川交通社会財団解散
4.1	警察庁交通局において「交通安全対策推進プログラム～第8次交通安全基本計画を踏まえて～」を策定
6.1	改正道路交通法のうち、違法駐車対策の推進を図るための規定施行
6.21	「高齢者、身体障害者等の公共交通機関を利用した移動の円滑化の促進に関する法律」を「高齢者、障害者等の移動の円滑化を促進する法律」に改正（12.20施行）
8.25	幼児3人が死亡した飲酒ひき逃げ事件発生（福岡）
9.15	「飲酒運転の根絶について」（交通対策本部決定）
11.10	道路交通法施行令の一部改正（運転免許試験手数料等の標準額の改正、19. 6. 2施行）

平成19年

1.4	ＩＣ免許証の発行開始（警視庁、茨城、埼玉、兵庫、島根）
1.17	道路交通法施行規則の一部改正（パーキング・メーター等の保守管理に関する事務の委託先の拡大、即日施行）
3.25	能登半島地震発生
3.31	ＵＴＭＳを更に強力に推進するため、「警察によるＩＴＳの今後の展開〜ＵＴＭＳ全体構想〜」を策定
4.1	警察庁交通局運転免許課外国人運転者対策官新設
4.5	ＩＴ戦略本部、加速して推進すべき施策をまとめたＩＴ新改革戦略政策パッケージを決定
6.1	2025年までを視野に入れ、未来をつくる無限の可能性への挑戦として長期戦略指針「イノベーション25」を閣議決定
6.2	改正道路交通法のうち、運転者対策の促進を図るための規定（中型自動車、中型免許の新設）施行
5.23	刑法の一部改正（危険運転致死傷罪の適用範囲の拡大及び罰則強化等、6.12施行）
6.20	道路交通法の一部改正（悪質・危険運転者対策の推進を図るための規定の整備、高齢者運転対策等の推進を図るための規定の整備、自転車利用者対策の推進を図るための規定の整備、被害軽減対策の推進を図るための規定の整備、9.19施行ほか）
7.16〜	新潟県中越沖地震の発生に伴う交通関係対策の実施
8.8	東京大気汚染訴訟　気管支ぜん息患者に対する医療費助成制度の創設、環境対策の実施、解決金の支払い等を内容として和解が成立
8.20	道路交通法施行令の一部改正（外国運転免許証制度の対象となる国又は地域に、イタリア、ベルギー、台湾を追加、9.19施行）
8.20	道路交通法施行規則の一部改正（運転免許申請時における本人確認書類の提示に係る規定の整備、9.19施行）
9.19	改正道路交通法のうち、悪質・危険運転者対策の推進を図るための規定等施行

平成20年

3.27	「被疑者取調べ適正化のための監督に関する規則」を制定
4.26	北京オリンピック聖火リレー開催に伴う警備
5.6〜10	胡錦濤・中華人民共和国国家主席夫妻来日に伴う警備
6.1	改正道路交通法の一部施行（自転車の歩道通行要件の明確化、後部座

	席のシートベルトの着用義務化、聴覚障害者標識の表示義務付け等）
7.7～9	第34回主要国首脳会議（洞爺湖サミット）開催
7.16	愛知県岡崎市内東名高速道路上における高速バス乗っ取り、監禁等事件検挙
10.1～31	全国一斉飲酒運転根絶キャンペーン
12.1	駆動補助機付自転車（いわゆる電動アシスト自転車）の駆動補助率の引上げを実施

平成21年

3.20	本四高速・アクアラインＥＴＣ休日特別割引（上限1,000円）の実施高速道路（大都市圏またぎを除く。）ＥＴＣ休日特別割引（上限1,000円）の実施
3.31	社会資本整備重点計画を閣議決定
4.24	改正道路交通法の一部施行（高齢運転者標識制度の見直し）
4.29	高速道路（大都市圏またぎを含む。）ＥＴＣ休日特別割引（上限1,000円）の実施
6.1	改正道路交通法の一部施行（悪質・危険な運転者の運転免許の欠格期間延長、講習予備検査（認知機能検査）の導入）
6.28	李明博韓国大統領来日に伴う警備
7.14	総合物流施策大綱（平成21年度～平成25年度）（閣議決定）
10.1	改正道路交通法の一部施行（車間距離保持義務違反に係る法定刑の引上げ、地域交通安全活動推進委員による高齢者等への支援の充実）
11.13～14	オバマ米国大統領来日に伴う警備

平成22年

1.19	天皇皇后両陛下御臨席による「第50回交通安全国民運動中央大会」の開催
4.19	改正道路交通法の一部施行（高齢運転者等専用駐車区間制度の導入）
5.11	IT戦略本部、安全運転支援システムの導入・整備に加えて人やモノの移動のグリーン化等を重点施策とする「新たな情報通信技術戦略」を決定
5.30～6.1	温家宝中華人民共和国国務院総理来日に伴う警備
6.28	全国37路線で高速道路の無料化社会実験の実施

7.17	改正道路交通法施行規則の施行（裏面に臓器提供の意思表示欄を加える等した新様式の運転免許証の発行）
11.13〜14	第18回APEC首脳会議開催

平成23年

3.11	三陸沖を震源とするマグニチュード9.0の地震（平成23年（2011年）東北地方太平洋沖地震）が発生
3.12	東日本大震災の発生により、災害対策基本法に基づき、東北自動車道、常磐自動車道、磐越自動車道の一部区間等が緊急交通路に指定
3.22	緊急交通路とされた区間が道路交通法の通行規制に切り替わる。
3.25	自動車排出窒素酸化物及び自動車排出粒子状物質の総量の削減に関する基本方針の変更（閣議決定）
3.31	第9次交通安全基本計画策定（中央交通安全対策会議決定）（計画期間：平成23年度〜平成27年度、目標：平成27年度までに24時間内死者数を3,000人以下、死傷者数を70万人以下に）
4.18	鹿沼市におけるてんかんの持病を有する運転者による児童6名死亡の自動車運転過失致死事件（栃木）
5.21〜22	日中韓サミット開催に伴う警備
6.20	高速道路の無料化社会実験が一時凍結
7.1	次世代安全運転支援システム（DSSS）の運用開始
11.28	「安全で快適な自転車利用環境の創出に向けた検討委員会」第1回検討委員会開催（平成23年中2回開催）
12.17〜18	李明博韓国大統領来日に伴う警備

平成24年

3.24	日本海沿岸東北自動車道・鶴岡JCT〜あつみ温泉IC間が開通し、供用距離が8,000kmに達する。
4.1	改正道路交通法施行令等の施行（運転経歴証明書に関する規定の整備、運転免許関係手数料の標準の改定、聴覚障害者が運転できる車両の種類の拡大）
4.9	鹿沼クレーン車6人死亡事故遺族が道交法改正等を求める署名約16万人分（8月22日の第2回提出分と合わせ約20万人分）を国家公安委員会委員長へ提出

4.12	京都府京都市（祇園）における被害者多数の交通事故（死者7名、重傷者12名）
4.14	新東名高速道路・御殿場JCT〜三ヶ日JCT161.9km（連絡路含む。）が開通
4.23	京都府亀岡市における被害者多数の交通事故（3名死亡、7名重軽傷）
4.27	第四次環境基本計画（閣議決定）
4.29	関越自動車道で高速バスが遮音壁に衝突（7名死亡）
5.6	大阪府大阪市における脱法ハーブ使用者による危険運転致傷等事件
5.26〜28	天皇皇后両陛下第63回全国植樹祭御臨場に伴う警衛警備（山口）
6.5	第1回「一定の病気等に係る運転免許制度の在り方に関する有識者検討会」開催（全6回。座長：藤原静雄中央大学法科大学院教授）
7.1	警察庁広域交通管制システムを更新
8.3	関越自動車道で故障停止車両に普通乗用車が衝突炎上（5名死亡）
8.31	社会資本整備重点計画を閣議決定
9.28〜30	天皇皇后両陛下第67回国民体育大会御臨場に伴う警衛警備（岐阜）
10.5	第1回「自転車の交通ルールの徹底方策に関する懇談会」開催（全3回。座長：鈴木春男千葉大学名誉教授（自由学園学園長補佐）。）
10.9〜14	IMF・世界銀行年次総会開催に伴う警備
10.25	「一定の病気等に係る運転免許制度の在り方に関する有識者検討会」有識者検討会提言を国家公安委員会委員長へ提出
11.17〜20	天皇皇后両陛下第32回全国豊かな海づくり大会御臨席に伴う警衛警備（沖縄）
12.2	中央自動車道笹子トンネル内で天井が崩落（9名死亡）

平成25年

4.13	新型インフルエンザ等対策特別措置法施行
5.25〜27	天皇皇后両陛下第64回全国植樹祭御臨場に伴う警衛警備（鳥取）
8.1	「交通事故抑止に資する取締り・速度規制等の在り方に関する懇談会」第1回懇談会開催（平成25年中3回開催）
9.24	京都府八幡市における少年の運転による自動車運転過失傷害事件（集団登校中の小学生5名が重軽傷）
9.26	「貨物自動車に係る運転免許制度の在り方に関する有識者検討会」第1回開催（平成25年中2回開催）

9.28	天皇皇后両陛下第68回国民体育大会御臨場に伴う警衛警備（東京）
10.10	国家公安委員会・警察庁新型インフルエンザ等対策行動計画策定
10.14〜18	第20回ITS世界会議東京2013
10.26〜28	天皇皇后両陛下第33回全国豊かな海づくり大会御臨席に伴う警衛警備（熊本）
12.1	改正道路交通法の一部施行（無免許運転等に対する罰則の引上げ、無免許運転幇助行為に対する罰則規定の整備、自転車の検査等に関する規定の整備、路側帯の通行に関する規定の整備）
12.24	「信号機設置の指針」の試行
12.26	「交通事故抑止に資する取締り・速度規制等の在り方に関する提言」の公表

平成26年

3.14	改正道路交通法施行令の一部施行（公安委員会が緊急自動車として指定する自動車に関する規定の整備）
4.23〜25	オバマ米国大統領来日に伴う警備
5.20	自動車の運転により人を死傷させる行為等の処罰に関する法律の施行
5.23	内閣府が「戦略的イノベーション創造プログラム（SIP）自動走行システム研究開発計画」を策定
5.31〜6.2	天皇皇后両陛下第65回全国植樹祭御臨場に伴う警衛警備（新潟）
6.1	改正道路交通法の一部施行（一定の病気等に係る運転者対策の推進を図るための規定の整備、放置違反金の収納事務の委託に関する規定の整備、取消処分者講習の受講対象の拡大）
6.1	アルコール健康障害対策基本法の施行
6.3	IT戦略本部、「官民ITS構想・ロードマップ〜世界一安全で円滑な道路交通社会構築に向けた自動走行システムと交通データ利活用に係る戦略〜」を決定
6.24	東京都豊島区における危険ドラッグ乱用者による危険運転致死傷事件（1名死亡、6名重軽傷）
7.13	北海道小樽市における飲酒運転者による危険運転致死傷及び道路交通法違反事件（3名死亡、1名重傷）
9.1	改正道路交通法の一部施行（環状交差点における車両等の交通方法の特例に関する規定の整備）

10.11～12	天皇皇后両陛下第69回国民体育大会御臨場に伴う警衛警備（長崎）
11.15～17	天皇皇后両陛下第34回全国豊かな海づくり大会御臨席に伴う警衛警備（奈良）
11.21	災害対策基本法の一部改正（災害時における緊急通行車両の通行を確保するための規定の整備）
12.19	第1回「安全で快適な自転車利用環境創出の促進に関する検討委員会」開催（全7回）

平成27年

3.30	「南海トラフ地震発生時の交通規制計画」を策定
4.1	改正道路交通法施行令の施行（安全運転管理者講習、運転免許等に関する手数料の標準を改めるための規定の整備）
5.16～18	天皇皇后両陛下第66回全国植樹祭御臨場に伴う警衛警備（石川）
6.1	改正道路交通法の一部施行（自転車の運転による交通の危険を防止するための講習の導入等に関する規定の整備）
6.6	北海道砂川市における飲酒運転者らによる危険運転致死傷及び道路交通法違反事件（4名死亡、1名重傷）
6.17	改正道路交通法の一部施行（運転免許の仮停止に関する規定の整備）
6.30	IT戦略本部、「官民ITS構想・ロードマップ2015～世界一安全で円滑な道路交通社会構築に向けた自動走行システムと交通データ利活用に係る戦略」を決定
9.18	社会資本整備重点計画を閣議決定
9.25～27	天皇皇后両陛下第70回国民体育大会御臨場に伴う警衛警備（和歌山）
10.23	第1回「自動走行の制度的課題等に関する調査検討委員会」開催（全5回）
10.24～26	天皇皇后両陛下第35回全国豊かな海づくり大会御臨席に伴う警衛警備（富山）
12.28	「信号機設置の指針」の制定

平成28年

1.15	長野県北佐久郡軽井沢町における大型貸切バス転落事故（15名死亡、26名重軽傷）

2.26	スイスにおいて「第78回欧州経済委員会内陸輸送委員会」が開催され、我が国がWP1（道路交通安全作業部会）の正式メンバーとなることが承認
3.1	整理統合された交通管制システムの運用開始
3.11	第10次交通安全基本計画策定（中央交通安全対策会議決定）（計画期間：平成28年度～平成32年度、目標：平成32年度までに24時間内死者数を2,500人以下、死傷者数を50万人以下に）
3.17	広島県東広島市におけるトラック運転手による過失運転致死傷及び道路交通法違反事件（2名死亡、5名軽傷）
3.24	「高規格の高速道路における速度規制の見直しに関する提言」を公表
4.1	「首都直下地震発生時の交通規制計画」を策定
4.1	「交通事故被害者サポート事業」、「交通安全ファミリー作文コンサート」が内閣府から警察庁へ業務移管
4.14	熊本県熊本地方を震源とするマグニチュード6.5の地震（平成28年（2016年）熊本地震）が発生
5.20	災害対策基本法施行令の一部改正（道路啓開に関する港湾管理者及び漁港管理者に対して権限を付与する規定の整備）
5.20	IT戦略本部、「官民ITS構想・ロードマップ2016～2020年までの高速道路での自動走行及び限定地域での無人自動走行移動サービスの実現に向けて～」を決定
5.26	「自動走行システムに関する公道実証実験のためのガイドライン」を策定
5.26～27	第42回主要国首脳会議（伊勢志摩サミット）開催
5.31	アルコール健康障害対策推進基本計画（閣議決定）
6.2	「日本再興戦略2016－第4次産業革命に向けて－」閣議決定
6.4～6	天皇皇后両陛下第67回全国植樹祭御臨場に伴う警衛警備（長野）
6.27	第1回「自動運転の段階的実現に向けた調査検討委員会」開催（全6回）
9.10～12	天皇皇后両陛下第36回全国豊かな海づくり大会御臨席に伴う警衛警備（山形）
9.28～10.2	天皇皇后両陛下第71回国民体育大会御臨場に伴う警衛警備（岩手）
10.1	流通業務の総合化及び効率化の促進に関する法律に基づく総合効率化計画の認定に係る都道府県公安委員会の意見の聴取に関する命令の施行

10.21	秋田県由利本荘市における高速道路を逆走した高齢運転者による過失運転致死事件（3名死亡）
10.28	神奈川県横浜市における高齢運転者による通学児童が死亡した過失運転致死傷事件（1名死亡、7名重軽傷）
11.2	千葉県八街市における通学児童被害の過失運転致傷事件（4名重軽傷）
11.10	栃木県下野市における高齢運転者による過失運転致死傷事件（1名死亡、3名重軽傷）
11.12	東京都立川市における高齢運転者による過失運転致死傷事件（2名死亡、1名軽傷）
11.15	「高齢運転者による交通事故防止対策に関する関係閣僚会議」開催
12.15～16	プーチン・ロシア大統領来日に伴う警備
12.24	「第1回高齢運転者交通事故防止対策ワーキングチーム」開催

平成29年

1.16	第1回「高齢運転者交通事故防止対策に関する有識者会議」開催（全5回）
1.30	島根県益田市における集団登校の児童と見守り活動をする男性が被害者となる過失運転致死傷及び道路交通法違反事件（1名死亡、1名軽傷）
3.12	改正道路交通法の一部施行（準中型自動車免許の新設等に関する規定の整備、臨時高齢者講習制度の導入、更新時の認知機能検査における専門医の診断の義務付け範囲の拡大、75歳以上の運転者に対する臨時の認知機能検査制度の導入）
5.1	自転車活用推進法の施行
5.27～29	天皇皇后両陛下第68回全国植樹祭御臨場に伴う警衛警備（富山）
5.30	IT戦略本部等、「官民ITS構想・ロードマップ2017～多様な高度自動運転システムの社会実装に向けて～」を決定
6.1	「遠隔型自動運転システムの公道実証実験に係る道路使用許可の申請に対する取扱いの基準」策定・公表
6.9	「未来投資戦略2017－Society5.0の実現に向けた改革－」閣議決定
6.22	コスト削減を図った新たな信号機を全国で設置開始
6.23	「南海トラフ地震発生時の交通規制計画」を改定

6.30	「高齢運転者交通事故防止対策に関する有識者会議」において、「高齢運転者交通事故防止対策に関する提言」を警察庁交通局長へ提出
7.7	交通対策本部において、「高齢運転者による交通事故防止対策について」を決定
8.1	第1回「技術開発の方向性に即した自動運転の段階的実現に向けた調査検討委員会」開催（平成29年中3回開催）
9.29〜10.1	天皇皇后両陛下第72回国民体育大会御臨場に伴う警衛警備（愛媛）
10.27〜30	天皇皇后両陛下平成29年7月九州北部豪雨被災地御見舞・第37回全国豊かな海づくり大会御臨席に伴う警衛警備（福岡・大分）
11.1	新東名高速道路、新静岡IC〜森掛川ICにおいて規制速度110km/hへの引上げを試行実施
11.5〜7	トランプ米国大統領来日に伴う警備
12.1	東北自動車道、花巻南IC〜盛岡南ICにおいて規制速度110km/hへの引上げを試行実施

月刊交通

臨　時
増刊号

編　集　道路交通研究会
発行人　星沢　卓也
発行所　東京法令出版株式会社

交通局発足55周年記念　交通警察のあゆみ

〒112－0002　東京都文京区小石川5丁目17番3号　☎03(5803)3304
〒534－0024　大阪市都島区東野田町1丁目17番12号　☎06(6355)5226
〒062－0902　札幌市豊平区豊平2条5丁目1番27号　☎011(822)8811
〒980－0012　仙台市青葉区錦町1丁目1番10号　☎022(216)5871
〒460－0003　名古屋市中区錦1丁目6番34号　☎052(218)5552
〒730－0005　広島市中区西白島町11番9号　☎082(212)0888
〒810－0011　福岡市中央区高砂2丁目13番22号　☎092(533)1588
〒380－8688　長　野　市　南　千　歳　町1005番地　☎026(224)5401

➡本誌の記事図版類を利用される場合はご連絡ください。

2017年臨時増刊号　2017年12月25日発行　第48巻臨時増刊号通巻第597号

ISBN978-4-8090-9780-5